U0924662

MANAGEMENT CASES

管理案例精选

（第 3 辑）

王世良　主编

图书在版编目（CIP）数据

管理案例精选. 第3辑 / 王世良主编. —杭州：浙江大学出版社，2018.12

ISBN 978-7-308-18850-0

Ⅰ.①管… Ⅱ.①王… Ⅲ.①管理学—案例—汇编 Ⅳ.①C93

中国版本图书馆CIP数据核字（2018）第291974号

管理案例精选（第3辑）

王世良　主编

责任编辑　樊晓燕
责任校对　杨利军　董齐琪
封面设计　春天书装
出版发行　浙江大学出版社
（杭州市天目山路148号　邮政编码310007）
（网址：http://www.zjupress.com）
排　　版　杭州中大图文设计有限公司
印　　刷　杭州高腾印务有限公司
开　　本　710mm×1000mm　1/16
印　　张　18
字　　数　317千
版 印 次　2018年12月第1版　2018年12月第1次印刷
书　　号　ISBN 978-7-308-18850-0
定　　价　56.00元

序

管理学理论演化的历史，就是记录管理实践发展的历史。中国正在创造新的历史，而中国企业在这部历史中正在谱写着华丽的乐章。

这是中国企业创造理论的时代，也应该是中国学者为人类贡献管理学理论的时代。浙江大学管理学院作为以“培养引领中国发展健康力量”为核心价值的中国一流科研和教学机构，记录管理实践、诠释管理实践、创造管理理论，是其义不容辞的职责！学院长期以来高度重视案例研究与教学，早在20世纪80年代初，由许庆瑞院士带领的研究团队就强调“去企业蹲点”，做案例研究，形成了在国内有重要影响力的创新案例研究风格。正是在案例研究的基础上，浙江大学管理学院提出了原创的全面创新管理理论。到了2010年11月，学院成立了集案例研究、案例开发、案例教学和案例传播等于一体的专门机构——案例中心，把案例研究和教学提升到组织层次。到了2018年，遵循学院“扎根浙江、服务国家、嵌入全球”的战略路径，案例中心与全球浙商研究院协同发展，聚焦改革开放40年来浙商的创新创业实践，深化浙商特色、中国特色的管理案例研究，试图构建起具有浙江大学特色的管理案例研究模式。

经过不懈的努力，在全体教师的共同努力下，案例中心自主开发和建设的管理案例库已经收录经严格评审的中英文案例140多个，其中3篇案例分别被哈佛和毅伟案例库收录，25篇案例荣获“全国百篇优秀管理案例”，1篇案例荣获全国MPAcc优秀案例。2018年，案例中心协同浙江大学全球浙商研究院，遴选了国际国内著名的优秀企业家鲁冠球、宗庆后、沈爱琴、茅理翔、徐冠巨，作为研究对象，组织了5位领衔教授，投入125万元专项经费，开发了基于企业家精神的5本案例集，开启了案例研究和传播的独特模式。

此次出版的《管理案例精选（第3辑）》全部精选于浙江大学管理学院案例库，共11篇原创教学案例，主题涵盖了战略管理、市场营销、人力资源管理、创新与创业管理、项目管理等不同的学科领域，题材广泛，类型众多，既有反映创新创业成功的典型案例，也有反映浙商企业发展瓶颈与困惑的特色案例。这本案例辑还提供了每个案例完整、规范的教学使用说明书，不仅有助于教师的有效使用，也为读者分析这些案例提供了指导思路。

本书由浙江大学管理学院案例中心主任王世良副教授担任主编，他为本书付梓倾注了大量心血。本书的出版得到各界人士的支持和指导，在此致以诚挚的感谢！同时，要感谢各位案例作者的鼎力支持，感谢浙江大学出版社樊晓燕编审的积极鼓励和细心编辑。相信此书的出版不仅对浙江大学管理学院的管理教育有着重要的意义，亦会对各界管理精英的成长产生积极的意义和作用。

浙江大学管理学院院长

魏　江

2018年5月

前言

管理是基于情景的。管理案例教学方法的价值不仅在于使学生接受和掌握相关的理论和知识，更重要的是理解理论和知识的应用场景。换言之，建立在管理案例基础上的管理知识＝“是什么”＋“为什么”＋“如何用”＋“前提条件”。管理知识的学习是一种系统的学习，不仅能学习“是什么”，更重要的是还能学习“为什么”“如何用”及“在什么情况下有效”。因此，案例教学法可以最大限度地弥补传统教学方法的不足，有助于消除“知识无用”的抱怨，克服或减少尽管满腹经纶但却在管理实践中处处碰壁的现象。

本书共收录了11篇案例，均为浙江大学管理学院的原创成果，且分别经过了校内外专家的严格评审，其中的6篇案例曾荣获全国百篇优秀管理案例或全国MPAcc优秀案例，且多数案例已经多次用于浙江大学MBA等课堂教学中并收到了很好的教学效果。这在相当大的程度上证实了这些案例的质量水平。

鉴于2016年出版的《管理案例精选（第1辑）》和《管理案例精选（第2辑）》的热烈反响，本书的内容呈现形式仍沿用前两辑的模板，完全符合管理案例规范要求，包括了管理案例正文和教学使用说明书两个部分，以有助于案例教学使用。

本书既可用于MBA、管理类研究生等不同层次的课堂教学与学习，也希望能为其他企业的管理实践以及管理研究提供参考、启示和借鉴。

感谢浙江大学管理学院院长魏江教授、副院长汪蕾教授等学院领导对案例工作的指导与支持。感谢魏江院长本人亲自为本书作序。

特别感谢浙江大学管理学院前院长、中国管理现代化研究会管理案例研究专业委员会副主任吴晓波教授对案例工作和本书出版给予的指导。

感谢学院案例工作小组邢以群教授、张大亮教授等各位老师的帮助。感谢案例中心张胜男老师的协助。感谢大连理工大学中国管理案例共享中心王淑娟主任等兄弟院校案例中心老师们的鼓励和支持。感谢浙江大学出版社樊晓燕博士认真和细致的工作。

由于时间紧张、水平有限,本书难免存在一些不当及疏漏之处,敬请读者批评指正。

编者

2018年1月

目　录

秀山茶业 BtoC 抹茶产品上市之惑[①]

摘要：2012 年 5 月，杭州秀山茶业有限公司决定在已有的 BtoB 抹茶业务的基础上推出全新业务——BtoC 抹茶业务。新业务给公司市场部人员，特别是市场总监胡立成带来了巨大的挑战。胡总监深知做好该业务的关键是明确 BtoC 抹茶产品的目标顾客和顾客价值定位，但对于这个问题，公司市场团队和外聘咨询团队却给出了完全不同的方案，在讨论中双方各执一词。眼下，新产品上市迫在眉睫，不同方案到底孰优孰劣，胡总监感到困惑不已。

关键词：BtoC 业务；抹茶产品；目标顾客选择；顾客价值定位

七月的杭州，一到傍晚，彩霞满天，夕阳的光辉洒落在茂密的茶树地上，深绿的茶叶泛着金黄色的光，美不胜收。

美景虽胜仙境，但若观景之人无闲心，也是枉然。此时站在办公室窗边伫望的胡立成便是如此。这位杭州秀山茶业有限公司（简称秀山）刚上任不久的市场总监脑中正千头万绪，一心想着公司正在谋划上市的 BtoC（Business-to-

---

①本案例由浙江大学管理学院邢以群教授与浙江大学管理学院研究生方怡玲、邵晓琳、楼春华共同撰写，作者拥有著作权中的署名权、修改权、改编权。未经允许，本案例的所有部分都不能以任何方式与手段擅自复制或传播。

本案例荣获“第四届全国百篇优秀管理案例”，由中国管理案例共享中心案例库收录，并授权中国管理案例共享中心使用，中国管理案例共享中心享有复制权、修改权、发表权、发行权、信息网络传播权、改编权、汇编权和翻译权。该案例经中国管理案例共享中心同意授权引用。

案例信息均取材于企业访谈记录、企业提供的材料以及笔者的资料搜集，真实可靠。

本案例于 2013 年 3 月收录，文中叙述保留收录时的时间点。

由于企业保密的要求，案例对企业名称、人物姓名进行了必要的掩饰性处理。

本案例只供课堂讨论之用，并无意暗示或说明某种管理行为是否有效。

Customer，企业对客户商务模式）抹茶产品项目。墙上上市倒计时的数字正在慢慢变小，但关于抹茶产品的目标人群和顾客价值定位，大家的意见仍然相异甚大。几个方案，孰优孰劣，众说纷纭，到底应该如何选择，胡总监陷入了深深的困惑中，自己到秀山公司承接该项目以来的情景，也一幕幕重现在胡总监面前……

一、项目的承接

记得一年前，当时的秀山在董事长刘吉的带领下，生机勃勃，致力于更快速的发展（秀山公司详情和发展历程见附录1）。长袖善舞的刘董在成功募集了1500万元风投资金，收购了中国最大的绿茶原料供应商——御茶村茶业有限公司（简称御茶村）之后，又募集了3000万元风投资金，雄心勃勃地准备大力开展现代化的工业绿茶及抹茶业务，并希望实现中国抹茶文化的全新回归。

胡立成是在公司发展转型的关键时刻加入秀山的，主要职责就是作为新任的市场总监来带领市场团队谋求工业绿茶和抹茶业务的全新突破。由于肩负着刘董雄韬伟略下的殷殷期望，自感责任相当重大，所以自加入秀山以来胡总监从不曾懈怠，竭尽全力推动企业的业务发展。原有的西湖龙井产品保持一贯的面向企业客户的高端礼品定位，整体业务发展稳定。工业绿茶业务在收购御茶村后已得到快速推动。御茶村原有的BtoB抹茶业务也取得了不错的成绩。在2011年日本茶园遭受大地震核污染的背景下，秀山凭借优良的产品品质和精细的管理，获得了如星巴克等全球抹茶需求商的青睐，2012年1到4月，秀山BtoB（Business-to-Business，企业对企业商务模式）抹茶销售额已比上年同期翻了一倍，成功抢滩海内外市场。

而BtoC抹茶项目，刘董曾向胡总监坦言，是董事会最为看重的项目。胡总监仍清楚地记得第一次与刘董慎重讨论这一项目时的情景：在刘董的办公室里，窗外的景色也像今天一样，夕阳的光辉透过窗户，使办公室笼罩在一片祥和的明亮中。“老胡，虽说今天是第一次跟你说抹茶的商业零售，但这是董事会思虑很久的想法。抹茶起源于我们国家，却兴盛于日本，如今中国的抹茶文化近乎凋敝，秀山作为中国领先的抹茶企业，要做好抹茶，不单单要开拓企业用户，更要直接面向消费者，让抹茶走进消费者的日常生活，让抹茶文化走进消费者心中。”

刘董保持他一向意气风发的状态，将他的长远谋略娓娓道来。“从另外一个角度讲，在商言商，相比于传统茶叶，抹茶的生产方式也更符合茶业现代化模式，它可采用机器采摘而非人工采摘，这在农村劳动力越来越少、人力成本逐年攀升的背景下是一个重要因素；其次，抹茶的使用方式多样，适合现代方便、快捷、时尚的生活方式，能够吸引较年轻的群体，盈利性也会比绿茶好；而且，现在中国 BtoC 抹茶市场处于刚刚开发的状态，市场具有较大的发展空间。成功开拓 BtoC 抹茶市场，对企业而言，能培育一批年轻的消费者，有效增加企业的顾客资产，成为秀山另一强劲增长点，并使企业成为中国 BtoC 抹茶领导企业；对消费者而言，抹茶饱含各种维生素和营养素，口感好，是上佳日常饮品，有助于消费者的健康；对国家而言，能让抹茶重新回归中国，复兴中国的抹茶文化。可谓一石三鸟，多方受益。”

最后刘董语重心长地说：“开拓抹茶快速消费品市场，尽管困难不少，但咱们俩都在商界摸爬滚打多年了，都知道天下没有免费的午餐，只要是对的，就不能因前进道路上的困难而停止前进。而且，我也相信，你有着十几年的市场经验，公司的市场团队也经过了多年的培养，我们一定能成功开拓 BtoC 抹茶市场。”刘董坚定的决心和饱满的信心着实点燃了胡总监的激情，当时他就拍着胸脯对刘董说：“刘董，您放心，接下来看我的，我们一定会把这个项目做好的。”

“接下来看我的!”陷入回忆中的胡总监回过神来，深吸一口气，望着远方，自忖：BtoC 抹茶能否成为秀山又一轮腾飞的动力引擎，市场团队任重而道远。

二、问题的提出

从刘董处领命而回后，胡总监想：要想让抹茶成功上市，首先要了解抹茶这一产品以及现在中国抹茶市场的情况。为此，6 月 12 日，胡总监特意请来了技术部的同事方林来给市场部和销售部人员详细讲解抹茶的产品特性，并让市场部吴经理把前期对现有抹茶市场进行的摸底情况做个汇报。

在那次会议上，方林对抹茶作了详细的讲解。“到底何为抹茶？人们常常将抹茶与绿茶粉混淆。实际上，抹茶并非简单地利用粉碎机将普通绿茶粉碎而成，抹茶从最开始的树种选择到后期的车间制造都与绿茶粉完全不同。抹茶一般选用无性系繁殖培育而成的树种，采用遮阳覆盖栽培，一般只采摘 4、5 两个月份出产的优质鲜茶叶做原料，然后经过蒸青—碾磨—超微粉碎—低温干燥等独特工序，最终生产出带有纯天然海苔和粽叶香味的优质抹茶。”

“特殊的生产加工工艺使抹茶拥有丰富的营养功效。其主要的营养成分是茶多酚。茶多酚是茶叶中最主要的有效成分之一，也是目前体现茶叶的医疗价值最主要的物质基础。很多临床试验证明，茶多酚具有降血脂和血压、促减肥、抗衰老、增强机体免疫力、抗疲劳、防辐射、抗菌和抗病毒等良好功效[①]。与此同时，抹茶还拥有丰富的维生素、纤维素、叶绿素以及多种微量元素，具有明目提神、消食解腻、清肠排毒、祛痘美颜等功效。而且，不同于普通茶叶的饮茶去渣，抹茶可通过多种方式直接食用，将喝茶变为吃茶。在喝茶方式中，茶叶中所具有的大量不溶于水的有效成分被当作茶渣倒掉，而食用抹茶能将大部分的营养元素带入人体中。实验证明，一碗正宗抹茶的营养元素超过 30 杯普通绿茶水（详见附录 3）。因抹茶是吃茶，所以对产品品质要求较高，否则残留的有害物质会直接进入身体。需要进一步说明的是，抹茶具有多种多样的使用方式。传统方法是往放有抹茶的器具中冲入温水，用特殊茶具——茶筅充分搅拌后直接饮用，也可根据个人口味加入蜂蜜、牛奶等成分；抹茶也可作为调料，直接撒在蛋糕、冰淇淋等食品上食用，或用以精心烹制抹茶蛋糕、抹茶雪糕、抹茶奶茶等 DIY 食品；甚至还可将其调制成抹茶面膜。”

最后，方林微笑着总结道：“总之，抹茶具有丰富的营养成分，功效非常多，使用方式多样化，称得上浑身都是宝，吃用两不误。这样的好东西如何推上市，诸位是专家，我这个门外汉就不清楚了，不过大家如果对抹茶特性有什么疑问，可随时跟技术部沟通，我们会尽力地配合大家。”

方林一番讲解加深了市场部和销售部同事们对抹茶的了解，大家饶有兴致地看着方林带来的样品以及详细的抹茶功效表（见附录 2），与方林进行了热烈的讨论。

在那次会议上，胡总监还让吴经理和大家分享了市场部收集的信息。

吴经理说：“刚刚小方讲了‘抹茶是什么？’现在我来跟大家讲讲‘抹茶卖得怎么样？’在世界范围内，美国和日本是消费抹茶的热点地区，日本的抹茶产业已经达到成熟阶段。日本京都的宇治、静冈和千叶等地的财政收入一半以上来源于抹茶，抹茶已经成为当地的支柱产业。欧洲和东南亚许多国家的民众，对抹茶的消费热情也正在不断高涨。在抹茶的发源地中国，以抹茶为原料的抹茶蛋糕、寿司、巧克力等并不少见，但抹茶单品的出售却非常少，线下渠道难觅踪迹，线上的销售额也很少。抹茶商家主要聚集地——淘宝平台上的抹茶产品 2012 年上半年销售额为 695 万元[②]。根据我们预计，按抹茶销售近年来不断上升的态势，整个电商市场 2012 年全年 BtoC 抹茶粉剂市场销量规模也就 1700 万～1900 万元，2013 年全年抹茶粉剂的市场规模最多可达

① 朱永兴，Herve Huang. 茶与健康[M]. 北京：中国农业科学技术出版社，2004.

② 市场详情见附录 4、5。

3500 万～4000 万元，这一容量仍远低于秀山现有的生产规模。”吴经理一边讲着，一边面呈忧色。

“淘宝平台现约有 119 家出售抹茶粉的店铺，销售量主要集中在艺福堂、宇治抹茶、简品 100 等几大店铺，这些企业在公司实力、网络销售、技术等方面都各具特色（见附录 6）。这些公司较热销的抹茶产品多以‘抹茶’命名，或加上‘日本进口’等前缀，没有独特的产品名称，推广大多从产品功能出发；产品价格相差甚远，产品质量良莠不齐，但网页介绍却十分雷同，信息来源及权威性无从考证。这主要是因为国内缺乏抹茶的行业标准，对网上不实宣传也没有进行监管。与此同时，现有消费者对抹茶认知较为匮乏，也不知道如何正确鉴别抹茶的品质。”

“以上就是我们了解到的情况，可谓喜忧参半，抹茶市场既是一个有潜力的市场，又是一个混乱的市场，秀山若想成功开拓 BtoC 抹茶产品市场，需要寻找一个准确的切入点。”

胡总监记得自己当时问：“吴经理，你所谓的‘切入点’是指什么？”“买家和卖点！谁是我们的买家？什么样的卖点会促使他们购买？换言之，我们应该定位于哪一个消费群体，我们的产品应该定位于满足消费者哪一个需求。”对于吴经理的说法，自己当时是完全赞同的。

当时，一向心急口快的小汪还接口说：“吴经理说得对，我刚刚突然想起一句话，酒香也怕巷子深，咱们这叫茶好也怕市场不明啊。方林说抹茶浑身是宝，我们推广时总不能说，抹茶这也好，那也好，对小孩好、对年轻人好、对老年人好，这不叫营销，营销要从消费者出发，要搞清楚消费者需要什么？要是消费者不需要，或是没有办法让消费者知道，千般好，万般好，都是白搭。”

小汪俏皮的言语引发了大家的热烈回应。所谓问题越辩越明，经过一番讨论，首先需要解决的问题越来越清晰，即寻找抹茶产品最恰当的目标人群，并明确顾客价值。

在会议的最后，胡总监布置了任务：“既然我们了解了情况，也明确了问题，接下来就要全力以赴，发挥我们准确的市场判断力和创新思维能力来解决问题！”

三、初步方案

6 月 21 日下午 3 点，市场部会议。胡总监看了一下表，2 点 45 分，还有 15 分钟，足够他静心思考了。开会前把大脑腾空，好好整理思路，这是他多年养成的习惯。

从刘董处领命而归已经快一个月了,市场部针对目标市场和价值定位的问题前前后后又讨论了几次。不得不感慨现在做市场越来越难了,要在一个不成熟的市场中营销特别是抹茶这种新产品,几乎没有什么可参考的市场数据,消费者的需求和行为也难以捉摸。这种感觉就像在暗道中行夜路,无光无明灯。公司以往的西湖龙井、工业绿茶等产品,都是直接面向企业用户的,市场部和销售部的同事对 BtoC 模式接触得也不多,缺乏足够的经验来把握市场。

根据尽可能收集到的信息,经过多次的讨论,大家有了一个比较偏好的方案,那就是针对爱甜食又爱美的年轻女性,主打抹茶去脂解腻之功效,让抹茶成为甜品爱好者的奶油伴侣。为了确定该方案是否合适,胡总监在一周前布置市场部的小汪针对抹茶消费市场进行了问卷调查,特别是针对去脂解腻方面,今天正好看看调研数据如何。

想到这儿,胡总监回过神来,时间已经过去 10 分钟了,该开会去了。他拿起桌上的几份文件,三步并作两步疾步来到四楼会议室。市场部的相关人员都已经在会议室等候了。小汪也调试好了投影设备,准备开始汇报。

小汪见大家已落座完毕,便熟练地打开办公软件,开始进行汇报。“截止到 6 月 20 日,本次网络问卷调查共收回 237 份有效问卷,其中女性占 67.94%,年龄大多分布在 18～35 岁,属于年轻群体。问卷的结果印证了我们之前的很多判断:被调查者很少接触过抹茶,对抹茶的认知普遍都不太准确……”小汪一边展示图表,一边环顾四周,最后将目光落在胡立成的身上。“之前胡总让我特别对‘奶油伴侣’的定位设想进行调查。通过交叉分析,我们可以看到,在被调查者中虽然只有 47.37%的男性喜欢食用奶油食品,但喜欢奶油食品的女性却达 57.76%。假如我们能聚焦于这一群热爱奶油食品的年轻女性,我认为有一个广阔的市场。”

听到这儿,市场部经理吴杰微微一笑,说:“现在的女生既喜欢吃甜品,吃多又觉着腻,还怕长胖,这可真是一个让女生左右为难的事情。而消费者的难处往往蕴藏无限的市场机会,咱们的抹茶有去脂解腻的功效,既能让年轻女性满足吃甜品的愿望,又能帮助她们减少甜腻感并在一定程度上控制体重,可以巧妙解决年轻女性的纠结。”

经常跑车间的小刘接口说道:“吴经理说得有道理。之前也跟大家探讨过,我们的产品在生产上严格把关,品质优良,但同时成本也不低,咱们的价格可能是现在市场均价的好几倍。当然,我不敢断言说现在网上卖的抹茶就不是抹茶,但假如按照国际的抹茶标准进行生产,这种价格肯定是要亏的,更何况我们的产能规模比他们大得多呀!而最头疼的是,抹茶行业缺乏行业标准,消费者对抹茶品质的鉴别能力又还不够。所以，我们不能简单地把抹茶当抹茶卖，要创造一个独特的顾客价值定位，立足于消费者独特需求，重新开拓一个蓝海市场。”小刘越说越激动，音量也越来越高。

小汪看了看小刘，说：“小刘别激动，我继续往下介绍，大部分被调查者是在了解了抹茶的功效和营养成分之后，都比较有意愿购买抹茶产品，我们只要在宣传上充分呈现抹茶的功效，是能够吸引消费者的。”

坐在正中间的胡总监依旧不动声色，保持他一贯的冷静风格，开口说道：“大家转变一下思维，说说这一方案可能会有什么问题？”

被胡总监这么一问，大家都愣住了。小刘首先打破了沉默：“我存在一个疑虑，市场上宣称有去脂解腻功效的产品不少，像绿茶、红茶、各类花茶等，会不会我们开拓了市场，创造了奶油伴侣的新概念，到最后却有一大批产品进入这一领域来分一杯羹呢？”

“小刘提的问题很好，不过我认为抹茶有着其他产品无法比拟的优势，粉末状的抹茶可直接撒在奶油食品上，给奶油食品增添抹茶香气，且抹茶的翠绿色让奶油食品看上去更诱人，既提升口感也提升外观。而其他去脂解腻的食品，大部分都是冲泡饮用，无法直接倒撒，所以无法跟奶油食品同时食用，难以达到和抹茶同样的效果。”吴经理表达自己的看法。

小汪接口说：“吴总说得有道理，不过就抹茶产品而言，我们的抹茶比现在市场均价贵了不少呀，这也是一大难题呢！”

这时，市场部小林开口说：“我倒是认为，奶油伴侣能在一定程度上克服价格高的问题。现有抹茶主张冲泡，用量较大，而我们的抹茶强调搭配奶油食品，采用倒撒的方式，每次不需要很多的抹茶粉就能够发挥效果，对消费者而言，性价比还是挺高的。当然，我们在做产品宣传时也要充分展示我们产品与其他抹茶产品的区别，让消费者了解因品质的不同才存在价格上的差异，一分钱一分货嘛。”

会议室中你一言我一语，讨论得非常热烈。大家普遍觉得，虽说这一方案可能存在一些市场风险，但目标人群非常清晰，用途和使用情景也很明确，具有较高的可行性。

胡总监听完了大家的分析后，说：“我们别那么快下结论，很多想法大多都是凭借我们的经验和直觉得来的，虽然有一些数据，但未必能够充分说明这一方案的可行性。关于这个产品的定位问题，我联系了一个熟悉的咨询团队，他们会针对咱们公司这一项目做出市场分析和策略建议，下周二会给出最终方案，到时我们再听听专业团队的想法。不过，距离 7 月 22 日的上市期限已经越来越近，其他方面的工作需要不断推进，接下来的工作安排是这样的……”

安排好了工作，会散了，投影仪关了，胡总监看着逐渐收起的幕布，暗想，下周二，当幕布再次放下时，它将会有怎样的呈现呢？

四、观点交锋

投影仪亮起，屏幕上赫然呈现着：“秀山 BtoC 抹茶产品定位方案”。咨询经理林晓穿着合身的职业装，带着自信的微笑，操着标准的普通话，开始了方案的展示。

胡总监一边听一边想，专业团队就是不一样。一方面，思路的逻辑非常清晰，从企业情况分析，到抹茶产品及市场分析、行业与竞争者分析，再到产品定位方案；另一方面，有着较强的市场数据挖掘能力，在秀山已有问卷的基础上进行了样本的扩充，分析了网上抹茶产品的网购评价以及市场竞争产品的定位。通过这些分析，不知最后他们到底会给出怎样的定位方案。

“总而言之，抹茶产品营养丰富，功效众多，使用方式多样；秀山具有优秀的市场团队、先进的管理和生产技术，规模化的原料来源和生产能力，且产品品质优良，公司也一直力求通过弘扬茶道文化传播健康、和谐与愉悦。而通过市场分析，现有抹茶产品主要定位于女性市场，忽略男性市场；通过问卷调查发现，男性市场对抹茶也具有较强的购买意愿，且男性和女性都看重抹茶的大多数的功能，而非单一功能。”林晓自信的声音在安静的会议室中显得格外的清亮。

林晓环顾四周，停顿了一下，亮出了咨询团队的定位建议方案。“经过以上分析，我们认为，秀山抹茶应该定位于年轻男女，这一群人包括你，包括我，是一群在现代快节奏的环境中进行工作和学习的人，他们注重方便快捷，追求美丽与健康，看重品质。他们当中，有些人享受着工作带来的收益与快乐，却日益感到身体有些不堪重负，亚健康迹象屡出；有些人工作和学习忙忙碌碌，都忘了曾几何时给自己和家人做过甜点，以表达感情，陶冶心情。”

林晓停顿了一下，继续往下讲：“而这些都是秀山的高品质抹茶能够满足的。我们知道抹茶有着非常多的功效、非常多的使用方式，为什么我们要选择其中一种，而舍弃其他呢？为什么我们不能将其糅合起来呢？因此，我们认为，抹茶的顾客价值定位应该是‘健康与快乐’，抹茶的多功效能够为消费者带来一种天然营养、全面均衡的健康状态，抹茶的多用途能够打造一种美丽快乐、现代时尚的生活方式，而这些都是现代都市年轻男女所渴望却往往不可得的，抹茶能够满足他们内心深处的需求。为自己在忙碌中找个出口，清晨一杯茶让你神清气爽，午间一杯茶让你消除疲惫，饭后一杯茶让你肠胃舒畅，健康就是这么轻松；为家人在闲暇时做个甜点，寥寥几种原料，简单几步调制，满满温暖情感，快乐就是这么单纯。”

林晓说完之后，莞尔一笑，等待着秀山市场团队的回应。小汪坐不住了，“不知你们对奶油伴侣是怎么看的？”林晓说：“我们在分析问卷时就注意到贵公司对奶油伴侣的偏好。我们认为，奶油伴侣是不合适的。问卷中显示，有一半的人不喜欢吃奶油食品，因此我们的市场已经丢失了一半，而那一半喜欢吃的我们尚且不知奶油伴侣能否吸引他们。”小王回应：“你们没有做交叉分析吗？女生喜欢奶油食品的比例可超过了一半呢！”“可是即使较多女生喜欢吃奶油食品，我们日常吃奶油食品的机会多么？即使成功树立奶油伴侣的形象，它会有多大的市场容量呢？而且，这会限制抹茶拓展到其他市场。”林晓直接地表达了团队的想法。

胡总监看着林晓与小汪你一言我一语地争论，说道：“你们的方案与我们原来的想法存在很大的差距，其中有两个问题我们需要弄清楚：第一，假如考虑男性市场，会不会对女性市场带来冲击，相比于只考虑女性市场，到底是增加的男性消费者多还是失去的女性消费者多；第二，你们提出的综合概念到底能不能满足消费者的具体需求，奶油伴侣的形象会让消费者在吃奶油食品的时候就想起秀山抹茶，但健康的养生概念和快乐的生活方式，这种定位是让消费者在何种情况下去使用抹茶呢？”

林晓微笑着回应道：“胡总，您的第一个问题我们也考虑到了，对于要不要选择男性市场，我们也对身边的年轻男性做了访谈，结果发现，现在的男性可能比女性还注重养生，而且，健康快乐是一个男女共享的概念，我们认为并不会因为增加男性市场而对女性市场产生冲击。第二个问题，可通过在网页中呈现丰富的使用场景来解决这一问题，帮助消费者在场景和产品之间建立联系，从而建立情境联想。”

此时，市场部经理吴杰接口说道：“我个人觉得这份方案有很多启发我们的地方，例如男性市场的开拓，我们以前总是自动屏蔽这一群体。但我认为方案不够实际，没有从成本出发，虽说公司为此项目预留了一定的资金预算，但开拓新市场往往回收期较长，资金投入很难在短期内出现效果，而你们提出这么综合的概念，势必比单一功能更难到达消费者心中，需要花费更多的时间和代价来让消费者接受。”

旁边的小刘也说出了自己的看法：“对啊，而且现在推崇健康和快乐的产品可不少呀，我们如何在这些产品中脱颖而出呢？”

林晓没有想到大家的问题一个接着一个，不过她马上整理了思路，说：“吴经理说得有道理，虽然我们提出的是综合概念，但可根据公司具体的资源能力来合理执行，这一综合概念的宣传可分阶段、分人群、分主打卖点来逐步实现，但前提是可分步骤但不可失去主旨，健康与快乐是贯穿其中的价值定位。而对于小刘的看法，抹茶健康与快乐的价值诉求与其他产品不同，抹茶是吃出来的健康，DIY 中的快乐，它具有纯天然、便捷、时尚等特点，是其他产品无法比拟的竞争优势。”

讨论到这儿，会议室突然陷入了一阵安静，大家都若有所思。最后吴杰打破了宁静，说：“能不能有一个权衡折中的方案呢？听了咨询团队的方案，我觉得男性是一个值得考虑的群体，但我仍坚持较单一的功能诉求，这样容易比较快地切入市场。我建议重新回归之前的办公室饮品的想法，将办公室男女作为抹茶的目标群体。他们天天面对电脑，长期接受各种辐射，眼睛容易受到伤害，且工作节奏快、竞争压力大，往往身心俱疲，也没有时间锻炼。抹茶具有防辐射、抗疲劳和明目提神的功效，能够让办公室男女消除疲劳，降低辐射的影响，是首选的健康饮品。午休时、小憩时，冲上一杯抹茶，既方便又提神消疲。这一方案比咨询的团队方案更具有可行性，而市场容量则比奶油伴侣大，更具市场开发潜力。”

吴经理这么一说，大家又陷入了沉思，胡总监转念一想：老吴的说法也不无道理，但办公室饮品到底合不合适呢？想到这儿，胡总监无意间看了看表，才发现已经晚上 11 点多了，大家也已疲乏不堪，只好宣布散会，自己带着满满的困惑回到办公室。

五、何去何从

夜深了，喧嚣了一天的杭城渐渐归于寂静，笼罩在一片祥和的黑暗中，胡总监办公室的灯光在漆黑中显得格外明亮。夜幕的降临除去了外界的嘈杂，却解不开胡总监心中的困惑，此时的胡总监依旧在办公室中冥思，神情专注，眉头紧锁。下周就要向董事会汇报项目的最终营销方案了，定位上是采用公司原来的方案，还是咨询团队的方案？抑或是讨论中提出的折中方案？无论如何，已经到了必须做出决策的时候了……

附录1　秀山茶业公司介绍

杭州秀山茶业有限公司成立于2006年8月1日，总部位于杭州，下辖控股子公司御茶村茶业有限公司，是杭州近年来快速崛起的现代化茶叶制造企业。自成立伊始，秀山立志打造世界绿茶第一品牌，以引导中国绿茶产业化方向为己任，力求弘扬中国茶叶文化，让世界各地都能享受茶叶带来的健康、和谐与愉悦。在短短六年时间里，秀山发展得非常迅猛。

2007年，秀山在浙江大学茶学系的指导下，首创原叶绿茶微量充氮小包装，成为世界绿茶保鲜历史上的一个里程碑。同年，秀山成为浙江省人大和全国人大浙江代表团会议用茶独家茶叶供应单位。

2008年，秀山成为中国茶叶博物馆西湖龙井茶的唯一品牌供应商，秀山·中国茶叶博物馆馆藏标准名茶和秀山·新生活茶道标准茶具成为第二届APEC工商咨询理事会亚太中小企业峰会特别选择的专用茶礼品。

2009年，秀山率先建立并完善了有机西湖龙井茶产品质量追溯体系，该体系被纳为行业标准。

2010年，秀山成为2010中国(杭州)国际名茶博览会茶礼指定赞助单位。

2011年，秀山获得知名投资机构注资1500万元，成为首个与资本牵手的浙江绿茶茶企，并利用1500万元的风投资金成功收购中国最大的绿茶原料供应商——御茶村茶业有限公司。

2012年，秀山又迎来了第二轮四家风投3000万元的注资。

如今的秀山，已成为集种植、生产、加工、研发、推广于一体的全产业链茶企，旗下拥有西湖龙井和抹茶的种植生产、工业绿茶和抹茶的生产加工、绿茶原料对外贸易、抹茶系列食品精制开发四大产业板块。在杭州，秀山拥有面积最大海拔最高的有机西湖龙井茶园基地，在御茶村，秀山拥有全国最大的企业直管茶园12000余亩(800多公顷)。秀山引进日本先进的抹茶生产线，产品执行欧盟标准、日本标准，凭借产品品质的一致性、稳定性和可靠性成为全球最大的绿茶原料供应商，其生产的抹茶已成为“星巴克”“联合利华”“康师傅”等20多家国内外知名食品生产企业的采购原料。

附录2 抹茶主要营养成分及其功效①

主要营养成分	功效
茶多酚	降血脂血压、促减肥、抗衰老、增强机体免疫力、抗疲劳、防辐射、抗菌、抗病毒、解毒、抗凝促纤溶等
蛋白质	形成肌肉和骨骼的营养素
糖	维持身体和运动活力的能源
食物纤维	帮助排出体内有害物质，预防便秘和生活习惯病
脂肪	活动能量源
维生素A	美容、美白皮肤
维生素 B_1	能量代谢、脑和神经的能量源
维生素 B_2	促进细胞再生
维生素C	骨胶原生成的不可缺成分，关系到皮肤的健康、美白等
维生素K	帮助骨骼钙质的沉着，防止骨质疏松症，调整血液平衡
维生素E	抗氧化，防止衰老，被称为返老还童的维生素
叶酸	防止细胞的不正常复制，抑制癌细胞的生长，也是孕妇不可缺的营养
泛酸	维持皮肤和黏膜的健康
钙	预防骨质疏松症
铁	血液的生成、维持，特别是女性应该尽可能多地摄取
钠	帮助维持细胞内侧和外侧的体液平衡
钾	保持神经和肌肉的正常工作，排除体内多余的盐分
镁	人体缺少镁将会引发循环器官疾患
亚铅	维持皮肤和毛发的健康
SOD活性	抗氧化物质，防止细胞的氧化（防止老化）

① 来源：百度百科，经秀山公司抹茶专业技术人员确认。

附录 3　抹茶与绿茶的成分比较(100g 含有量)[①]

比较点	单位	吃抹茶	喝绿茶冲泡水	比较点	单位	吃抹茶	喝绿茶冲泡水
钾	mg	2200.00	27.00	钠	mg	3.00	3.00
钙	mg	450.00	3.00	镁	mg	200.00	2.00
磷	mg	290.00	2.00	铁	mg	20.00	2.00
亚铅	mg	3.20	0	铜	mg	1.30	0.01
维生素 A	μg	13.00	0	维生素 B_1	mg	0.36	0
维生素 B_2	mg	1.43	0.03	烟酸	mg	55.00	0.31
维生素 B_6	mg	0.46	0.01	叶酸	μg	1300.00	16.00
维生素 C	mg	260.00	6.00	泛酸	mg	3.10	0.04

附录 4　各电商平台抹茶产品销售情况表(2012 年 6 月)[②]

平台	品种	店铺数(约数)	总月销量	产品种类
淘宝	抹茶粉或绿茶粉	119 家	最高销量产品：5733 件(月销量)	大袋装、小包装、盒装、礼品套餐装
	含抹茶的粉剂	3 家	639 件	布丁粉、果冻粉、冰淇淋粉、奶茶粉
	含抹茶的食品	130 家	—	蛋糕、点心、饼干、巧克力、糖果
QQ 商城	抹茶粉	简品 100、艺福堂、尚客茶品、悦茗友道、百草味、君品苑、都市翡翠、以美、狮井等 12 家店铺	最高销量产品：94 件(三个月内)	大袋装、小包装、盒装、礼品套餐装
京东	抹茶粉	简品 100、尚客茶品、以美、都市翡翠、创实茶品等 5 家店铺	销量较小	大袋装、小包装、盒装、礼品套餐装
1 号店	抹茶粉	艺福堂、简品 100、80 茶客等 3 家店铺，还有立顿抹茶奶茶	销量较小	大袋装、小包装、盒装、礼品套餐装

① 选自：日本科学技术厅资源调查会编《五订日本食品标准成分》。

② 数据来源：笔者整理。

附录5 淘宝平台抹茶产品月度销售额(2012年上半年)[①]

月份	1月	2月	3月	4月	5月	6月
销售额/万元	75	60	100	130	150	180
总计/万元	695					

附录6 淘宝平台销售靠前的相关企业情况介绍

企业	概述	规模	技术	网店经营	品牌理念	产品系列
宇治抹茶	2005年成立,日本宇治抹茶株式会社全资子公司	拥有有机茶园5800亩(387公顷),抹茶的年生产能力达130吨	引入日本抹茶生产设备和技术;拥有六项国家专利;企业通过ISO 22000认证、HACCP等	2009年9月开设网店,现为五钻卖家,卖家积分一般。	开拓、奉献、责任,倡导"健康、优雅、长寿"	主要经营抹茶产品,具体包括抹茶、抹茶周边产品、抹茶工具等
艺福堂	2006年成立,全球十佳网商,互联网茶业第一品牌	拥有机茶园(绿茶)400亩(27公顷),无公害茶园(绿茶)2600亩(173公顷)	企业通过QS认证、ISO 9001认证	2006年3月诞生于淘宝(企业专注于网购渠道),号称"淘宝茶业第一店",收获不少网店经营奖项	信任、专业、服务、创新、奉献	经营多元化的产品线,包括绿茶、花草茶,以及五谷袋泡茶、茶具及抹茶等其他茶饮
智在枫为	2008年成立,经营健康茶品等产品的经销批发有限责任公司	年营业额在300万~500万元	—	2010年4月以"简品100"作为店铺品牌入驻淘宝,仅用5个月成长为2皇冠大卖家	以简单的方式来工作、生活,品味其中的点点滴滴	经营多元化的产品线,包括五谷茶品、养生茶品、美体茶品、养颜花茶、精装礼盒、抹茶等

① 数据来源:电子商务数据服务商——情报通

续表

企业	概述	规模	技术	网店经营	品牌理念	产品系列
知茗度茶业	2009 年成立,主要从事茶叶的经销批发	办公面积 1600 多平方米,员工近百人	—	2009 年 1 月开设第一家网上店铺,现旗下拥有永昌堂等四大网络热销店铺品牌	善品茗,知生活者的国度!产品定位于懂得享受生活,追踪精致生活的茶友	经营多元化的产品线,包括常规/专业抹茶系列、五谷茶系列、保健茶系列、日式茶系列、花果茶系列、花草茶系列
秀山茶业与御茶村	2006 年成立,一家集绿茶种植、生产加工和销售于一体的现代化绿茶生产商	御茶村:自有茶园近 10000 亩(667 公顷),抹茶年产量达到 200 吨	抹茶生产技术引自日本,通过了 ISO 9001、ISO 2000、HACCP、QS 等质量管理体系认证,产品执行欧盟(EU)标准和日本标准	虽然在淘宝开设秀山茶业的旗舰店,但之前一直不是销售的主要渠道,销量较小。	秀山茶业:秀山有茶,和美自然 御茶村:为社会提供美味、健康、安心的茶叶	龙井茶、抹茶、超细绿茶粉、绿茶、代用茶

TEACHING NOTE

案例使用说明

一、教学目的与用途

(1)本案例主要适用于“市场营销”课程中关于不成熟市场中新产品的目标市场选择以及顾客价值定位方面的教学与研究,可在 MBA 学生,管理类的研究生学习市场定位时讨论使用。

(2)本案例是一篇描述秀山茶业公司推广全新的 BtoC 抹茶业务的案例,其教学目的在于使学生能够对在不成熟市场中如何确定新产品的目标顾客以及顾客价值定位等市场营销或产品战略的关键问题进行更深入的思考,在学习常规市场定位决策程序和规则的同时,掌握在不成熟市场中进行新产品市场定位的决策程序和准则。

二、启发思考题

(1)秀山抹茶项目的内外部环境有什么特点?对BtoC抹茶产品的定位会产生什么影响?

(2)假如你是胡总监,你会选择案例中哪个方案?或者你认为是否存在其他更适合的方案,为什么?

(3)结合理论及案例信息,你认为新产品的目标顾客选择及价值定位应考虑哪些方面的因素?

(4)从秀山BtoC抹茶产品的定位决策中,我们能得到什么启示?

三、分析思路

授课老师可根据自己的教学目标来灵活使用本案例,这里提出的本案例的分析思路仅供参考。

根据案例信息,秀山推出全新BtoC抹茶项目,其目标市场选择及顾客价值定位亟待解决。公司市场团队倾向于定位年轻女性,主打"奶油伴侣"的卖点;而外部咨询团队则建议定位于年轻男女,并提出一个主打"健康与快乐"的综合概念。两者之间产生了观点交锋。公司的市场经理又提出另一方案,即定位于职业年轻男女,主打"办公室饮品"的概念。三种方案,看似都有利有弊,孰优孰劣,难以抉择。

目标市场选择以及顾客价值定位问题涉及方方面面的因素。针对这一问题,常规的分析思路有以下三点。首先,分析项目所面临的企业内外部环境,了解项目实施的背景。外部环境主要包括项目的市场和行业分析,内部环境主要分析企业的追求、与项目相关的资源和能力。其次,在对内外部环境进行分析的基础上,根据营销管理的知识,从企业及项目目标、细分市场特点及竞争状况、企业能力资源因素等三个方面来分析评价各方案。最后,根据分析评价结果,选择出满意的方案。

根据本案例中的描述,秀山BtoC抹茶市场定位决策问题的特殊性在于:这是一个新兴企业在不成熟的市场中推出新产品的市场定位问题。在不成熟的市场中进行新产品定位,缺乏可借鉴、可参考的榜样,市场不确定性因素较多,理性分析所需要的资料很少且可信度较低。新兴企业实力弱,风险投资一般有业绩成长要求,因此新兴企业在推出新产品时,一方面不可能投入很多的资金来进行市场宣传,另一方面,通常要求能够较快切入市场,取得成效。所以,新兴企业在不成熟的市场中进行新产品市场定位时的决策思路是：从企业资源能力和追求出发，结合产品和市场特点，通过较小投入的尝试，寻求能够以消费者快速接受的卖点为切入点。据此，我们在案例分析中，首先应该了解决策背景——秀山茶业是一家怎样的企业（企业特点），分析抹茶这一产品的特性（产品特点），中国抹茶产品市场发展阶段（市场特点）；在此基础上，通过寻找产品特性与市场特性、顾客需求的契合点，找出可能的目标人群和顾客价值，列出决策可行方案；然后按投入少、见效快的原则确定满意方案，确定与企业实际契合的目标顾客和顾客价值定位。

1. 内外部环境分析

(1)企业及其能力资源分析

秀山成立于 2006 年，至今已有 6 年；企业主要从事名优茶和工业茶的生产和销售，刚进入零售市场；领导人有远大的理想，立志成为世界绿茶第一品牌，中国抹茶 BtoC 市场领导者；已引入两轮风险投资，引资共 4500 万元。结论：这是一家有一定基础、刚开始着手进入 BtoC 市场、有远大志向的成长型中小型企业。

秀山首次进军 BtoC 抹茶市场，需要对公司已有的资源和能力进行详细的分析，并重点探讨这些资源和能力对秀山抹茶定位的影响。分析见表 1。

表 1　秀山资源能力分析一览

种类	现状	水平	对抹茶定位的影响
秀山的追求	让抹茶走进消费者的日常生活，让抹茶文化走进消费者心中，成为秀山的又一增长点，使秀山茶业成为中国 BtoC 抹茶领导企业	★★★★★	志存高远，BtoC 产品不仅仅要赚钱，而且要成为人们健康生活的日用品、文化品
现有业务市场	西湖龙井以企业客户为主要市场，而工业抹茶以星巴克、联合利华、康师傅等海内外知名食品生产企业为主要市场	★★★☆☆	市场客户重叠度低，可转化度低，但可借力，为优质高端定位增加砝码
营销渠道	西湖龙井主要通过赞助大型社会活动，与企业客户建立合作关系，存在网络渠道，但销量较低。工业抹茶走 BtoB 供应商渠道	★★☆☆☆	有 BtoB 营销经验，但已有渠道可利用度低，网络渠道形同虚设，这是 BtoC 抹茶产品面临的主要困难

续表

种类	现状	水平	对抹茶定位的影响
生产及技术能力	拥有面积大、海拔高的有机西湖龙井茶园基地,拥有中国最大的优质企业直管种植基地1200余亩(80余公顷)茶园 首创原叶绿茶微量充氮小包装,拥有从日本引进的先进的抹茶生产线,产品执行欧盟标准、日本标准	★★★★★	有力保证了抹茶产品的充足产量和高端品质,形成了其他企业难以企及的产品优势,但也在一定程度上增加了产品成本
品牌形象	秀山立志成为全球绿茶第一品牌,其西湖龙井和工业抹茶无一例外都走高端路线,也是唯一入驻“中国茶叶博物馆·馆藏名茶”的西湖龙井品牌	★★★★☆	BtoC抹茶的定位应考虑企业愿景以及现有业务定位,与之相匹配
员工队伍	高层管理团队市场经验丰富,市场部及销售部成员实战经验较强,但以往主要与企业客户打交道,较少接触BtoC模式	★★★☆☆	团队比较缺乏快速消费品营销经验和网络营销经验,是抹茶切入市场时需要考虑的问题
融资能力	连续两年获得风投注资,是首个获得风投的浙江绿茶企业。但作为农业生产企业,资金需求较大	★★★★☆	企业生产资金得以保障,但新项目的营销预算并不特别充裕。风投对业绩要求会比较高

通过表1的分析可以发现,秀山在员工团队、资金能力、生产技术、客户、渠道及品牌方面既有优势又有劣势,BtoC抹茶在进行目标市场及顾客价值定位时,应考虑发挥优势并克服劣势,并使之与企业追求、原有品牌定位相一致。

(2)抹茶产品特点分析

根据案例所提供的资料,结合网络中可搜集到的资料,列出抹茶产品的特点。

- 培育方式不同:抹茶从最开始的树种选择到后期的车间制造都与绿茶粉完全不同,选用无性系繁殖培育而成的树种,采用遮阳覆盖栽培,一般只采摘4、5两个月份出产的优质鲜茶叶做原料,然后经过蒸青—碾磨—超微粉碎—低温干燥等独特工序,最终生产出的优质抹茶带有纯天然海苔和粽叶香味。
- 丰富的营养功效:抹茶的主要的营养成分是茶多酚,很多临床试验证明，茶多酚具有降血脂血压、促减肥、抗衰老、增强机体免疫力、抗疲劳、防辐射、抗菌抗病毒等良好功效；抹茶含有丰富的维生素、纤维素、叶绿素以及多种微量元素，具有明目提神、消食解腻、清肠排毒、祛痘美颜等功效。

- 多种多样的使用方式：传统方法是往放有抹茶的器具中冲入温水，用特殊茶具——茶筅充分搅拌后直接饮用，也可根据个人口味加入蜂蜜、牛奶等成分；抹茶也可作为调料，直接撒在蛋糕、冰淇淋等食品上食用，或用以精心烹制抹茶蛋糕、抹茶雪糕、抹茶奶茶等 DIY 食品；甚至还可将其调制成抹茶面膜。
- 吃茶而非喝茶：在喝茶方式中，茶叶中所具有的大量不溶于水的有效成分被当作茶渣倒掉，而食用抹茶能将大部分的营养元素带入人体中；但吃茶方式对产品品质的要求较高，否则残留的有害物质会直接进入身体。
- 抹茶文化渊源：抹茶起源于中国，有悠久的历史和丰富的文化，但现代主要兴盛于日本。

根据上述分析，可以看到：抹茶营养丰富、功效繁多且都已为科学实验所证明；使用方式可以多种多样，适用于各种不同的场合和用途；产品品质要求较高，需要经过众多繁杂的工序；优质产品应有纯天然海苔和粽叶香味；其既是日常品也是文化品，有丰富的文化历史。结论：抹茶是一种历史悠久、功能丰富、使用方式多样、天然绿色的保健品和文化产品。

(3)市场与行业分析

- 中国抹茶市场处于导入期，是一个不成熟的产品市场

中国抹茶市场消费者对产品了解不全、不准，市场总体销量暂时很小，但呈现不断增长的趋势，竞争尚未形成一家或多家独大的格局，整体市场渠道建设不完善；针对这些特征，根据市场营销理论可判断，中国抹茶市场处于导入期。

根据科特勒的观点，进入处于导入期的市场，企业常常需要投入较多的资源，而销量却比较小，利润非常微薄，甚至可能出现亏损。在这样的市场中，企业要有长期导向，在产品的目标市场以及价值定位上，要兼顾短期与长期，谋定而后动，才能在市场成长期和成熟期收获更多的市场回报。

- 中国抹茶市场具有较大潜力

案例中指出，美国和日本已经成为消费抹茶的热点地区，在这些地区，抹茶消费的市场容量非常大，欧洲等国家对抹茶的消费热情也在不断高涨，这

说明抹茶在这些国家已经进入成长期。美、日、欧的经济发展水平和国民生活水平高，抹茶作为一种健康、自然、价高、质优的产品，自然会受到消费者的青睐。

在中国，随着人民生活水平的提高，对健康天然的食品的需求也在不断上升。据此，抹茶的定位若能顺势而为，顺应人们对于健康自然的追求，并唤起抹茶在我国深厚的文化和情感底蕴，通过市场的有力推动，我国抹茶断代延续的可能性很大，整体市场蕴含较大潜力。

- 行业竞争较为混乱无序，产品良莠难分

由于抹茶产品的特殊性，很难从外观上直观辨别产品的优劣。而尚无统一的国家行业标准、消费者对抹茶缺乏充分的认知，更加大了消费者鉴别产品质量的难度，特别是在网购渠道中。在这种背景下，现有的市场竞争更多地表现为无序，产品良莠难分。这在很大程度上阻碍了整体抹茶产品市场的发展。

在这种无序竞争的市场中，秀山抹茶的产品定位必须挣脱混乱的泥潭，树立独特的产品定位，明确秀山抹茶与其他抹茶的差别，才能开拓蓝海。

- 行业中竞争对手既具有优势也存在软肋

综观淘宝平台上的抹茶线上销售企业：一方面，销量靠前的几家茶商大部分具有丰富的网店运营经验，且产品线多样，积累了一定的常客资源；但另一方面，这些茶商主要以加工经销为主，很少直接控制茶叶种植环节，生产规模及专业性不如秀山茶业。对此，秀山在寻找抹茶的市场切入点时应扬长避短，突出秀山的优势。

2. 现有方案分析

在进行方案分析之前，首先需要明晰案例中针对目标市场选择及顾客价值定位问题呈现的三种方案。

方案1：公司市场团队方案，定位于年轻女性，主打“奶油伴侣”的卖点。

方案2：外部咨询团队方案，定位于年轻男女，提出一个主打“健康快乐”的综合概念。

方案3：折中方案，定位于年轻白领，主打“办公室饮品”的概念。

根据案例资料，各方案的优劣如表2所示。

表 2　三种方案的优劣分析

候选方案	方案 1	方案 2	方案 3
目标顾客	年轻女性	年轻男女	年轻白领
顾客价值	奶油伴侣	健康快乐	办公室饮品
优点	针对目标顾客想吃奶油又怕发胖的现实需求，发挥抹茶消脂减肥的功效，定位清晰、集中，相对容易切入	定位高远，与人们的追求相一致；发挥了抹茶多功能、多用途、天然绿色、保健和文化兼具的产品优势；与企业的追求及品牌定位一致，能发挥企业规模、品质等优势	瞄准了最具市场潜力的群体；发挥了抹茶提神醒脑等功效；顾客诉求较为清楚和聚焦；能在一定程度上发挥企业优势，实现企业目标
缺点	顾客群和使用场合相对狭窄，市场发展空间较小，难以发挥企业规模优势，也与企业的远大追求和高端品牌定位不太符合	需要较长的消费者教育和培育时间，投入大、见效慢	将抹茶作为功能性饮料，不一定能为市场所接受，需要较长的宣传教育期

从上述简单分析中可以看到，各方案各有利弊，要分析和确定哪个方案更为合适，关键需要明确方案决策准则。

3. 常规定位决策准则

(1)影响定位决策的关键因素

在常规的目标市场选择和定位决策中，根据科特勒等(2000)、小奥维尔·C. 沃克等(2007)等学者的观点：应该重点考虑备选方案与企业的战略、愿景以及项目目标之间的匹配程度；并分析可供进入的各个细分市场特点(主要关注顾客需求和购买力、市场规模、增长程度、盈利性、可拓展性，以及市场中的竞争产品数量和潜在替代品数量)；同时，需要对进入细分市场的关键资源和能力进行分析(主要是基于项目自身特点，从消费者的视角出发，重点考虑项目运行过程中涉及的人、财、物以及企业已有的品牌资源、营销资源等，从竞争的角度来审视企业是否具有足够的资源能力进入该市场并建立一定的竞争优势)。

根据以上思路，结合秀山公司以及抹茶产品的特点，按常规定位决策准则，可以构建表 3。

表3　市场定位决策的关键维度和因素

维度	因素	含义
企业及项目目标	企业愿景	是否符合企业长远目标或追求
	企业战略	是否符合企业的战略规划
	项目目标	是否符合推行项目的目标和初衷
细分市场特点	顾客需求	是否存在尚未满足的顾客需求
	市场规模	该市场现在规模如何
	市场增长性	该市场预期增长性如何
	市场可延伸性	进行市场延伸和拓展的可能性如何
	市场盈利性	该市场的预期利润如何
	市场竞争状况	竞品数量及潜在替代品威胁程度
企业能力资源	企业员工队伍	进入该细分市场,企业人力是否具备相关能力
	项目运行资金	进入该细分市场,企业是否具备足够的资金
	企业产品特点	进入该细分市场,企业产品特点带来的优劣势
	企业品牌资源	进入该细分市场,与企业以往的品牌资源是否匹配
	渠道与顾客资源	进入该细分市场,企业已有的渠道和顾客的作用

(2)决策模型的建立:确定关键因素的权重

根据理性决策过程,在确定关键因素之后,需要对因素赋予权重,从而建立相应的决策模型以满足决策需求。

从三个维度出发,在企业及项目目标方面,秀山公司自成立以来,就具有明确的企业愿景和目标,进军 BtoC 抹茶市场具有重要的战略意义,也掀开了秀山企业战略转型的新篇章,而且,刘吉董事长对此项目进行过长期的考虑,也抱有明确的目标,所以这一方面在进行项目方案选择时具有较大影响,不过这些因素并无法充分去衡量备选方案的可能市场回报以及可行性等重要问题,所以赋值 20%。

在细分市场特点方面,选择进入的细分市场的特点在一定程度上决定了企业可能的市场回报,这方面兼顾考虑市场中顾客的需求及购买力,并从市场的规模、增长性、盈利性、可延伸性、竞争状况等方面,能够充分衡量不同备选方案中选择进入的细分市场的吸引力,对决策具有重大的意义,所以赋值 50%。

在企业能力资源因素方面,主要衡量备选方案在资源能力上的可行性,这方面主要是从项目需求以及竞争地位的视角进行考虑。虽说这方面在很大程度上决定了方案得以执行的可能性，不过，所需的能力资源也可以通过合作从外部获得，且从案例信息可知，秀山已经具备了一定的规模和实力，备选方案发生的资源短板程度预期会比较小，所以在定位决策中只将其赋值 30%。

而在每个维度各个关键因素分别代表这一维度下的不同方面，是对不同侧面的考量，重要性不相上下，所以采用平均分配的方式。

决策维度及其因素的权重归纳于表 4。

表 4　决策维度和因素权重

维度	权重	涉及因素
企业及项目目标	20%	企业愿景、企业战略、项目目标，权重各占 6.7%
细分市场特点	50%	顾客需求、市场规模、市场增长性、市场可延伸性、市场盈利性、市场竞争状况，权重各占 8.3%
企业能力资源	30%	企业员工队伍、项目运行资金、企业产品特点、企业品牌资源、渠道与顾客资源，权重各占 6.0%
合计	100%	

(3)方案评价分析

经过以上分析，明确了决策准则和决策模型，现在需要根据决策模型详细分析案例中的三种方案，分别计算三种方案在各个维度以及各个因素上的得分，从而得到各个方案的最终得分，根据最终得分选择满意方案。

需要说明的是，这里仅就案例中的三种方案进行分析，分析中，学生可能会发现有别于这三个方案的全新方案，可以将其也纳入到决策分析比较中(见表 5)。

为了便于比较，方案在每个维度的得分上采用 5 分制，1 分表示不符合或不如人意，5 分表示非常符合或令人非常满意，从 1 分到 5 分程度逐渐加强。

表 5　三种方案分析及得分

维度	因素	权重%	方案1	方案2	方案3	理由
企业及项目目标	企业愿景	6.7	3	5	3.5	➢ 是否符合企业长远目标及愿景 秀山的愿景是“引导中国绿茶产业化方向，力求弘扬中国茶叶文化，让世界各地都能享受茶叶带来的健康、和谐与愉悦”。方案 1 突出了抹茶的“去脂解腻”，在使用上存在狭隘性，不利于国民完全了解抹茶；方案 3 主要突出抹茶在办公室中能发挥的健康功效；方案 2 与愿景最为匹配，方案 3 次之，方案 1 最低

续表

维度	因素	权重%	方案1	方案2	方案3	理由
企业及项目目标	企业战略	6.7	3.5	5	3.5	➢ 是否符合企业的战略规划 秀山希望拓宽已有西湖龙井的业务,成功开拓企业BtoC业态,并将BtoC抹茶培养成秀山另一长远的创收业务。这要求项目开展需具有长远眼光,并考虑与企业整体业务结构的匹配。相较之下,方案2更符合企业战略动向,方案1、3较弱
	项目目标	6.7	3.5	5	4	➢ 是否符合推行项目的目标和初衷 项目目标是为了培育一批年轻的企业忠诚消费者,使企业成为中国BtoC抹茶的领导企业,并让抹茶文化进入广大消费者心中。总体而言,方案1、2、3都能将抹茶带入消费者生活中,但方案1中抹茶依附于奶油食品存在,方案3也具有一定狭隘性,所以在这一因素上,方案2最匹配,方案3次之,方案1最低
细分市场特点	顾客需求	8.3	4.5	3.5	4	➢ 是否存在尚未满足的顾客需求 方案1针对女性喜爱甜食却害怕长胖的难处,存在明确且未被满足的顾客需求;方案2针对年轻男女追求健康和快乐的需求,需求略显笼统但未被完全成功满足;方案3针对办公室人群,满足解乏、防辐射和明目等需求,较为明确,一定程度上被满足(如咖啡等)。总之,这一因素,方案1最佳,方案3次之,方案2较弱
	市场规模	8.3	2.5	4.5	3.5	➢ 该市场现在规模如何 爱吃甜食的年轻女性在食用奶油食品情景下使用,追求快乐健康的年轻男女在日常生活中冲泡以及DIY中使用,办公室年轻白领在疲乏劳累时冲泡。三者相较,在市场规模方面,方案2最优,方案3次之,方案1最劣
	市场增长性	8.3	3	4.5	4.5	➢ 该市场预期增长性如何 随着人们生活水平的提高,对日常"健康快乐"的需求会逐步上升,市场的增长空间和增长速度比较可观;"办公室饮品"的概念有助于白领降低工作过程带来的对身体的不利影响,也具有较好的市场增长性;而"奶油伴侣"市场在可预期的未来中不会有较大的增长
	市场可延伸性	8.3	3	5	4	➢ 进行市场延伸和拓展的可能性如何 定位于健康与快乐的方案2市场延伸拓展性最优;方案1定位于奶油伴侣对抹茶进一步拓宽到其他细分市场或定位不太有利;方案3定位于办公饮品具有一定的可延伸和拓展的空间

续表

维度	因素	权重%	方案1	方案2	方案3	理由
细分市场特点	市场盈利性	8.3	4	4.5	4.5	➢ 该市场的预期利润如何 方案 2 和方案 3 可以通过高端定位以及高促销投入来实现高价位，从而实现市场盈利性；而方案 1，抹茶作为奶油食品的添加剂，一定程度上限定了抹茶高端价位，不过方案 1 因为单次使用量较小，单次性价比较高，可在一定程度上提高消费者对高价的接受度
	市场竞争状况	8.3	4.5	3	3	➢ 竞争产品数量及潜在替代品威胁如何 “奶油伴侣”定位的竞争产品数量很少，虽存在较多的潜在替代品，但替代威胁较小；“健康快乐”以及“办公饮品”的概念，不少产品都有所提及，竞争产品与潜在替代品较多，市场竞争状况较激烈
企业能力资源	企业员工队伍	6.0	3.5	3	3.5	➢ 进入该细分市场，企业人员是否具备相关能力 秀山以往业务主要是针对企业客户，企业的市场部和销售部的人员都较少接触过 BtoC 的销售模式，不过他们毕竟从事茶叶销售多年，对产品、市场等方面已具备一定的经验。这一情况对三种方案都有影响，不过方案 2 由于从综合概念出发，可能对市场人员的要求更高，面临的挑战更大
	项目运行资金	6.0	4	3	3.5	➢ 进入该细分市场，企业是否具备足够的资金 BtoC 抹茶对秀山具有战略转型的重要意义，企业也为项目预留了一定的资金预算，但由于市场导入期的进军项目往往需要对消费者投入较多的教育成本以及促销成本，所以方案推广的难易程度需要慎重考虑。虽然方案 2 可按步骤逐步推广，不过总体资金需求量还是比较可观，其次是方案 3，资金需求量最少的应该是方案 1
	企业产品特点	6.0	3	5	4.5	➢ 进入该细分市场，企业产品特点带来的优劣势 相比于现有的抹茶卖家，秀山直接控制茶业生产的种植环节，并且生产规模处于行业领先地位，技术能力居国内行业之首，这铸就了秀山抹茶的高端品质。但因为秀山对抹茶生产质量的严格控制，也带来产品的高成本。这些特点对方案 1 会出现负面影响，消费者愿意为奶油伴侣花费的成本可能并不高，且对产品品质的要求也不会太高；对方案 2 会出现正面影响，因为追求“健康快乐”的人群非常注重产品的优良品质，不惜付出较高的价格只为买到安全高质的产品；对方案 3 是正面影响，白领阶层有较高的购买能力，注重生活质量，产品品质相对价格低廉而言更为重要

续表

维度	因素	权重%	方案1	方案2	方案3	理由
企业能力资源	企业品牌资源	6.0	3.5	5	4.0	➢ 进入该细分市场，企业以往的品牌资源是否匹配 基于全球绿茶第一品牌的公司定位，秀山已有的西湖龙井和工业抹茶走的都是高端路线。相较三个方案，方案2与以往品牌形象一以贯之，方案3也比较匹配，方案1与企业以往的高端茶品和茶料的形象具有一定的差异性，匹配性不如另外两个方案
	渠道与顾客资源	6.0	3	3	3	➢ 进入该细分市场，企业已有的渠道和顾客的作用 在渠道资源方面，秀山以前的网购渠道形同虚设，销量很小，抹茶初定采用网上销售的方式，秀山需要投入较大的资源进行渠道建设；在已有顾客资源方面，秀山以往做的都是企业客户，与BtoC抹茶的目标人群的重叠度较低，方案1、2、3都面临上面两个问题
合计	将三个方案各项因素得分与权重相乘，得到各方案的最终得分 方案1:3.48　方案2:4.14　方案3:3.80					

由表5可知，三个方案的得分排序为方案2＞方案3＞方案1，说明根据以上的决策框架和详细分析，方案2是最优的方案。案例的主人公胡立成应该选择方案2，即外部咨询团队提出的方案，定位于年轻男女，提出一个主打“健康快乐”的综合概念。

需要说明的是，以上关于决策指标、权重的确定以及方案的选择，只是提供一种科学的分析思路，学生可根据对具体情况的分析和判断，灵活地运用知识，确立合理的指标、权重和赋值，灵活地进行方案取舍。

而且，以上的结论仅针对案例中三个方案，学生可充分结合理论知识，创新性地提出全新方案，经过分析后，可能成为优于以上三个方案的最终方案。这体现了营销管理在现实企业情景中的特殊性，具备扎实的理论知识，能够准确把握市场并不断创新是营销管理的关键所在。

4. 不成熟市场新产品定位决策

以上描述的是按常规定位决策准则和程序进行分析的结果。但本案例涉及的是一个新兴企业在一个不成熟市场中进行的新产品市场定位决策。在不成熟市场定位决策中，前述的理性分析所需要的资料不一定符合实际市场情况，而且新兴企业会在较大程度上受到现有资源的限制，所以需要建立特别的决策程序和准则。

根据不成熟市场的特点和新兴企业的特点，其新产品定位决策应该是从产品特点出发，结合顾客的需求和市场的情况以及企业自身情况来确定，程序如图 2 所示。

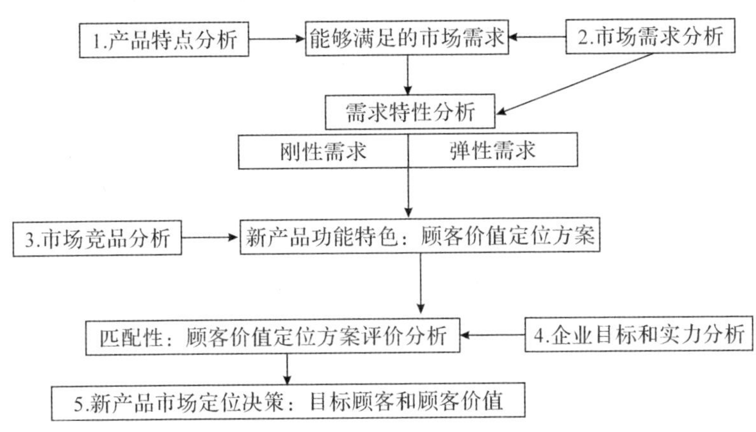

图 2　不成熟市场中的新产品定位决策分析程序

首先，根据新产品的特点，寻找其功能与现有市场需求之间的契合度。如表 6 所示，从表中可以看出，抹茶的各种功能均有市场需求。

表 6　抹茶与现有市场需求之间的契合度分析

产品特性	降血脂 血压、排毒	促减肥 消食解腻	增强机体 免疫力	防辐射 明目提神	美容 祛痘	茶道 茶艺
需求特性	刚性需求	刚性需求	弹性需求	弹性需求	弹性需求	弹性需求
契合程度	均有市场需求，但需求程度有所不同					

在均有市场需求的情况下，新产品的市场定位取决于市场上各种需求的满足程度，所以接下来要进行竞争商品分析。如表 7 所示。

表 7　现有市场上的竞争商品分析

顾客需求	降血脂 血压、排毒	促减肥 消食解腻	增强机体 免疫力	防辐射 明目提神	美容 祛痘	茶道 茶艺
满足程度	有相应的药物和保健品	有各种减肥药和减肥服务	有各种保健品和保健方法	有各种保健品和保健工具	有各种美容产品和工具	有相应的工具和文化、产品
供应情况	均已有相应的产品、服务和工具方法使需求在一定程度上得以满足					

在新产品的功能在市场上都已有相应的产品能够替代的情况下，新产品同样就只能定位为市场上已有需求的替代品，而脱颖而出的关键是寻找到新产品与其他产品相比的特色。将抹茶与各种需求下的现有产品进行比较可以发现，抹茶的特色在于天然无副作用，有悠久的文化底蕴。据此，可以确定抹茶的卖点在于其天然保健功能或抹茶文化(顾客价值定位方案)。

进一步，在明确了新产品在市场中的特色之后，就要结合企业的实力和追求来最终确定新产品的市场定位。根据秀山有规模和品质优势，但营销资金不多，需要较快见效，以及企业有远大理想和目标的情况，对抹茶的顾客价值定位方案进行分析评价，如表8所示。

表8　产品功能、市场需求与企业的匹配分析

定位方案	天然保健品					抹茶文化
产品特性	降血脂血压、排毒	促减肥消食解腻	增强机体免疫力	防辐射明目提神	美容祛痘	茶道茶艺
需求特性	刚性需求	刚性需求	弹性需求	弹性需求	弹性需求	弹性需求
与企业目标、实力的契合度	从顾客已有的需求出发，比较容易切入市场，能够满足企业见效快和投入少的要求；同时作为保健品可发挥产品功能、品质和规模优势；能在一定程度上实现目标	需要培养市场，时间长，见效慢				

最终确定秀山BtoC抹茶市场定位应该致力于顾客刚性需求的满足，并突出其天然无副作用的特色。如定位为"天然保健品"，目标消费不仅包括青年男女，而且也包括注重养生的中老年人群。为了快速切入市场，前期可主要针对不想变胖的青年女性，与减肥中心等机构合作推广。

5. *启示*

根据上述分析，我们可以发现：

- 常规的市场定位决策程序不一定适用于不成熟市场的新产品定位决策。
- 不成熟市场的新产品定位决策经验在于：对于缺乏资金实力的新兴企业而言，应该从新产品所具有的功能与顾客已有的刚性需求的契合点出发，来确定新产品的目标顾客和顾客价值定位；而对于具有强大资金实力的企业而言，则可以从新产品的独特功能出发，创造新概念来激发相应目标顾客的潜在需求，以谋求开辟蓝海市场。

6. 项目实际发展

秀山于 2012 年 7 月 15 日逐步推出抹茶产品，以全新设计的网站"抹茶园"作为抹茶的展示窗口、以淘宝商城为 BtoC 抹茶的销售渠道、以体检中心为 BtoBtoC 的销售渠道。

抹茶园以"健康食茶主义"作为核心概念，以"真抹茶，更健康"作为核心价值诉求。在产品上市初期，主要针对年轻女性市场开展多期系列抹茶试吃和幸运大奖活动，搭配淘宝平台的促销活动，并结合微博的营销力量，为新产品的全新上市宣传造势。在宣传造势时，虽然以"健康"为核心，但将"健康享瘦"作为初期宣传重点，突出抹茶搭配美食的消食纤体作用，但也会呈现抹茶的其他健康功效，为后期宣传和市场开拓埋下伏笔。这一方案实际上是从消费者已有的"减肥"刚性需求出发，来发挥抹茶的独特功能（全天然、无毒副作用、去脂消食），同时宣传抹茶的独特功能和文化，为长远的发展奠定基础。

现秀山抹茶的展示网站、宣传微博、售卖平台已经有序运行，并通过各种活动和宣传渠道传播秀山抹茶的"健康食茶主义"，在越来越多消费者心目中树立了抹茶产品的健康功效以及秀山抹茶的优质品牌形象。

四、理论依据及分析

1. 定位理论

定位是指要针对潜在顾客的心智采取行动，即要将产品在潜在顾客的心目中确定一个与众不同的位置。通过在潜在顾客的心目中建立合理位置，产品或者品牌成为某个类别或某种特性的代表，从而当消费者产生相关需求时，会将这一产品或品牌作为首选。

2. STP(Segmenting, Targeting, Positioning)理论

市场细分—目标市场选择—定位：市场细分是针对顾客需求的差异把某个产品或服务的市场逐一细分的过程；目标市场选择是企业从细分后的市场中选择决定进入的细分市场；而定位则是根据潜在顾客的心理，创立产品在目标顾客心目中的某种形象或某种个性特征，保留深刻的印象和独特的位置。在进行目标市场选择和定位的过程中，应从三个方面评估细分市场：(1)细分市场的规模和增长程度；(2)细分市场结构的吸引力；(3)企业目标和资源。

3.决策过程理论

识别决策问题—确定决策标准—给标准分配权重—拟订方案—分析方案—选择方案—实施方案—评价决策效果。决策制定过程开始于识别决策问题和确立决策标准，以及为每个决策标准分配权重，然后进行开发、分析和选择备选方案，接着是实施备选方案，以及最终评估决策的结果。

五、关键要点

（1）目标市场选择和产品定位要综合考虑企业及项目目标、该细分市场的吸引力和公司的资源能力水平。企业及项目目标主要是考虑想做什么，细分市场的特点和吸引力主要是考虑可做什么，而公司的资源能力水平则是衡量企业能做什么。“想做”是考虑行动的出发点和长远目标；“可做”是对项目的外部机会的充分考虑；而“能做”则是衡量企业是否具备充足的资源和能力来执行项目方案。从这三个方面来选择目标市场和市场定位，兼顾了想做、可做和能做，符合目标，有良好的外部市场前景，并在自身资源能力所能支持的范围之内，综合考虑这三个方面而得出的决策是科学可行的。

（2）对于具体企业的产品定位而言，要根据企业的实际情况来进行科学决策。成熟市场中的决策准则和方法不一定完全适用于不成熟市场中的新产品定位决策。要学会具体问题具体分析，并通过学习，掌握不成熟市场中的新产品市场定位方法。

（3）面对复杂问题，应按照决策理论，通过科学的决策过程寻找满意方案。首先应结合理论和具体情况，选择影响决策的关键因素，赋予权重，明确已有的备选方案，根据决策模型详细分析已有的备选方案，最终求得方案的总得分，通过分数比较得到较优方案。通过这种方式，可综合考虑与方案相关的因素，并根据因素的重要性程度，通过赋予权重来调整其对决策的影响程度，根据最终得分来进行决策可充分考虑备选方案在各因素上的综合表现，而不是仅就某个侧面的分析就进行决策。

六、建议课堂计划

本案例可作为专门的案例讨论课的内容，以下是按照时间进度提供的课堂计划建议，仅供参考。

整体课程时间控制在90分钟左右，具体安排如下：

1. 课前计划

提前一周发放案例，提出课后启发思考题，请学生在下节课课前完成阅读，并分组进行小组讨论，针对启发思考题进行案例分析，对方案选择进行决策，做好课堂分享的准备。

2. 课中计划

在通过简要的课程前言引出市场定位问题后，就结合案例材料提出相应的问题，引导学生进行案例分析：秀山是一家怎样的企业？胡总监他们面临了一个怎样的问题？抹茶是一种怎样的东西？中国的抹茶市场具有什么特点？案例中已经提出了哪三种方案？各个方案的利弊是什么？通常我们应该怎样来进行产品市场定位决策？定位决策的主要准则是什么？据此，胡总监他们应该选择哪个方案？秀山他们的新产品决策有什么特殊性？这种特殊性会给其新产品市场定位决策带来什么影响？据此，秀山的新产品定位应该建立怎样的决策准则？根据这样的决策准则，秀山应该采取什么定位方案？从这一案例分析中我们可以得到什么启示？

在方案分析和产品市场定位决策时，可以让各个小组陈述自己选择的方案，随机抽取选择不同方案或者提出新方案的一个小组作为代表，请他用 5 分钟时间阐述观点、理由以及分析思路。让学生知道同学们的看法，了解不同的思考角度及结论。

在提出问题引导学生进行案例分析时，教师的任务主要是在黑板中列出学生的分析结果，黑板计划如下所示：

问题：目标顾客与顾客价值定位
秀山企业特点：
决策准则　方案 1　方案 2　方案 3　新方案
➢ 常规
产品特点：
分析结论：
➢ 特殊性：不成熟市场
决策过程：
抹茶市场特点：
➢ 启示：

最后，老师进行归纳和总结，阐述“新产品目标市场选择及顾客价值定位”决策应该重点考虑的关键因素，帮助学生进一步梳理在不成熟市场中进行新产

品市场定位时的决策思路，总结这一类问题的解决思路和决策技巧。（10分钟）

3.课后计划

若有必要，可请学生课后进一步给出秀山 BtoC 抹茶推广上市的详细方案，包括营销组合策略，为后续章节内容作铺垫。

七、参考文献

[1] 艾·里斯，杰克·特劳特. 定位：有史以来对美国营销影响最大的观念[M]. 北京：机械工业出版社，2011.

[2] 菲利普·科特勒，加里·阿姆斯特朗. 科特勒市场营销教程[M]. 第4版. 北京：华夏出版社，2000.

[3] 斯蒂芬·P. 罗宾斯，玛丽·库尔特. 管理学[M]. 第9版. 北京：中国人民大学出版社，2008.

[4] 小奥维尔·C. 沃克，约翰·W. 马林斯，小哈珀·W. 博伊德，等. 营销战略：以决策为导向的方法[M]. 第5版. 北京：北京大学出版社，2007.

大数据时代同花顺这副牌该如何打？[①]

摘要：浙江核新同花顺网络信息股份有限公司作为国内领先的互联网金融信息服务提供商之一，历经十载，凭借金融资讯数据服务、手机金融信息服务和网上交易系统三大核心业务，成功在创业板上市。随着近期资本市场的活跃，同花顺业绩扶摇直上，但仍需要面对股票市场的周期性波动给企业带来的"靠天吃饭"的不确定性和不稳定性。在董事长易峥看来，同花顺积累的庞大的数据资源和客户资源在大数据和大流量时代可能会带来新的商机，但目前平台效应并未显现。怎样借大数据时代的春风，集成、开发和整合公司现有宝贵的数据资源以重构公司业务发展模式，从而抓住数据制胜的历史时机实现突破发展，正是同花顺目前所面临的商业模式困局。

关键词：互联网金融；大数据；商业模式；企业战略

2015年上半年，借着资本市场大牛市的"台风"，浙江核新同花顺网络信息股份有限公司（简称同花顺）的业绩扶摇直上。眼看着公司上上下下都对当前的牛市津津乐道，董事长易峥却显得格外平静，甚至有些忧虑，在他脑子里总是挥不去的是前几年的大起大落。2014年前，国内经济增速的减缓、国际经济发

---

①本案例由浙江大学管理学院魏江、王诗翔、权予衡撰写，作者拥有著作权中的署名权、修改权、改编权。未经允许，本案例的所有部分都不能以任何方式与手段擅自复制或传播。

本案例荣获"第六届全国百篇优秀管理案例"，由中国管理案例共享中心案例库收录，并授权中国管理案例共享中心使用，中国管理案例共享中心享有复制权、修改权、发表权、发行权、信息网络传播权、改编权、汇编权和翻译权。该案例经中国管理案例共享中心同意授权引用。

本案例于2015年8月收录，文中叙述保留收录时的时间点。

由于企业保密的要求，在本案例中对企业名称、其他人物姓名做了必要的掩饰性处理。

本案例只供课堂讨论之用，并无意暗示或说明某种管理行为是否有效。

展形势的不明朗等宏观经济低迷导致证券市场不景气，证券市场出现中长期低迷，市场交投不活跃，投资者对金融信息服务的需求下降，导致公司产品销售收入下滑，经营业绩下降。

近期资本市场虽然由熊转牛，但如何降低公司业务对证券市场行情的依赖程度一直是易峥努力探索的方向。在信息爆炸式增长的今天，金融数据服务行业门槛并不高，同花顺虽然已经积累了一定的客户资源，也在不断想方设法推出新业务、提高附加值，但是依靠现在的业务格局和商业模式，始终摆脱不了“靠天吃饭”的窘境——一直以来同花顺的股价和利润都随着大盘指数跌跌涨涨，在大盘好的时候当然是好，而在大盘低迷的时候公司稳健的发展也难敌颓势（见图1）。易峥坐在自己的办公室里回想着前几年市场不景气给同花顺带来的“不顺”竟不禁倒吸了一口冷气，心想眼看着现在手握一把“同花顺”的好牌，可是谁能料到以后一个浪头打来，同花顺是否还会前功尽弃？这些年来，公司已经积累了大量的数据资源、客户资源，但这样的资源如何转化为未来企业的核心竞争力，使得同花顺像自己的标杆企业——彭博[①]一样做到旱涝保收？

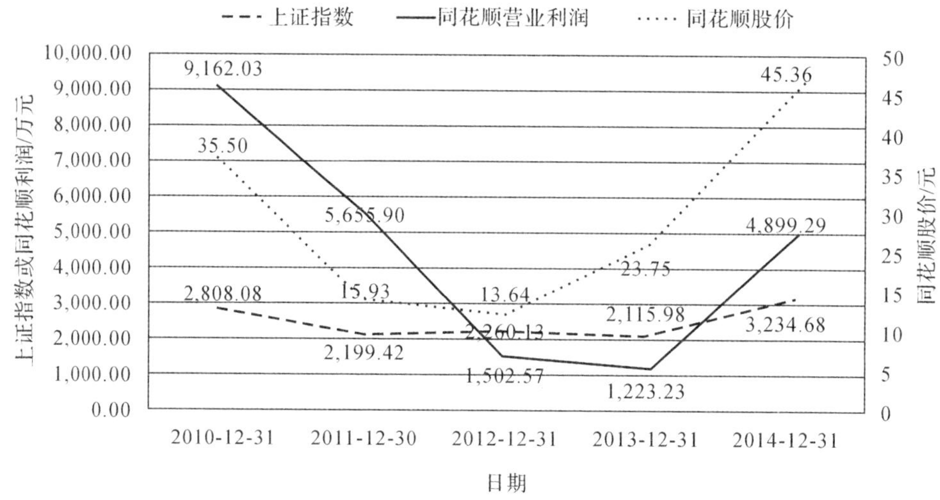

图1 同花顺股价、营业利润与上证指数对比

思忖着如何将手里的好牌重新布局，易峥感到了前所未有的压力。他也意识到，现在的同花顺，并不缺少好产品、好业务，关键是如何将它们重新调

① 彭博（Bloomberg）是全球商业、金融信息和财经资讯的领先提供商，总部位于美国纽约市。

整组合,发挥同花顺资源平台的力量。易峥给管理层和自己出了一道题:基于现有的资源,设计出一套能够在大数据时代支撑持续创新和发展的商业模式。

一、同花顺的发展历程

同花顺公司董事长易峥23岁开始创业,当时他还没有从浙江大学毕业。1994年他用50万元注册成立了杭州核新有限公司(简称杭州核新)。1995年杭州核新推出期货交易软件"龙虎榜",次年由于行情低迷,"龙虎榜"业务断流,导致公司亏损。1997年杭州核新推出天网网上证券分析交易系统,次年中标江苏省证券交易系统。2001年8月,上海核新软件技术有限公司(简称核新软件)成立,该公司主要向证券公司提供有关网上行情交易系统的技术服务,向个人投资者提供金融信息服务,而杭州核新主要负责向证券公司销售网上行情交易系统。到2003年5月,国内超过65%的券商使用核新软件的网上交易平台。同年12月,核新软件正式启用"同花顺"为金融服务品牌,并正式开通同花顺金融服务网站。2009年12月25日,浙江核新同花顺网络信息股份有限公司在创业板上市,上市首日开盘价高达74元。2011年同花顺相继推出"云参数"和"大战略"等新产品,并对公司机构版金融数据服务进行推广测试,同年"同花顺"商标被评为浙江省著名商标。但是,2012年资本市场低迷,同花顺业绩大幅下滑。2013年开始,公司积极开展基金销售业务,并开始在云计算、搜索引擎等前沿技术开发领域布局。

通过10余载的努力,同花顺积累了大量优质的客户资源和数据资源,这些可以说是同花顺的"宝藏"。同花顺与国内99家证券公司建立了业务合作关系,它还是业内目前唯一与中国移动、中国联通、中国电信三大移动运营商建立起全面合作关系的手机金融信息服务提供商。公司通过网站平台、券商平台、无线移动平台,为客户提供全面的互联网金融信息服务,其客户覆盖了中国证券市场较广泛的群体。截至2014年12月31日,同花顺金融服务网拥有注册用户约22581万人;2014年每日独立IP的访问量约为393万个,每日使用同花顺网上行情免费客户端的人数平均约410万人;2014年日最高并发人数达到258万人,每周活跃用户数约为637万人;2014年,同花顺手机金融信息服务拥有注册用户约5379万人,每日手机金融信息服务实时并发人数约380万人。客户数据已经成为同花顺的重要资本,可以创造新的经济利益。

同时,同花顺也积累了十分丰富的数据资源。同花顺数据库资源包含A

股、港股、债券、基金、国内期货、指数、美股、全球行情、外汇、研报、产权交易等多个板块，它具有提供深度数据、财务数据、公告新闻、统计报表、综合分析以及个性化数据等全面功能。公司目前正与国外的彭博公司合作，准备为国内用户提供更加准确可靠的国外交易市场数据。这些客户和数据资源可以说是易峥的安身立命之本，也是同花顺实现突破式发展的关键依靠因素。

二、同花顺的三大业务格局

同花顺经过10多年的积累，目前已经形成了网上交易系统和手机客户端两大平台，形成了“网上行情交易系统”“金融资讯及数据服务”“手机金融信息服务”三大业务（见表1）。同花顺实现了传统互联网和移动网络服务内容的互通和融合，有效整合了公司的资源，保证了公司产品的稳定性，又有效降低了公司的研发成本和市场推广成本。研发团队致力于不断开发和推出形式多样的增值服务，这些服务均可低成本地附加在标准的证券分析客户端平台上，并与公司开发的证券网上交易系统融合，增强用户的操作体验，提高用户的忠诚度和黏性。在系统架构的基础上，同花顺实行“专业化经营、多样化服务”的业务模式，整合公司资源，降低边际成本，增加边际收益，促进业务的横向拓展和纵向深入，把技术价值转换为客户价值，增加客户的满意度，增强企业的竞争优势和可持续发展能力。

表1　同花顺主营业务介绍

网上行情交易系统	销售对象主要是证券公司。2014年在国内106家证券公司中有99家是公司的客户，覆盖率超过90%。收费模式采用一次性收费加日后维护收费模式
金融资讯及数据服务	服务对象主要是个人投资者和机构投资者。截至2014年12月31日，同花顺金融服务网拥有注册用户约22581万人；2014年每日独立IP的访问量约为393万个；每日使用同花顺网上行情免费客户端的人数平均约410万人
手机金融信息服务	服务对象为个人投资者。截至2014年12月31日，同花顺手机金融信息服务拥有注册用户约5379万人，每日手机金融信息服务实时并发人数约380万人

在业务的盈利模式方面，同花顺运用“免费经济学”原理，针对投资者的需求，推出“平台免费、增值服务收费”模式，以免费的证券行情交易客户端和同花顺金融服务网为平台，为投资者提供优质服务，聚集大量人气。同时贴近市场了解投资者需求，积极开发符合市场需求的增值产品，促进投资者购买增值服

务。免费经济学的另一种模式“短期免费、长期收费”也在同花顺的产品服务中有所体现，比如 iFinD 等产品首先会以免费或极低的价格让客户试用（见表 2），待客户养成稳定的使用习惯后，再追加费用。易峥正是用这种方式挤入了本来由上海万得信息技术股份有限公司（简称万得）垄断的券商市场。用易峥自己的话说：“免费是为了更好地收费。”表 2 列出了万得的 Wind 产品和同花顺的 iFinD 产品的对比。

表 2　Wind 和 iFinD 产品对比

品种及模块	Wind 年费/元	iFinD 年费/元
股票：行情报价（含沪深交易所 Level-1，国内期货行情）、多维数据、板块分析、专题统计报表、估值定价、专项业务应用	38000	18000
债券：行情报价、债券分析、信息速览、多维数据、专题统计报表、债券进阶分析	36000	15000
期货：行情报价、多维数据、专题统计报表	8000	3000
基金：报价及净值排行、基金资料、多维数据、基金分析、基金评级、理财产品	18000	8000
指数：行情报价、指数管理、指数分析	6000	2800
组合：组合管理、模拟投资	6000	3000
新闻情报：财经新闻、公司公告、法律法规、宏观经济新闻、行业经济新闻、全文检索	6000	2800
服务费用	18800	8000
年费合计	136800	60600

在业务发展模式方面，易峥及其管理团队多次讨论“平台化”的发展策略。在激烈的竞争中易峥不断意识到，未来的竞争不是单个企业之间的较量，而是平台之间的争霸。“平台模式”的精髓，在于打造一个多主体共赢互利的生态圈。易峥非常清楚，将来的企业之争一定是平台之争，甚至是生态圈之间的竞争。为此，他需要努力寻求各方伙伴的共同合作。同花顺通过互联网和移动通信网为投资者提供免费和付费服务，为投资者进行科学决策提供利器，同时也提高了网络运营商的网络流量和收入。同花顺与部分国内外手机制造商建立了紧密的合作关系，将客户端软件预先安装在其新开发的手机中，双方合作进行开发和市场推广。同时，公司成功获得了基金销售的牌照，并已成立一家从事基金销售的全资子公司，正致力于将股票、基金和银行理财产品三者打通，在共有的平台上推送信息，完成交易，为潜在的客户群体

提供更加方便快捷的一条龙服务。公司与证券公司、基金公司、网络运营商、手机制造商等参与者紧密合作,共同发展,有效整合各自的资源,期望实现平台化共赢。

在业务基础方面,同花顺10多年来积累了大量的客户数据和金融数据。易峥一直在思考,这些看似无序的数据如果可以被巧妙地用来激发新产品和新型服务,那将是多么令人激动的事情!而发掘数据价值、征服数据海洋的"动力"就是云计算。以云计算为基础的信息存储、分享和挖掘手段,可以便宜、有效地将这些大量、高速、多变化的终端数据存储下来,并随时进行分析与计算。大数据与云计算是一个问题的两面:一个是问题,一个是解决问题的方法。云计算的发展无疑为公司带来新的市场机遇。然而,新的机遇同时伴随着新的挑战,最直观的挑战就是云计算标准的制订和用户接受程度。云计算标准的制订将决定公司进入云计算时代的难度和成本。从安全性层面上来讲,用户对个人资产、个人信息安全的要求决定了未来公司云计算服务开发和推广时用户的接受程度。

三、同花顺的商业模式与困局

当年易峥是从个人投资者的股票交易行情系统入手,打开市场,树立品牌,培育顾客,之后建设同花顺金融服务网,提供广泛全面的金融资讯,进一步推进品牌渗透和市场推广,取得了快速发展。同花顺目前的业务形成"三驾马车"的格局。"证券行情和交易系统服务"是互联网金融信息服务行业最稳定的业务之一,也是同花顺的传统业务。证券公司通常会选择1～3家企业的产品作为营业部及网上交易的系统平台。目前市场上的主力企业数量很少,有通达信、钱龙、大智慧等,同花顺无论在市场覆盖率(合作证券公司的数量)还是收入方面均处于相对领先的位置。"金融资讯和数据信息服务"是目前行业内收入规模最大、竞争最为激烈的业务,该领域的主要竞争者均有各自特色,在某一方面有所专长,同花顺在该领域的市场份额排名一直位居前三。根据中国电子信息产业发展研究院(CCID)发布的《互联网金融信息服务行业研究报告》,目前该领域的主要竞争公司包括:东方财富、金融界、大智慧等。其中在针对机构客户和证券公司的数据服务市场上,同花顺作为后进入者,在近几年以机构客户为主要的服务对象,2010年推出针对机构客户的iFinD产品,采取免费试用的方式进行推广,并利用强劲的价格优势努力在证券公司和机构投资者中分得一杯羹,成功打破了由竞争对手万得垄断的数据库市场。"手机金融信息服务"业务的增长十分迅速。相对于行业内其他细分业务领域,手机业务在国内处于更为初级的发展阶段,其未来发展潜力正在吸引各企业大力发展或筹备推出该类业务。近几年同花顺个人手机金融信息服务业务增长迅速,同花顺股份不仅业务可覆盖到绝大部分手机用户,是目前国内市场上唯一一家同时与中国移动、中国联通、中国电信三家移动运营商展开合作的金融信息服务商,而且其产品功能也较其他厂商更为全面,处于市场领先地位。

尽管同花顺在现有的三大业务板块上,都取得了行业内很强的竞争地位,但目前整个行业已进入了白热化竞争时代,如果同花顺不能走出自己独特的路子,就会陷入价格竞争的泥潭中不能自拔。易峥一直在思索下一步往哪里走的问题。他意识到,当今的金融服务龙头企业,都是一手握着强大的云计算能力,一手握着庞大的信息资源,同花顺也必须在这两个方面有所作为。

首先,易峥与各种渠道的媒体建立良好的合作关系,通过它们获得大量资讯,然后通过编辑和推送为使用者提供及时的信息。易峥从不吝啬公司的研发投入,公司不断开发搜索和信息抓取技术,将资讯中的特定数据数字化,从而得到结构化和半结构化数据,存储建立数据库,从而提供相应的搜索功能,通过解读和分析资讯和数据,以量化交易的形式为客户提供咨询和建议。经过数十年的探索,同花顺品牌已经在国内市场站稳了脚跟,企业赢得了品牌价值和业务发展的双丰收,形成了独特的发展基因,鏖战商场的牌路似乎逐渐清晰。

其次,在信息载体的开发上,对互联网领域具有极佳敏感性的易峥意识到,大数据时代的来临对于同花顺来说可能是一个发展的绝佳契机。如今每个人口袋里都揣有一部手机,每台办公桌上都放有一台电脑,每间办公室内都拥有一个大型局域网。随着计算机技术全面融入社会生活,信息爆炸已经积累到了一个开始引发变革的程度。它不仅使世界充斥着比以往更多的信息,而且其增长速度也在加快。信息总量的变化还导致了信息形态的变化——量变引发质变,一个大规模生产、分享和应用数据的时代正在开启。尤其是对于互联网公司来说,更是要被数据淹没了。谷歌公司每天要处理超过24拍字节(PB)的数据,这意味着其每天的数据处理量是美国国家图书馆所有纸质出版物所含数据量的上千倍。Facebook每天更新的照片量超过1000万张,每天人们在网站上点击“喜欢”(like)按钮或者写评论大约有30亿次,为Facebook公司挖掘用户喜好提供了大量的数据线索。

易峥在看到行业发展趋向的同时,也意识到行业中共同存在不少问题。一是数据供应商对证券信息经营实行数据许可经营带来的困局。公司当前生产经营中使用的证券信息均取得了上证所信息公司、深圳证券信息公司和香港交易所信息公司等机构的授权,如果公司没有按协议约定提出展期或换发许可证的申请,或者上证所信息公司、深圳证券信息公司或香港交易所信息公司等对证券交易专有信息的有限经营许可政策发生变化,如增加或减少专有信息的许可品种、增加或减少被授权的金融信息服务商、改变信息服务商有关资质要求等,则可能影响公司现有产品的经营。二是行业内竞争企业之间数据的同质性问题。同行企业都依赖于共同的数据供应商,比如,都是以上市公司的数据为基础,导致多个竞争对手的数据提供、数据生产和数据分析的相似性。这必然会导致同行之间陷入同质、无序竞争。目前万得、同花顺、大智慧等同行之间产品和服务同质性确实很高。同花顺要走出同质竞争的“泥潭”,究竟突破在何处?三是还面临数据保密性的困局。目前,包括同花顺在内的同行企业是基于客户行为的大数据进行数据的分析挖掘和产品服务创新。那么,如何保证在不侵犯用户隐私或不暴露机构的商业机密的前提下进行这些数据挖掘和创新呢?一旦数据获取方式、内容、管理等环节出现失误,或与监管部门的有关规则产生冲突,就会对公司产生不可估量的影响并导致损失。四是行业内产品和服务模仿非常快,竞争白热化。由于行业特点,国内法律系统在金融行业对知识产权保护滞后,知识产权问题在金融服务业中一直乱象丛生。比如,从2004年深圳市汇天奇电脑有限公司状告广州博庭计算机科技有限公司“侵权”和不正当竞争——被告的“飞狐”分析软件涉嫌抄袭原告的“分析家”软件——开始,陆续有天相诉万得、彭博诉大智慧等一系列纠纷。如何解决新业务开发和知识产权保护问题?在调整自身商业模式的同时怎么处理日益频繁的行业内纠纷与竞争?

四、同花顺何去何从

面对内忧外患,易峥和公司管理层不得不重新思考和审视公司现有业务模式的合理性,同时要在未来的业务重点、扩张方式等问题上做出正确抉择,力图突破发展瓶颈。如何适应金融互联网服务的变化,立足行业长远发展,持续提升金融信息服务主业的竞争实力,是同花顺亟待解决的课题。关于同花顺下一步应该怎样进行业务的重组整合,把主要资源和精力投入哪些重点业务,公司内部有几种不同的思路。

第一种思路是,公司应当深耕互联网金融资讯服务,完善金融服务模式,不断把握金融改革机遇,满足各类市场参与者的金融信息服务需求。针对客户的不同需求进一步细化产品功能,突出风格特点,分别在投顾业务、经纪业务、基金代理业务、投行业务、行业分析业务等细分领域整合开发专业化的金融资讯平台,推进高端金融信息服务快速发展;丰富服务种类和内容,并对业务进行有效的组合,更加便捷高效地满足投资者多元化的投资需求;推出银行理财、炒股公开课等创新产品,满足投资教育需求;紧跟金融领域创新和改革趋势,及时申请开展基金销售等新型业务,逐步培育和发展新的盈利点,不断提升公司的盈利能力。

第二种思路认为,公司应当将重点从网站转移到移动终端上。移动终端的客户市场十分庞大,谁攻下了这块战地,谁就是战役的赢家。目前各家互联网金融服务公司都在积极探索手机端金融服务软件的运营和盈利模式,同花顺若能走在其他竞争对手前面,为个人和机构投资者提供更好的移动终端体验,更快抢占移动终端市场,将对公司的未来发展起到至关重要的作用。

第三种思路认为,公司应当着力开发云计算等新技术,对客户价值进行深入挖掘,提供与竞争对手异质化的、更加以客户导向和个性化为主的产品,另辟蹊径。当前,云计算、垂直搜索引擎等前沿技术的开发和应用已经显现出较大的价值,公司也已经在大数据开发应用方面做出了许多尝试。首先,2014 年,公司立足现有业务和客户群体,将云参数、语义识别、智能选股等部分新技术应用到产品中,已经取得了良好的反映。其次,公司加快布局大数据时代下的金融资讯和应用服务,通过深度数据挖掘,并结合量化投资、程序交易等投资方式,持续开发和储备高端优质的金融信息产品。最后,公司延续前期非专利技术的开发,完成和优化“融资融券对冲风险优化方案”“股指期货套利计算器”“基于财务选股和行情选股回测算法及系统”等多个项目研究,为产品不断更新升级奠定基础。截至 2014 年 12 月 31 日,公司先后自主开发、应用的软件著作权达 68 项,非专利技术有 72 项。

同花顺手握一手好牌,怎么出牌才能在大数据时代脱颖而出很难,而如何利用自己的一手好牌进行商业模式创新更是难上加难,这些难题和不同想法都摆在了易峥的面前。大数据的春风对于同花顺来说既是机遇又是挑战,现在是一个关键的时间点,未来公司如何整合利用客户数据资源,架构更加高效的金融服务体系,借力大数据时代春风,成败在此一举。然而,易峥更加坚信的是,只要找准正确的出牌套路,同花顺一定能冲破僵局,迎来新一轮的爆发增长,领跑整个金融数据服务行业。

附录

附录1　2012—2014年同花顺的主要会计数据

	2014年	2013年	2014年比上年增减	2012年
营业收入(元)	265,597,077.67	183,880,522.44	44.44%	172,026,022.75
营业成本(元)	42,763,162.13	38,244,530.22	11.82%	38,324,349.17
营业利润(元)	48,992,938.69	12,232,335.60	300.52%	15,025,623.46
利润总额(元)	62,811,012.99	23,086,326.51	172.07%	27,094,974.41
归属于上市公司普通股东的净利润(元)	60,455,517.41	21,921,943.83	175.78%	25,946,246.40
归属于上市公司普通股东的扣除非经常性损益后的净利润(元)	50,723,724.13	15,634,351.20	224.44%	17,993,389.88
经营活动产生的现金流量净额(元)	205,415,879.26	82,207,296.70	149.88%	7,965,225.05
每股经营活动产生的现金流量净额(元/股)	0.7642	0.6117	24.93%	0.0593
基本每股收益(元/股)	0.22	0.08	175.00%	0.10
稀释每股收益(元/股)	0.22	0.08	175.00%	0.10
加权平均净资产收益率	5.19%	1.94%	3.25%	2.32%
扣除非经常性损益后的加权平均净资产收益率	4.36%	1.38%	2.98%	1.61%
期末总股本(股)	268,800,000.00	134,400,000.00	100.00%	134,400,000.00
资产总额(元)	1,581,019,432.98	1,318,714,169.97	19.89%	1,245,566,409.71
负债总额(元)	389,534,290.50	179,616,186.15	116.87%	120,393,421.45
归属于上市公司普通股东的所有者权益(元)	1,191,485,142.48	1,139,097,983.82	4.60%	1,125,172,988.26
归属于上市公司普通股东的每股净资产(元/股)	4.4326	8.4754	47.70%	8.3718
资产负债率	24.64%	13.62%	11.02%	9.67%

附录 2　2014 年同花顺的主营业务收入分布表

	营业收入(元)	营业成本(元)	毛利率	营业收入比上年同期增减	营业成本比上年同期增减	毛利率比上年同期增减
增值电信业务	193,677,713.39	30,488,385.82	84.26%	43.68%	8.56%	5.10%
系统销售及维护	44,818,436.75	7,690,888.90	82.84%	7.36%	−16.84%	4.99%
基金代销服务及其他	27,100,927.53	4,583,887.41	83.09%	269.25%	402.90%	−4.49%

附录 3　2012—2014 年同花顺研发投入金额及占营业收入的比例

	2014 年	2013 年	2012 年
研发投入金额(元)	115,247,258.09	80,317,487.61	77,175,623.48
研发投入占营业收入比例	43.39%	43.68%	44.86%
研发支出资本化的金额(元)	0.00	0.00	0.00
资本化研发支出占研发投入的比例	0.00%	0.00%	0.00%
资本化研发支出占当期净利润的比例	0.00%	0.00%	0.00%

附录 4　传统金融服务渠道互联网化

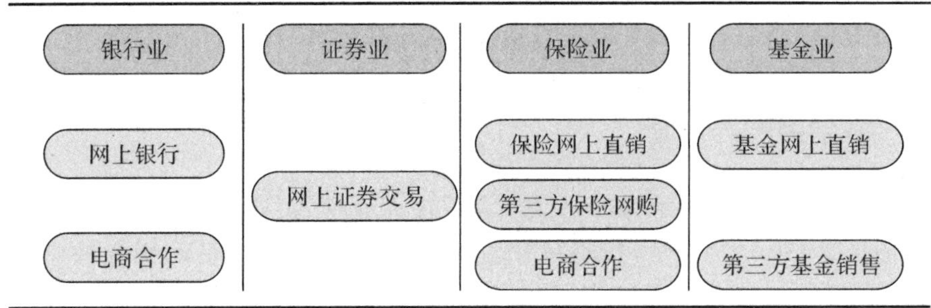

附录5　金融服务覆盖用户规模

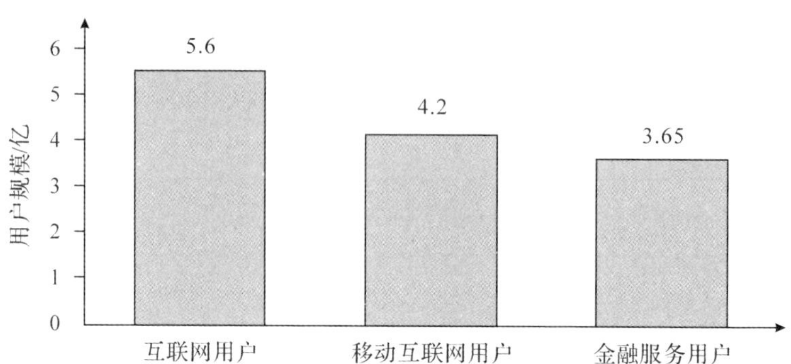

附录6　我国个人可投资资产总额[①]

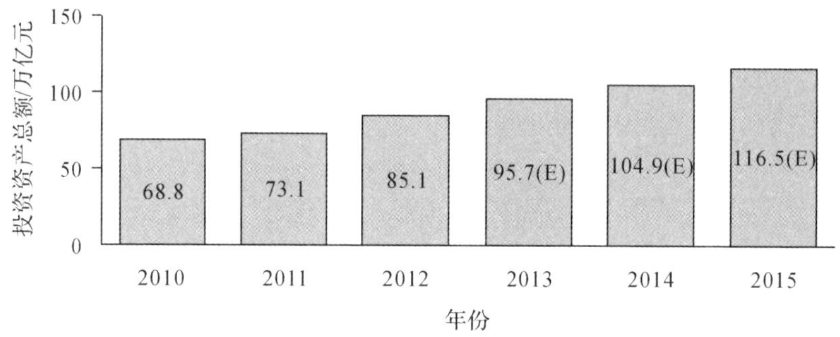

TEACHING NOTE

案例使用说明

一、教学目的与用途

(1)本案例主要适用于“战略管理”课程中商业模式、业务选择等内容的本科、研究生及MBA的教学，也适用于针对企业经营管理人员的课程教学与培训。

(2)本案例的教学目的在于，通过组织学生对该案例的分析和讨论，提高学

① 图中E表示为估计值。

生分析问题和解决问题的能力,提高学生从战略规划角度对企业发展过程中的业务选择、业务组合和商业模式设计等问题做出分析的能力,提升学生对该领域问题的认识。通过分析讨论,使学生更好地理解和掌握战略管理中的相关理论,如业务组合理论、业务选择理论、战略管理理论等。

二、启发思考题

(1)围绕案例分析同花顺现有资源条件和目前业务模式,应如何调整?

(2)结合案例分析同花顺目前的业务组合,应如何调整旧业务、开拓新业务以支撑企业持续创新和发展?

(3)考虑互联网金融服务业的特点,你认为同花顺未来的客户在哪里?如何优化内部流程打造平台公司?

(4)请你为同花顺未来的发展设计出一个商业模式,并分析相应的实施思路。

三、分析思路

教师可以根据自己的教学目标灵活使用本案例。以下提出本案例的分析思路,仅供参考。

针对思考题(1),在案例中已经明确提出"如何设计商业模式"是案例企业面临的最大问题,更要启发学生的是深刻思考企业"为谁做、做什么以及怎么做"的问题。为说明原因,学生首先需要通过梳理案例中企业当前的资源条件和盈利模式并对问题做出总结(见表3),明确公司进行业务选择和业务重组的紧迫性和必要性。建议学生能够根据内外部因素分析理论(例如AHP)、战略管理理论(例如五力模型)梳理现有资源、盈利、业务等情况,分析企业的优势与劣势。例如:在决策过程中,可采用层次分析法(AHP,Analytic Hierarchy Process),充分考虑企业内外部因素。一定要结合中国金融服务市场发展阶段的特点和行业竞争格局进行分析,做到内部能力与外部环境相匹配,选择出最佳的战略选择。

表3　同花顺企业资源能力分析一览

资源或能力类型	现状描述	能力水平	竞争影响
资金资源	公司的营业收入从2006年的2310万元增长到2012年的1.72亿元。2012年年度经营活动产生的现金流量净额为796万元	★★★★☆	现金储备相对充足,能对iFinD产品研发和市场推广提供强有力的支持
数据资源	公司获得了上证所信息公司、深圳证券信息公司、香港交易所信息公司、香港期货交易所、中国金融期货交易所实时行情信息的使用许可,取得了上证所信息公司Level-2产品的使用许可	★★★★★	公司提供的数据在全面性、实时性和准确性上有极大优势。可为iFinD产品提供坚实的数据基础,同时实现了较低的成本
客户资源	公司通过网站平台、券商平台、无线移动平台,为客户提供全面的互联网金融信息服务,覆盖中国证券市场不同类型的客户群体。与国内99家证券公司建立了业务合作关系,覆盖率达到90%以上。但是大部分券商已使用其他公司的数据库,他们可能会同时使用几个数据库。除了券商和投资机构以外的客户,公司涉猎不多	★★★★☆	可以大大缩短面向机构的iFinD产品的导入期,为新产品的推广提供了有利条件
研发能力	主要股东既是管理层,也是公司的核心技术人员,形成了成熟、稳定的技术开发精英团队,在行业内一直保持技术领先优势。截至2012年12月31日,公司先后自主开发、应用的软件著作权40项,非专利技术62项,为公司的快速发展奠定了坚实基础	★★★★☆	"同花顺金融研究中心"的信息技术和金融工程技术相结合的复合型人才能快速、有效地把握资本市场趋势,识别不断演变的用户需求,推动iFinD产品的创新
管理团队能力	公司的管理团队专注于互联网金融信息服务行业十几年,具有丰富的管理经验、不断进取的开拓精神和强烈的责任心、使命感。近两年,公司逐步引进金融信息服务行业高端人才,通过内部培养方式不断扩充和提升管理层队伍,高效的管理团队成为公司的核心竞争力之一	★★★★☆	iFinD产品项目管理团队能够敏锐感知客户和市场的变化并迅速做出反应,且核心技术人员稳定,有利于保证项目顺利持续进行

续表

资源或能力类型	现状描述	能力水平	竞争影响
产品能力	iFinD产品具有“数据快准、行情优势、操作优势、智能检索和产品开放”的特点。但是与同类数据库产品相比,优势并不明显。主要的优势在于价格低廉	★★★☆☆	产品在差异化和低成本上进行改良和更新,有利于赢得市场竞争

同花顺的业务模式包括企业的目标客户、销售渠道、合作关系、核心能力、成本结构、业务组合、盈利模式、扩张模式等多种要素,分析时要进行全面、完整的考虑,并注重其系统性(见表4)。尤其需要注意的是,同花顺的核心资源是多年积累的客户和数据,这是顺应时代发展趋势的突破口,也是构建其竞争力的基础和核心。重点分析客户数据的获取途径(注意其合法性)、分析和挖掘方式以及其应用实践,包括顾客需求创造、产品服务组合设计等。

表4 互联网金融服务业务盈利模式及其优缺点

服务种类	盈利模式	优点	缺点
证券行情交易系统服务	为证券公司等机构用户提供专用的行业应用系统和后续技术服务,收取年费	随着数据通信技术、网络技术不断发展,证券应用系统软件稳步发展,后续技术服务收入也较稳定	对系统的容量、运行速度、稳定性、安全性等方面要求均较高,因此该模式有较高的技术壁垒
金融资讯及数据服务	通过网站和专用客户端提供信息和数据服务;依靠网站的流量、访问量和点击率吸引广告,并收取增值服务费用	金融信息服务的主要发展方向之一;形成规模后,盈利能力强,且用户有较高的忠诚度	原始数据和信息源有较高的进入壁垒;技术、市场能力和行业资源要求高;竞争较激烈;用户需要长时间的积累
手机金融信息服务	移动金融信息业务具有及时性和便捷性等优势,赚取流量费和增值服务费	移动通信和手机终端的发展,越来越多手机用户养成了消费习惯;发展潜力大,盈利能力强	与移动运营商的合作有较高的进入壁垒,技术要求高,受政策的影响明显

针对思考题(2),学生需要结合思考题(1)对于现有资源条件和业务模式的梳理以及案例中提供的材料,分析目前的业务组合以及未来业务拓展或调整的方向。例如:在分析同花顺的业务组合之前,建议首先讨论互联网金融市场主要参与者向消费者提供的服务、产品及其特征,这样有利于深入分析同花顺的业务组合模式以及未来的发展方向和重点(见表5)。

表 5　互联网金融市场参与者对比分析

公司类型		垂直财经门户	金融软件公司	传统大型互联网公司	传统金融机构
业务模式		财经资讯 理财顾问 理财产品销售	财经资讯 证券交易分析 理财产品销售	小额信贷 理财产品销售	网上交易 渠道
用户情况	规模	较大	较小	大	小
	黏度	高	较高	较低	较高
	专业化程度	高	高	低	高
用户情况	理财服务	综合性	高	较高	低
	专业性	高	高	低	高
理财产品数量		多	较多(旗下网站)	较少	少
公司举例		东方财富网 天天基金网 好买基金网 数米基金网 和讯网 金融界	同花顺 天狼 50 大智慧	腾讯，阿里，京东（采取银行、证券、基金、信托公司合作模式）	—

在分析业务组合模式及业务选择过程中，可以利用“GE 矩阵”模型进行分析。建议学生能够灵活运用 GE 矩阵静态或动态地分析业务选择和组合的现在与未来，图 2 和图 3 可作为参考。

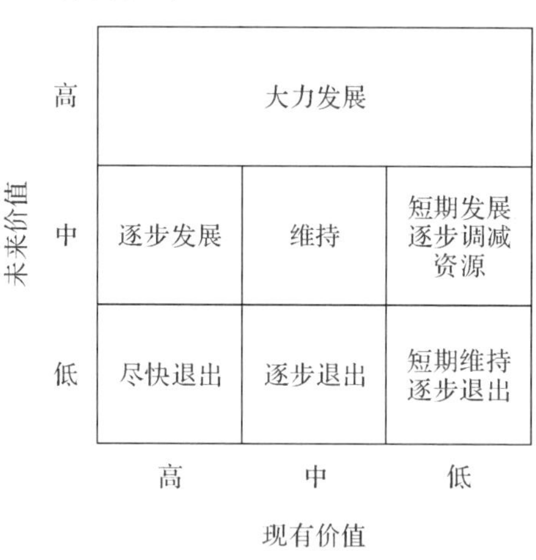

图 2　现有业务价值决策模型

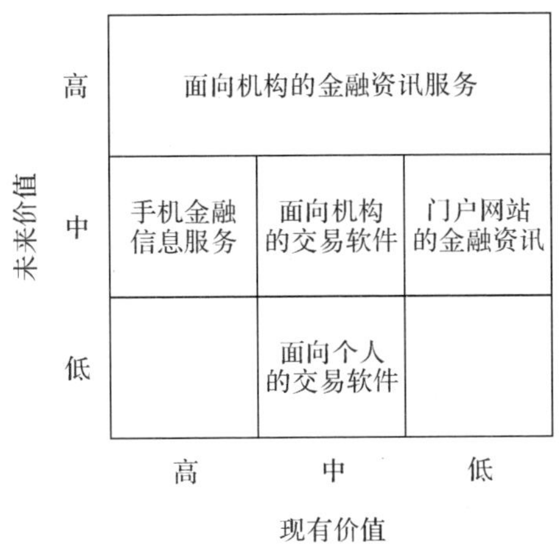

图3　同花顺现有业务价值决策模型参考

针对思考题(3)，在本案例中要回答"如何重塑商业模式、进行商业模式创新"的问题，需要深刻理解大数据环境对互联网金融服务业提出的新要求和新挑战，最重要的是引导学生回答未来的客户在哪里，以及如何为客户创造价值。建议学生从案例中总结大数据时代的行业特点，结合目前的业务组合，分析案例企业面临的机会和挑战，并结合业务发展重点阐述如何打造平台公司。例如：大数据已经促进了高频交易、社交情绪分析和信贷风险分析三大金融创新，具体介绍见表6。教师可以引导学生通过对现有大数据与金融互联网结合的案例进行了解，从而启发式地思考是否可以应用到同花顺公司的业务中去。

表6　大数据在金融互联网中主要的三种应用介绍

高频交易	交易者为获得利润，利用硬件设备和交易程序的优势，快速获取、分析、生成和发送交易指令，在短时间内多次买入卖出，且一般不持有大量未对冲的头寸过夜。现在的高频交易开始采取"战略顺序交易"(strategic sequential trading)，即通过分析金融大数据，以识别出特定市场参与者留下的足迹。例如，如果一只共同基金通常在收盘前1分钟的第1秒执行大额订单，能够识别出这一模式的算法将预判出该基金在其余交易时段的动向，并执行相同的交易。该基金继续执行交易时将付出更高的价格，使用算法的交易商可趁机获利

续表

社交情绪分析	通过收集、分析社交媒体上的内容进行市场情绪分析。从 Twitter、Facebook、聊天室和博客等社交媒体中提取市场情绪信息，开发交易算法。如一旦从中发现有自然灾害或恐怖袭击等意外信息公布，便立即抛出订单。美国加州圣莫尼卡 MarketPsy Capital 的对冲基金，通过追踪聊天室、博客、网站和微博，以确定市场对不同企业的情绪，据此确定基金的交易策略。到 2010 年，该基金回报率达 40%。位于伦敦的小型对冲基金 DCM 资本从 Facebook 和 Twitter 等社交媒体收集信息，将人们对某个金融工具的情绪进行打分，并向零售客户发布预测，辅助投资者做出投资决定
信贷风险分析	金融机构希望能够收集和分析大量中小微企业用户日常交易行为的数据，判断其业务范畴、经营状况、信用状况、用户定位、资金需求和行业发展趋势，解决由于小微企业财务制度的不健全，无法真正了解其真实的经营状况的难题。比如阿里小额贷款，通过阿里巴巴 BtoB、淘宝、天猫、支付宝等电子商务平台，收集客户积累的信用数据，利用在线视频全方位定性调查客户资信，再加上交易平台上的客户信息（客户评价度数据、货运数据、口碑评价等），并对后两类信息进行量化处理；同时引入海关、税务、电力等外部数据加以匹配，建立数据库模型。通过交叉检验技术辅以第三方验证确认客户信息的真实性，将客户在电子商务网络平台上的行为数据映射为企业和个人的信用评价；通过沙盘推演技术对地区客户进行评级分层，研发评分卡体系、微贷通用规则决策引擎、风险定量化分析等技术

同时，教师可以引导学生在分析大数据环境的过程中与案例企业的业务紧密结合，思考如何将大数据应用到现有的业务组合和业务拓展中（见图 4）。

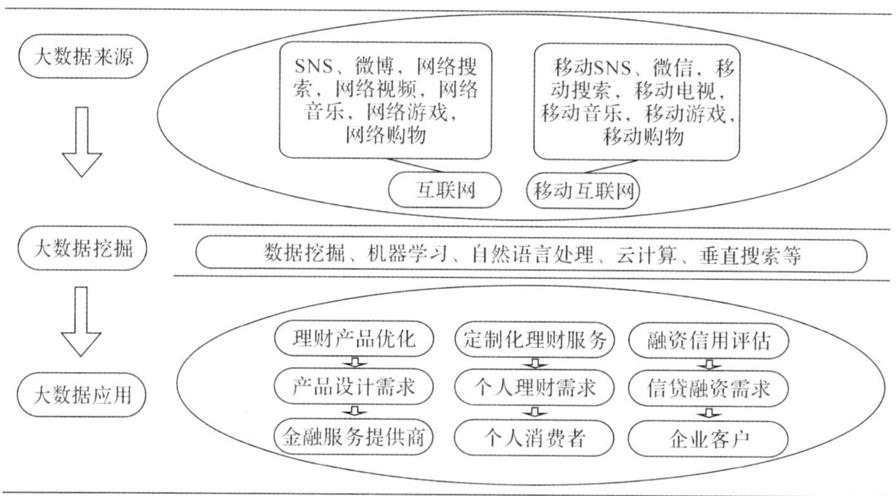

图 4　互联网金融大数据应用

根据案例企业现有的资源以及所处的环境，学生可以综合分析案例企业如何整合平台资源，教师引导学生思考针对目标客户，同花顺如何有重点地开展业务、优化流程来为顾客创造价值（见图 5）。

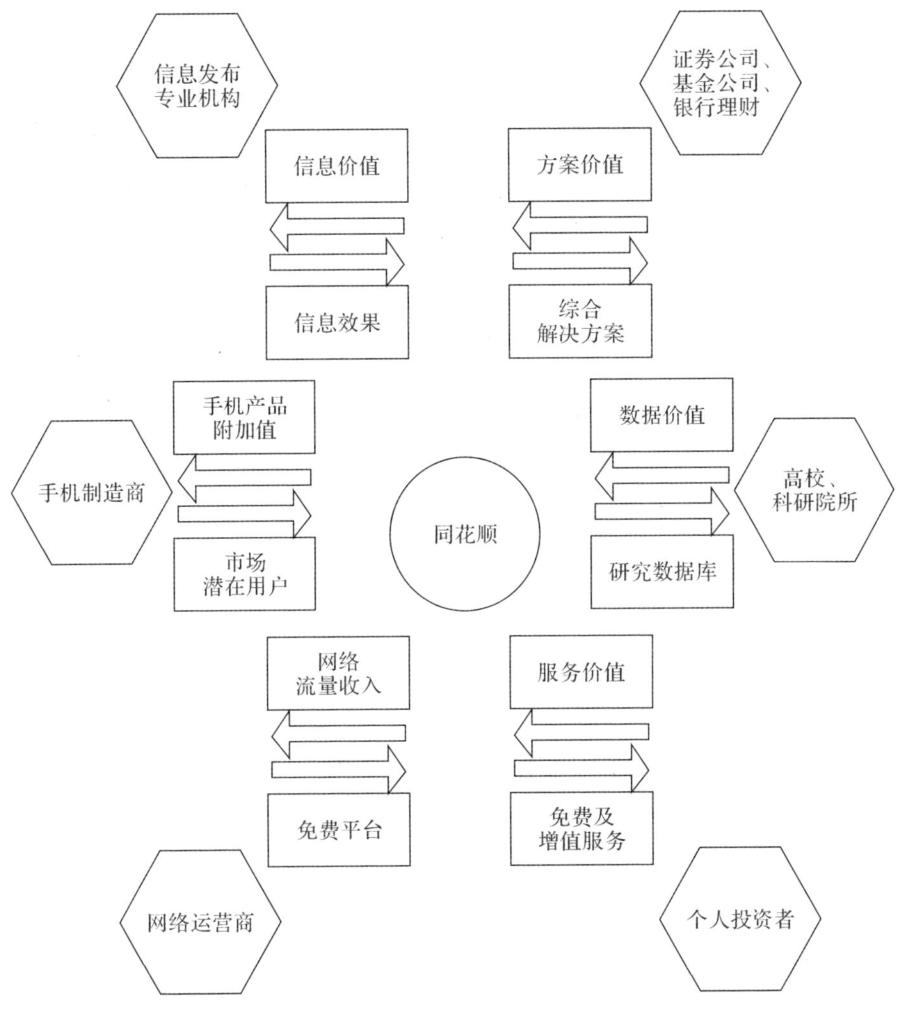

图 5　同花顺平台主要参与者示意

例如：与传统金融相比，首先大数据有助于提升金融市场的透明度。金融客户的信用状况将随着其资产、经营和各类交易状况的变化而变化。其次，大数据将支撑更迅速、更灵活的决策，带来更贴近客户需求的产品创新。通过对本案例的分析，需要让学生建立起利用“大数据”“大流量”建立新型业务模式和商业模式的概念。

针对思考题(4)，学生应该根据思考题(1)(2)(3)提供的分析和结论，结合商业模式设计的相关理论，为案例企业构建出一个较为详细的设计方案或思路(如图6所示)。

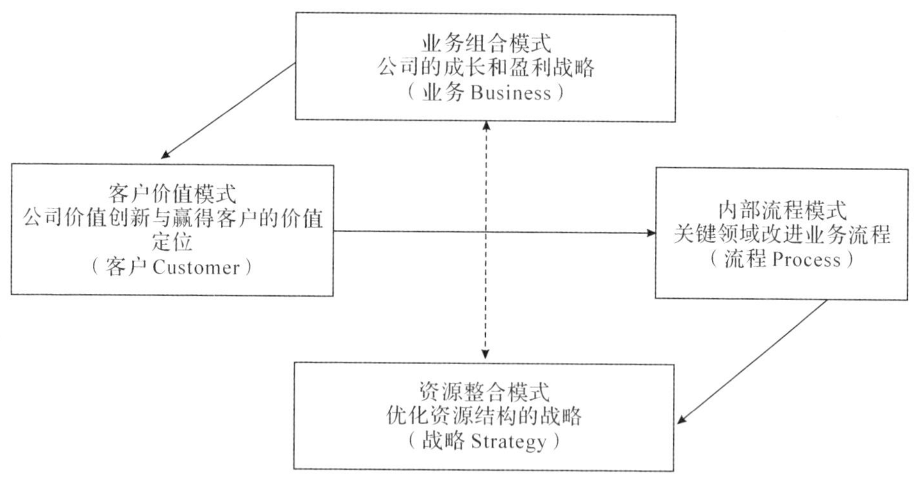

图6　商业模式创新设计的基本框架

在设计客户价值模式时重点考虑市场细分与顾客定位。学生可以先评估细分市场，再进行细分市场的选择，最后进行客户定位并设计价值模式。在业务组合模式设计时，可以结合对前三题的分析，明确当前的业务组合及其优势和劣势，在此基础上结合大数据的环境特征，对未来的业务选择做出决策。在设计内部流程模式时，学生可以先分析案例企业所处的各种平台，考虑这些业务平台如何高效地协同起来并支撑创新。资源整合模式的设计应基于战略和流程的需要，重点考虑在大数据的背景下如何重新整合已有的数据和客户资源进行深度创新。

商业模式的设计在于帮助学生构建对于商业模式的全面、系统理解，四大模式之间互相联系、相互支撑。商业模式的设计架构起企业的整个创新系统和创新平台，学生可以在分模式设计的基础上进行整体定位、协同和规划，形成完整的企业商业模式设计思路。

四、理论依据及分析

1. 业务选择理论

波特对企业成长的行业选择提出了非常明确的标准，它必须是：有吸引力的行业（平均盈利水平较高）；企业能够在这一行业中取得有利的地位。GE矩阵和波特的理论不谋而合。该矩阵克服了BCG矩阵利用单一指标衡量行业吸引力和经营单位的竞争能力的缺点。这种方法采用多种关键指标来衡量行业吸引力或经营单位的竞争能力，考虑了多种主要因素的作用。所以GE矩阵的应用在企业中非常普及。GE矩阵适合于多样化生产的综合性企业分析业务结构及评价各项事业是否成功，以便为确定投资组合决策提供依据。GE矩阵既可用以进行静态分析——做出某一时点的九象限图，也可用以进行动态分析——对过去、现在和将来的事业构成及其战略效果进行分析与评价。

2.资源配置理论

资源配置战略学派是企业经营战略三大学派之一。其基本观点是：企业经营战略的核心是资源配置。通过筹划、研究未来的资源配置及其与外部环境相互作用，去引导和解决企业经营发展中的一切重要问题。资源配置战略学派的主要代表人物是美国教授、著名管理学家安索夫（Igor Ansoff）。他认为：经营战略是"现有资源与计划资源的布置以及外部环境相互作用的基本模式，这一模式表明企业组织如何实现目标"。他特别强调"组织—战略—环境"这三者的协调一致和相互适应。他还认为，战略性行动就是组织通过改变内部的资源配置和行动方式，使之与环境相互作用的过程，并认为这一点由于环境变化变得激烈而显得越发重要。资源配置理论很重要的一部分是关于资产复用性、可转移性和可分割性理论。

3.商业模式理论

商业模式就是企业为了最大化企业价值而构建的企业与其利益相关者的交易结构，它为企业的各种利益相关者，如供应商、顾客、其他合作伙伴、企业内的部门和员工等提供了一个将各方交易活动相互联结的纽带。一个好的商业模式最终总是能够体现为获得资本和产品市场认同的独特企业价值。企业需要在分析自身资源能力的基础上进行盈利模式设计以及业务组合设计，以形成完整的商业模式设计方案。

五、建议课堂计划

本案例对应于"战略管理"课程中的战略规划、业务组合、商业模式等内容，以案例讨论课的形式来进行。这里根据本案例在"战略管理"课程中实际使用的情况，提供4节课的课堂计划建议，仅供参考。

1.课前计划

提前一周发放案例，提出启发思考题，请学生在课前完成阅读和初步思考，并要求在本案例课上课前提交个人对案例思考题的书面思考结果（以此促使学生事先阅读案例和进行思考）。

2.课中计划

首先让学生分组就本案例进行交流讨论，时间30分钟，目的是让未完成课前作业的学生对本案例有一个大致的了解，并通过同学相互间的交流，让做过作业的同学扩展自己的思路，达成一定的共识，为后续讨论奠定良好的基础。然后由教师引导全班进行案例分析。围绕整个案例，教师通过逐一提出下述问题引导讨论：

（1）企业所处的是一个什么样的行业？面临的行业发展机会有哪些？行业的关键经营要素又是什么？企业所处的是一个什么地方，它的哪些因素对企业发展起到促进与限制作用？这是一家什么企业？企业的优势与劣势是什么？企业有没有核心竞争力？若有，具体有哪些？可能对决策产生什么样的影响？公司当前面临的主要决策选择是什么？更深层次选择是什么？为什么？（这一过程30分钟）

（2）如果你是易峥，当新的业务iFinD遇到法律纠纷你会怎样处理？法律纠纷对未来业务拓展和业务组合可能会产生怎样的影响？针对自身资源和业务条件，应该如何进行新业务的选择和布局？开展一项新业务应该如何推向市场？如何处理新业务与已有业务组合之间的关系？（这一过程20分钟）

（3）大数据给行业和企业带来怎样的影响？根据环境特点分析现有的业务在新的环境中会呈现出哪些新的特征？如何把握大数据带来的各种机会？大数据会给企业带来哪些新的挑战？企业在资源和能力状况下怎样应对大数据时代的变化？如果你是易峥，你怎样组织自己的管理团队进行大数据时代的环境扫描？（这一过程20分钟）

（4）进行商业模式整体设计时有哪些方案？各种方案所需投入的大小和调整业务组合的难易程度怎样？如何实施？行业细分市场需求有什么差异？是否需要开发新产品？如何对产品组合进行规划？如何整合现有的客户和数据资源进行商业模式的重新设计？商业模式的调整会给企业带来什么样的风险？如何管理风险？（这一过程20分钟）

对于上述问题让学生分组或直接回答。教师将学生对这些问题的发言要点列在相应的黑板上，为后续将这些内容串在一起进行总结和讲解奠定基础。

接下来由教师对讨论结果进行归纳总结。根据黑板上列出的讨论结果,说明企业环境分析的思路、业务组合的分析、商业模式设计的依据、关键事件对决策的影响、企业服务模式的定位、开拓和推广新业务的方法等。最后说明同花顺目前的发展思路,鼓励学生思考造成案例讨论选择与现实发展区别的原因。(这一过程 30 分钟)

六、参考文献

[1] 迈克尔·波特.竞争战略[M].陈小悦,译.北京:华夏出版社,2005.

[2] Chesbrough H. Business model innovation: It's not just about technology anymore [J]. Strategy & Leadership, 2007, 35(6):12—17.

[3] Grant R M. Toward a knowledge-based theory of the firm [J]. Strategic Management Journal,1996,17(s2):109—122.

[4] Richard N R, Winter S G. An Evolutionary Theory of Economic Change [M]. Cambridge,MA:The Belknap Press,1990.

[5] Osterwalder A. The business model ontology: A proposition in design science approach [D]. l'Universite de Lausanne, Lausanne, 2003.

[6] Spender J C. Making knowledge the basis of dynamic theory of the firm [J]. Strategic Management Journal,1996,17:45—62.

[7] Winter S G, Knowledge and Competence as Strategic Assets //Teece D J. The Competitive Challenge: Strategies for Industrial Innovation and Renewal [M]. Cambridge,MA:Ballinger,1987.

华特工艺厂产品质量困境[①]

摘　要:华特工艺厂是一家以生产和出口面向美国的万圣节墓碑产品为主的小型家族企业。案例从华特工艺厂外贸业务经理寻琦的视角,介绍了华特工艺厂面临的产品克重问题的质量风波,结合其第一手数据资料,具体描述了华特工艺厂产品质量问题的形成过程和具体表现。外贸业务经理寻琦临危受命,该如何解决华特工艺厂所面临的产品质量困境?

关键词:质量困境;质量管理;工序能力;华特工艺厂

夜深了,周围静寂无声。华特工艺厂年轻的外贸业务经理寻琦呆坐在桌子前,眼睛紧盯着电脑屏幕上的邮件,失去了以往乐观的精气神。邮件来自大洋彼岸的美国客户,是对华特工艺厂产品质量的抱怨。它不仅措辞很严厉,而且采用的是深红色的大号字体。尽管客户过去也经常有一些抱怨,但从未像这次这样严重不满。寻琦仿佛看到了对方忍无可忍的神情。看着这红色字体的邮件,寻琦心里难过极了,就像有一颗苦果含在嘴里。唉,真不知道工厂里这帮家伙是怎么在进行生产和管理的,居然让自己"躺枪"。看来,明天不得不再去工

---

①本案例由王世良[1] 和寻琦[2](1—浙江大学管理学院,2—华特工艺厂)共同撰写,作者拥有著作权中的署名权、修改权、改编权。未经允许,本案例的所有部分都不能以任何方式与手段擅自复制或传播。

本案例荣获"第五届全国百篇优秀管理案例",由中国管理案例共享中心案例库收录,并授权中国管理案例共享中心使用,中国管理案例共享中心享有复制权、修改权、发表权、发行权、信息网络传播权、改编权、汇编权和翻译权。该案例经中国管理案例共享中心同意授权引用。

案例中的事件及数据来源于作者寻琦的真实经历和企业实际的数据资料,但由于企业保密的要求,在本案例中对相关企业名称、其他人物姓名做了必要的掩饰性处理。

本案例于 2014 年 8 月收录,文中叙述保留收录时的时间点。

本案例只供课堂讨论之用,并无意暗示或说明所涉及企业或人物行为的对错、好坏。

厂一趟，了解一下真实的情况，最好能马上解决掉产品质量的问题。然而，一想到工厂的现实，寻琦不由得锁紧了眉头，心中的担心和忧虑开始弥散开来……

一、华特工艺厂及其产品

华特工艺厂位于浙江省义乌市，是一家集外贸与工厂于一身的股份制企业，由大哥建华带领三个兄弟共同创办。其中，建华占股份40%，是企业的大老板，专门负责订单销售；二弟建国占股份30%，负责工厂管控；三弟建人占股份15%，负责材料采购；四弟建民占股份15%，负责仓库及出货。

建华是1977年出生的土生土长的义乌人，小时候的家庭靠父亲卖轮胎为生，从小对生意经耳濡目染，也充满着父亲做生意辛劳的记忆。读大学时他初试身手，每学期开学都会带来从家乡——有着“全球最大小商品采购中心”之称的义乌市场上批发来的计算器、文具等学习用品，靠在学生宿舍中兜售赚到了自己大学的学费和生活费。大学毕业后，他被分配到浙江铁路建设有限公司工作，没日没夜地泡在炸山挖隧道的建筑工地上。工作之余，兴趣使然，他阅读了不少商业人物传记和管理类书籍，为平时枯燥沉闷的工作与生活增添了不少亮色，而回家度假时家乡商业、经济和小伙伴们几乎一日千里的变化对他触动很大，最终他毅然决定辞职并回家创业。

与许多草根浙商创业发展一样，华特工艺厂在2003年创建时只是一间专做泡沫发泡的小作坊，直到2006年因幸运地接到了美国一张40mm圆球订单①，企业才迅速扩张。在之后两年多的时间里，华特工艺厂几乎只靠这一个美国客户（订单份额占90%以上）支撑着。建华深知这种状况背后的风险，因此他将自己的精力更多地放在两件事情上——一是新市场、新客户的开拓，二是人才引进；而将工厂的日常运营管理委托给二弟建国直接负责。学生物的应届本科毕业生寻琦就是此时被建华招聘进来的。

由于工厂的日子过得还可以，生产流程又非常简单，豪爽、洒脱、讲义气、个性粗放的建国觉得企业管理没有什么，只要不停地机械地简单生产，日复一日地“重复昨天的故事”，不出大乱子就可以。工厂管理风格与建国本人性格类似，管理企业粗放，出现问题时总是凭经验和拍脑袋做决定，管控流程与制度形同虚设。因此，这些年企业除了迅速实现一定的资本积累外，企业核心能力和管理水平并未同时得到实质性的发展和提升。

---

① 该订单中的40mm圆球产品，专用于海底光缆的保护隔层：一方面依靠圆球的密度调控使光缆悬浮在固定深度的海层；另一方面可以缓冲大型海洋生物的撞击。

2009年,受世界金融危机冲击,华特工艺厂永远地失去了40mm圆球项目,企业艰难度日。庆幸的是,寻琦在外贸业务交往中了解到英语世界国家万圣节(鬼节)的习俗,每年10月31日的万圣节,家家户户都要摆起南瓜、骷髅、墓碑等装饰品,以娱乐的姿态祭拜祖灵。这些南瓜、墓碑属于泡沫类装饰品,与华特的40mm圆球产品工艺类似,是一个稳定的、有潜力的市场。寻琦由此开发了泡沫墓碑产品(见图1)这一外贸项目,在建华的支持下,最终拿到了美国客人Dollar-tree的万圣节墓碑订单,企业也由此死而复生。

图1　墓碑产品及款式

华特的泡沫墓碑产品的生产流程如图2所示。先由模具蒸煮发泡成型的白胚,经充分烘干后再浸泡胶水及着色,喷涂或彩绘表面磨砂颜色,然后插上铁丝作为固定装置,最后吸塑包装完成。其中,最简单的着色工艺需要"底胶—底色—彩绘色"三道工序。而为了防止墓碑产品上的两层颜色发生混合,后道工序必须等前一道工序的胶水或颜色充分烘干后才能开始。这意味着至少需要烘干四次,烘干时间长度一般为:白胚12小时;底胶6小时;底色4小时;彩绘1小时。

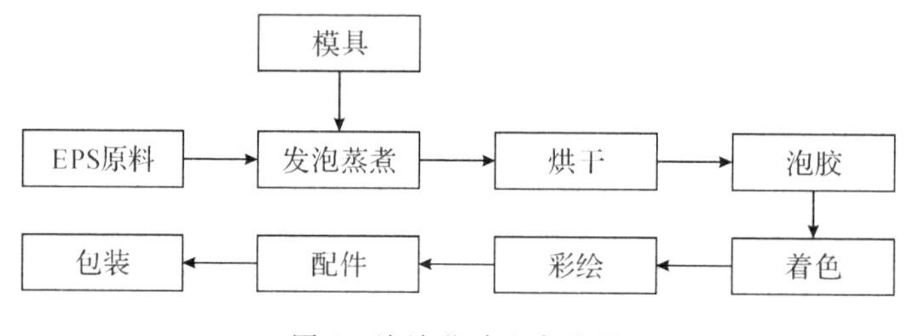

图2　泡沫墓碑生产流程

二、危机显现

经过努力,华特工艺厂生产的墓碑产品逐渐得到美国市场的青睐,通过了Wal-Mart体系验证。但随着Wal-Mart订单量的成倍增长,华特工艺厂粗放式生产及管理的弊端开始显现，产品质量问题频频出现，工厂中工人们垂头丧气地围在一起，以极低的效率和困惑的表情返工的场景不断上演。“怎么又是这个问题?”成了建国口中说得最多的一句话。产量受到影响，导致不能按期交货，甚至把一些不合格的产品交付给了客户。

终于，Wal-Mart 发来了文章开头提到的那封措辞严厉的警告邮件，强烈要求华特工艺厂必须认真解决好产品质量和交期问题，否则将解除合约并依法进行索赔。客户抱怨的最主要产品质量问题就是产品克重，质量标准规定可接受的范围是 20～30g，但在近期交付的产品中，不断发现有一定数量的产品低于 20g，不符合质量要求。

三、现场摸查

1. 大吃一惊

寻琦清清楚楚地记得客人对于成品克重的郑重警告。客户定制的标准克重是每片墓碑 25g，上下误差为 5g，即产品重量标准位于 20～30g 范围。虽然具体实践中，客户只会判定低于 20g 产品为克重不合格，而不会将高于 30g 的产品判定为克重不合格。但高于 30g 会大大增加工厂的材料等成本。工厂生产线上专门有一道工序对墓碑克重进行监测，当低于 20g 时就应该进行返工甚至报废。

寻琦在之前几次因客户投诉找建国解决问题时，建国总是持一种不以为然的态度，冠冕堂皇的理由是：这种产品在美国也就只使用几天，万圣节一过就会被扔进垃圾箱，对产品质量客户不会在意，我们根本没有必要较真。寻琦感受到建国内心认为他是刚毕业不久的一介书生，不接“地气”，往往是纸上谈兵。所以，寻琦决定先不直接找建国了解情况，而是照着自己在 MBA 课堂上老师讲的那样，深入到生产现场，弄清存在的问题到底是什么。

寻琦知道，在目前的粗放式管理下，虽然每个部门都存在质量问题，但由于部门交接和检查流程执行不到位，导致质量问题得以暂时隐藏，直到最后产品包装时才能发现。于是寻琦来到负责产品包装的包装部。

寻琦找到包装部主管老莫时，他正窝在车间角落的办公室里，脚翘在桌子上，有一阵没一阵地打盹。被喊醒后，有些不好意思地说道：“昨天加班太累了，没睡好，刚刚把工作安排给工人，我也转了一圈，没发现什么问题，一不小心就困着了。”说这话时，老莫眼中满是疲惫，语气中还有莫大的委屈。

寻琦对老莫本人表示了一下关心后，将话题引向正题，问道：“现在墓碑不合格率有多少？废品量有多少？”

“泡沫产品很容易损坏，本身泡沫的边边角角就容易被磨烂，或者磕掉，捆扎的时候有部分会被勒坏。现在工厂为了降低成本，不断购进劣质的原料，蒸煮出炉的产品蔫的蔫，瘪的瘪，更容易破损。再加上流程很多，经常需要在不同车间转移，这样损耗逐渐累加……”老莫并不正面回答，而是倒起了苦水，把产生质量问题的原因推给了其他部门。

寻琦不得不打断他，“老莫啊，我不是来找你茬的。我刚收到了客户的邮件，抱怨克重不足，影响到产品出售”。

老莫瞪着眼睛喊道：“你也知道，现在我们交货期多紧张。这么多的产品需要生产，大家都没日没夜地拼命干，凑够数量才是最迫切的问题。至于质量，这类产品本身就是消耗品，在美国只使用几天，只要万圣节一过，就进垃圾箱啦！所以，对品质就睁只眼闭只眼吧，先把产量搞上来出了货才是王道。”听此言，几乎与建国的论调一样，看来老莫受建国的影响很大。

寻琦也火了，吼道：“客户就是客户，你能代表客户吗？你能说服客户听你的吗？现在这类产品竞争相当激烈，这次客户严重抱怨我们的产品质量问题，你知道失去这个订单对工厂、对你和工人们意味着什么吗？”

老莫蔫了下去，找出最近的生产数据，交给了寻琦。尽管有一定的心理准备，但寻琦看到数据后仍不免大吃一惊：“天啊，因克重造成的废品率居然高达36%。”

2.初步摸查

寻琦努力使自己冷静下来，因为他意识到如此高的废品率绝不是喊两句“加强管理”“用心工作”的口号就能轻易解决掉的，必须要真正弄清楚这背后的原因。对于寻琦对废品率如此之高的疑问，老莫解释道：“其实这些废品原本很少，大概每天100～200片的样子，但是后来工厂为了削减成本，将泡沫粒子密度调低，使泡沫在蒸煮过程中过度膨胀。现在每天生产的墓碑虽然体积和未调整前一样，但重量大部分集中在18～23g，达到25g或者超过25g的很少。”

寻琦问道：“如果克重过低，工厂有什么办法可以弥补吗？”

老莫回答说：“根据实践经验，墓碑产品克重包含以下几个部分：60%以上来自泡沫白胚本身，30%来自加工车间的胶水与色浆，吸塑包装与标签只占2%左右，起支撑作用的铁丝架只占8%左右。所以，成品泡沫白胚的重量无法再增加，吸塑包装、标签与铁丝架都是外购的，而且所占比重太小，很难影响总克重。”停顿了一会儿，他继续说道，“泡沫粒子密度过低，会导致膨胀过程中材料达到拉伸极限，从而不能融合，所以常常会出现镂空的白胚，这种不合格品无法补救，只能报废。此外，如果工人在操作过程中，填料稍稍少一点，成品就会低于克重范围，只能返工。”

寻琦和老莫一起来到泡胶车间，只见半干的返工产品几乎占据车间的大半空间，乱七八糟地堆叠在一起，工人正在分拣不同程度破损的产品，有些由于过薄而破掉的墓碑被直接扔进粉碎机。车间主管老李一见到他们就气愤地抱怨道：“上一车间产生的重大质量问题，需要下一车间挽救，这叫什么事情！我现在是顾着大局把破损墓碑都吃下来的。我的工人大部分都在干返工的活，目前我的车间生产几乎停滞，再不解决这个问题，我也索性不干了！”

关于产生产品克重问题的原因，老李与老莫的说法大同小异：“虽然生产设备不够先进，但主要是因为调整了原料密度，工厂将模具削薄了 5 个 mm。”

寻琦脱口而出：“谁决定的？为什么要这样干呢？”老李叹了口气，“除了建国还有谁？还不是让成本给闹的。建国说成本压力山大啊，这样调整，既可以节约原料成本，还能缩短蒸煮时间，节省蒸汽，一举多得啊。”

寻琦问道：“出了这么多问题后你们没有向建国反映吗？”老李答道：“怎么不反映呢？但反映有什么用，建国认为产品质量关系不大，没有必要严格按照标准，过得去就可以，只要能节约成本就好。”老莫不停地点头表示同意老李所说。

寻琦想了想，与老莫、老李一起算起了成本账：出现质量问题后，通过返回上一流程再加工，这就相当于双倍加工，不仅使泡胶的成本翻番，而且由于需要再次烘干，势必会影响生产效率。现在可发性聚苯乙烯原料 1 万元/吨，即使从标准重量 25g 精确地调整到 20g，即每片墓碑节省 5g 原料，节约成本为 5 分钱，工厂每天产量约 2 万片，共节约 1000 元。但现在不合格率达到 36%，也就是约有 7200 片需要进入泡胶环节重生产，泡胶所需材料费与手工费 0.15 元/片，意味着返工费用 1080 元，两者几乎持平。而且 36%的不合格率不仅说明有 36%的工人的工作纯属浪费，没有转化成有效的产能，还说明需要另外 36%的工人专门进行产品返工。这一来一往，代表着 72%的工人吊在了不合格品上，结果相当于真正发挥作用的工人还不到三成。所以，这样做，表面上看来好像还能相互抵消，但如果把其他因素考虑进去呢，如大量返工必然导致产能大幅度下滑、工人士气低落、许多间接成本难以估量等，简直是得不偿失。看到这个结果，老莫和老李张大了嘴巴看着寻琦，一副“毁三观”的表情。

3. 数据透视

为了更科学、客观地弄清真实情况，寻琦请老莫和老李立刻行动，针对原料密度调整后这段时间生产出的产品，基本按照生产日期和产量比例，分10组、每组50个样本的方式共抽查500个产品的克重。最终经汇总后得到了表1所示的实际结果。

表1 墓碑成品克重抽样结果汇总 （单位：克）

序号	第一组	第二组	第三组	第四组	第五组	第六组	第七组	第八组	第九组	第十组
1	20.31	19.92	20.15	22.51	20.73	22.51	21.31	17.40	22.04	21.94
2	17.82	19.63	22.01	20.45	21.46	21.15	20.76	21.00	19.16	21.36
3	18.91	20.66	20.21	20.04	20.01	20.77	18.84	20.95	21.13	21.31
4	20.30	20.11	19.83	19.86	21.37	20.46	20.06	20.08	19.92	22.49
5	20.02	21.12	21.68	21.75	21.47	20.54	20.68	18.71	19.10	22.44
6	20.32	21.97	20.06	20.53	25.48	21.15	19.94	22.24	20.29	20.00
7	21.45	19.80	19.83	18.54	20.90	22.34	18.22	19.07	18.76	22.08
8	22.24	21.18	20.93	19.68	18.94	21.52	19.07	20.71	18.90	19.96
9	20.47	20.82	23.39	19.49	21.84	21.50	18.81	18.40	19.74	20.74
10	20.15	20.74	22.23	18.76	20.67	21.48	17.66	19.23	20.71	18.59
11	22.08	21.58	20.47	24.04	20.14	20.48	20.92	18.22	22.53	19.43
12	21.39	20.04	18.20	22.58	22.14	21.02	20.50	21.77	20.27	19.55
13	23.06	23.24	21.45	21.74	22.34	21.51	22.33	19.92	18.79	17.42
14	19.31	21.34	19.74	20.29	19.38	19.18	21.82	20.51	21.69	20.62
15	20.61	20.70	19.07	20.00	19.92	19.66	19.95	21.60	19.58	23.07
16	18.02	22.37	20.66	19.25	21.13	20.07	20.02	19.03	22.71	17.47
17	18.44	19.83	19.96	21.11	20.48	20.03	19.06	20.61	21.75	21.04
18	19.08	20.44	21.45	20.02	20.57	19.28	22.08	20.70	21.54	18.77
19	21.47	20.57	20.09	21.68	19.57	19.72	19.89	20.06	20.69	19.36
20	22.84	19.11	22.32	21.45	22.82	19.54	21.88	21.80	22.15	19.44
21	21.35	22.70	18.39	20.02	22.25	19.55	20.30	19.20	20.79	22.93
22	20.67	20.60	22.30	20.14	21.34	18.85	21.48	23.10	17.62	21.60
23	19.44	20.15	21.89	19.19	20.92	21.24	17.09	17.49	19.56	20.54
24	20.58	19.02	20.58	21.82	18.90	19.76	21.90	19.10	19.87	20.75

续表

序号	第一组	第二组	第三组	第四组	第五组	第六组	第七组	第八组	第九组	第十组
25	21.65	19.86	19.99	22.23	19.08	20.40	20.66	20.41	21.09	19.11
26	19.81	19.53	21.05	22.95	22.64	19.06	20.98	21.12	23.28	21.03
27	19.98	20.72	18.69	20.93	19.24	20.80	19.32	22.40	20.91	20.61
28	21.87	19.47	18.63	19.46	20.71	21.40	21.09	20.83	20.84	20.34
29	20.39	19.93	18.79	19.80	19.97	22.09	18.82	18.54	20.67	20.50
30	21.80	19.81	20.96	17.09	20.56	19.92	20.37	21.06	19.71	21.20
31	21.67	18.70	17.55	20.29	24.49	24.12	21.77	20.12	21.35	20.97
32	19.11	18.91	19.60	22.02	19.20	19.21	21.12	20.28	23.39	21.63
33	16.96	21.95	21.74	20.17	20.34	17.48	19.33	20.71	19.38	20.75
34	16.64	20.68	20.12	21.45	19.03	20.59	21.35	17.98	18.83	20.63
35	20.66	22.07	20.91	21.04	20.30	20.00	21.15	18.53	22.26	20.71
36	19.13	17.06	19.71	20.83	21.99	20.15	19.53	19.86	19.56	22.65
37	21.22	21.15	22.36	20.92	18.44	20.88	17.31	18.69	22.08	22.26
38	20.73	18.24	18.85	18.31	19.31	19.53	19.97	20.98	20.66	21.54
39	21.19	19.46	18.92	21.26	20.27	20.62	20.80	19.62	20.98	21.67
40	23.30	22.18	20.11	18.89	21.91	19.78	20.57	18.99	19.92	19.53
41	21.16	19.00	22.69	20.50	20.14	22.11	20.20	18.96	18.40	21.52
42	20.69	19.26	21.91	22.11	21.17	20.45	21.43	21.51	20.44	19.78
43	20.11	21.06	19.84	21.80	21.19	22.18	21.45	20.98	24.84	18.93
44	21.19	22.83	23.10	20.50	19.65	21.58	21.80	19.83	17.45	20.64
45	20.39	20.46	20.83	19.17	22.21	19.93	20.45	19.80	18.81	21.73
46	23.66	19.42	19.21	20.45	20.58	19.20	21.12	19.70	21.63	21.68
47	20.97	18.27	20.65	22.71	21.46	22.63	21.96	21.93	22.35	19.42
48	16.57	21.32	21.46	21.03	20.03	19.84	21.36	19.73	19.42	19.47
49	18.62	21.20	21.20	20.62	21.46	21.07	22.73	22.93	18.71	22.02
50	19.97	21.49	21.71	22.12	20.19	22.38	22.53	20.33	20.15	21.79

寻琦发现，样本中产品克重最轻的仅有16.57g，最重的也只有25.48g。为了把情况看得更清楚一些，寻琦借助统计软件工具将500个样本数据进行了基本的统计处理，结果见表2。

表2　500个样本产品克重统计汇总

序号	克重区间	中心值	频数
1	16.50～17.00	16.75	3
2	17.01～17.50	17.25	10
3	17.51～18.00	17.75	5
4	18.01～18.50	18.25	12
5	18.51～19.00	18.75	33
6	19.01～19.50	19.25	49
7	19.51～20.00	19.75	63
8	20.01～20.50	20.25	65
9	20.51～21.00	20.75	77
10	21.01～21.50	21.25	64
11	21.51～22.00	21.75	48
12	22.01～22.50	22.25	37
13	22.51～23.00	22.75	19
14	23.01～23.50	23.25	9
15	23.51～24.00	23.75	1
16	24.01～24.50	24.25	3
17	24.51～25.00	24.75	1
18	25.01～25.50	25.25	1
合计			500
样本平均值$\overline{x}$	20.53		
样本标准差σ	1.38		

寻琦简直不敢相信自己的眼睛，虽然在产品克重区间分布上，两端的样本数量少，中间样本数量多，但多数样本克重处在18.50～22.50g范围内，样本的平均值只有20.53g，而低于20g的样本数量达到了175个，即产品不合格率高达35%。抽查样本的不合格率与老莫告诉自己的总体不合格率基本一致，意味

着抽查的样本具有总体代表性。

寻琦感到问题的严重性远远超出了自己原先的判断，如果不立即认真加以解决，造成的损失和后果将很难估计。他清楚地意识到，造成产品克重质量问题的主要属于系统性原因范畴，导致工序能力不满足要求。除此之外，还存在许多其他的管理问题，凭自己目前一个外贸业务经理的力量根本无法解决。只能汇报给大老板建华，由他做出选择了。

四、观点交锋

在大老板建华的办公室，寻琦当着建国的面，把客户的邮件和自己了解到的富华工艺厂的生产情况进行了汇报。

听完汇报，建国哈哈一笑，紧张的神情一扫而光，用得意的眼光盯着寻琦："不错，将模具厚度从 2.5cm 削薄至 2.0cm，不仅是我决定的，还是我想出来的。华特工艺厂墓碑的出厂价是每件 0.31 美元，而墓碑的成本约为每件 1.78 元，其中白胚的成本约每件 0.9 元，占 50%左右。将模具厚度削薄五分之一后，填放的 EPS 原料变少，蒸煮白胚所需的蒸汽大大减少，节省的成本约为每件 0.2 元。按照目前的水平，华特工艺厂一个季度共生产销售 160 万件墓碑，节省成本就是 32 万元，一年下来约 120 万元，相当于一年增加利润 120 万元。"建国甚至把自己当成了企业功臣，跷起了二郎腿："华特每年贸易额约 1800 万元人民币左右，最近两年因为 40mm 圆球的项目丢了，每年利润大概只有 150 万元。现在，简简单单地削薄模具就能省下来 120 万元，接近新造一个华特，何乐而不为呢？"

寻琦鼓起勇气回答道："我也有一笔成本账，每片墓碑在削薄模具后的确可能节省 5g 原料，对应节约原料成本 5 分钱，按工厂每天产量约 2 万片计，就是节约 1000 元。但导致 36%左右、约 7200 片进入泡胶环节返工生产，每片材料人工费 0.15 元，造成这方面增加费用 1080 元。这只是直接成本比较，还没有考虑许多间接效果，如约 72%的工人被吊在不合格品的工作上，大量返工严重影响工人士气，造成部门间人际关系紧张，损害企业声誉，而且企业不可能有实质性进步。"说完后，寻琦忐忑地看着建华。虽然在创业风雨中一路走过来的建华被工人们评价为非常有智慧，平时把企业作为自己的孩子百般呵护，也在不同场合向大家反复强调客户对于华特工艺厂的重要性，但现在建华面对的一边是自己要的产品质量和回应客户，另一边是亲弟弟以及所谓的名义上的大量节省的成本，寻琦对其最终如何取舍心中并没有数。

不知过了多长时间，办公室的寂静终于被打破，建华深深地叹了口气，紧皱的眉头舒展开来。他满含深意地望了寻琦一会儿，动情而坚定地对寻琦说道："这个项目是由你一手开发出来的，你又在攻读MBA时系统地学习了管理体系和方法，我相信你对这个项目有深厚的感情，也有能力解决好存在的问题。现在就授权你全面负责墓碑产品质量，企业上下会全力配合和支持你的工作。遇到什么问题我都会是你的坚强后盾。"

五、尾声

面对挑战，寻琦既有欣喜，因为有了一个可以再次证明自己的机会，但又有一点不安，因为毕竟面对的产品质量问题是一个复杂和困难的系统工程问题，而自己过去只是从事外贸业务，在质量管理方面只有课堂和书本上的知识。

回到宿舍，寻琦躺在床上，不同的影像在大脑中一直不停地闪现和碰撞着：客户对产品质量的抱怨和通牒、工厂降低成本的强大压力、紧张忙乱的粗放工厂生产及管理现实、大老板建华对自己投来的希望和信任的眼神……

"把握生命里的每一分钟，全力以赴我们心中的梦，不经历风雨怎么见彩虹……"，手机定时彩铃声将寻琦的思绪拉回到了现实。又是一个不眠之夜。打开窗帘，望着远处出现的曙光，听着自己非常喜欢的这首《真心英雄》的励志歌曲，寻琦暗暗下定了决心。然而，自己的"第一把火"该从哪里烧起呢？

TEACHING NOTE

案例使用说明

一、教学目的与用途

(1)本案例主要适用于MBA学生、本科生等的"运营管理""质量管理"课程中的"工序能力指数、控制图"的章节，也适用于其他层次学生的"质量管理"课程教学。

(2)质量管理的基本理论与方法虽广为人知，但从实务的角度看，质量管理一直是一个充满挑战的管理课题。本案例是一篇描述民营企业华特工艺厂产品质量风波的产生过程及影响因素的教学案例，其教学目的聚焦在使学生正确和深刻理解工序能力指数和控制图的概念，真正掌握和提升应用工序能力指数和控制图进行分析和解决实际质量管理问题的技能，同时树立起企业实际质量管理工作是一个需要与成本、产量、交货期等进行权衡的复杂系统工程的理念和从企业发展战略高度看待质量管理的意识。

二、启发思考题

(1)导致华特工艺厂产品克重质量问题的最直接的系统性原因是什么?

(2)寻琦认为“系统性原因导致工序能力不满足要求,进而造成华特工艺厂产品克重不符合质量标准”,你同意这种观点吗? 为什么?

(3)如果你是寻琦,你会提出怎样的方案来解决华特工艺厂的产品质量困境?

(4)你赞同通过削薄模具来降低成本的做法吗? 为什么?

三、分析思路

教师可以根据自己的教学目标(目的)来灵活使用本案例。这里提出本案例的分析思路,仅供参考。

关于本案例讨论的主题——质量管理。一方面,从理论到方法,人们已发表了大量研究成果;另一方面,实际的质量管理工作又是一个需要与成本、产量、交货期等进行权衡的复杂系统工程。因此,密切结合企业实际,选择合适的质量管理理论与方法来解决产品质量问题,是理解和分析本案例的重要出发点。

在整体分析思路上,同样应遵循系统性和逻辑性思维,按照“发现问题—分析问题—解决问题”的思路构建分析框架(思考题和提问需要按照该框架展开)。其中,分析问题时应注意从中挖掘出真实的、关键的原因,解决问题时应注意解决对策的有效性及层次性。

实务中在分析产品质量问题产生的原因时,要么表现得比较随机,要么是利用鱼刺图或 4M1E 框架而只关注“质量影响因素”,相对比较忽视原因的性质。思考题(1)的目的在于分析产生产品质量问题的原因时对“质量影响因素”和“质量影响性质”进行整合,搭建一个基于“质量影响因素”和“质量影响性质”两个维度的规范性分析框架(如图 3 所示)。由此,可以系统分析产品质量问题的原因,并指导针对性地思考解决产品质量问题的有效对策。

对思考题(1),可以通过有层次地提问和举例导出最后的结论。可以先从“在你的工作实践中,有哪些方面或因素导致出现产品质量问题”开始提问。这是非常开放且容易回答的问题,很容易引发学生们热烈的发言,为整个案例的讨论奠定良好的氛围。无论学生是否直接回答出(多数情况下会有学生直接回答出)人、机器设备、原材料、方法、环境等五项因素(即 4M1E)框架,老师要按照 4M1E 的框

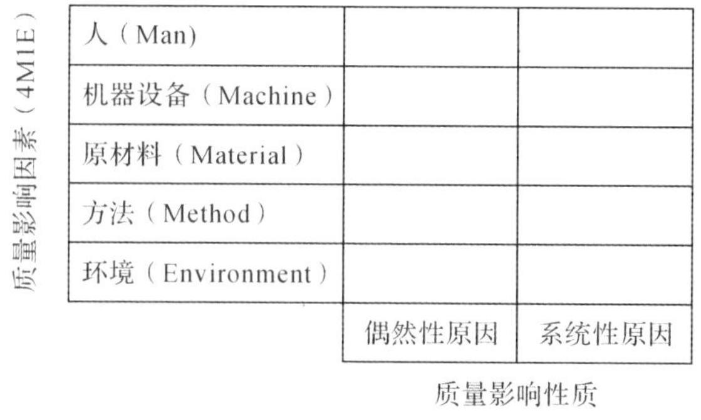

质量影响因素（4M1E）		
人（Man）		
机器设备（Machine）		
原材料（Material）		
方法（Method）		
环境（Environment）		
	偶然性原因	系统性原因
	质量影响性质	

图3　两个维度的规范性分析框架

架在黑板上简要板书。但板书时需要特别注意，要有意识地分析判断学生指出的原因是属于偶然性原因还是系统性原因，将两类不同性质的原因板书在两个不同的区域，但此时先不显示偶然性原因、系统性原因的字眼。约3分钟后，待课堂气氛一热烈，马上回到课堂案例本身，提问“导致华特工艺厂产品克重质量问题的原因有哪些方面”，可以让学生自由发言，也可以指定有准备的同学发言，并按照刚才提问相同的方式进行板书，如表3所示。

表3　4M1E分析

4M1E	偶然性原因（不显示）	系统性原因（不显示）
人	• 工人情绪波动 • 工人责任心波动 • 工人操作波动	• 工厂的质量文化 • 管理者质量意识 • 工人技能
机器设备	• 设备工具磨损	• 模具削薄
原材料	• 不同商家、批次的原材料存在细小差异	• 原材料本身特性
方法	• 流程执行波动 • 部门间配合波动	• 通过模具削薄调整原料密度 • 管理粗放 • 管理体系不健全
环境	• 气候、温度变化等	• 工作环境较差

紧接着，可以引入大家很熟悉的例子（如射击），在追问诸如“一个训练有素的枪手打靶时会是什么结果？为什么是散布的结果而打在同一位置上的可能性很小？如果经常打出很低的环数或脱靶，是枪手的原因还是枪本身（如瞄准准星）的原因？枪手通常怎样做来摆脱这种困境？”等问题的基础上，引导学生

总结,给出偶然性原因、系统性原因的概念及特征。然后请学生对照板书中所列出的原因,说明哪些属于偶然性原因,哪些属于系统性原因。同时,相应地将偶然性原因、系统性原因的字眼通过板书显示在对应位置上。此时,“模具削薄、通过模具削薄调整原料密度”是导致华特工艺厂产品克重质量问题的最直接的系统性原因的结论也就呼之欲出了,黑板上可将对应原因用彩色或加粗字体醒目地标注出来。这不仅可以加深学生对导致产品质量的偶然性原因和系统性原因的理解,而且也为后面的案例分析进行了很好的铺垫。

思考题(2)实质上是如何科学地评价企业质量保证,即企业质量能力的问题,可引导学生深入思考并转变观念——解决产品质量问题不能简单地就事论事,关键是要构建长效机制来打造企业质量能力,从而确保产品质量符合要求。思考题(2)的目的在于使学生深刻理解和真正掌握工序能力指数的概念及其在实际中的应用。

在分析思考题(2)时,首先,请 1～2 名学生简要回答“企业产品质量与其质量能力是什么关系”的问题,然后请学生简单讨论和判断华特工艺厂企业质量能力的好坏。无论答案是什么,都进一步请学生给出具体理由,无非是产品不合格率指标、客户投诉、生产返工、质量成本等具体指标或事例(实际上,学生基于案例材料回答什么都不重要)。待 3～5 名学生回答后,明确地告诉学生,虽然你们的回答都是建立在事实根据上的,但毕竟只是直观的认识,还要上升到理性和科学的高度。由此引出怎样才能科学地评价企业质量能力的话题。可以将全面质量管理的一句著名格言“用工作质量保证产品质量”板书出来,并对其基本含义加以解释说明。然后,引入工序能力和工序能力指数的概念并进行阐释。在此基础上,结合案例实际,大家共同一步步演算华特工艺厂的工序能力指数。具体过程如下:

1)观察和比较表 1 中的 10 组数据,发现各组数据分布情况不存在显著差异,表明在样本对应的时间区间内,华特工艺厂的产品生产系统未发生明显变动,样本具有代表性,可用于分析。

2)因为共有 500 个样本,分析质量特性值合适的分组数为 10～25 组。考虑到样本中最低克重为 16.57g,最高克重为 25.48g,两者相距 8.91g,因此,表 2 将 500 个数据分为 18 个区间(即 18 组)是合适的。根据表 2 所统计的 500 个样本在 18 个区间的频数,制作产品克重分布直方图(见图 4)。可见,产品克重分布非常接近正态分布。

3)明确样本的平均值 $\overline{x}$ 和标准差 σ 。案例正文已给出, $\overline{x}$ 为 20.53, σ 为 1.38。在实际工作中,可借助统计软件或 excel 表进行统计处理,得到结果。

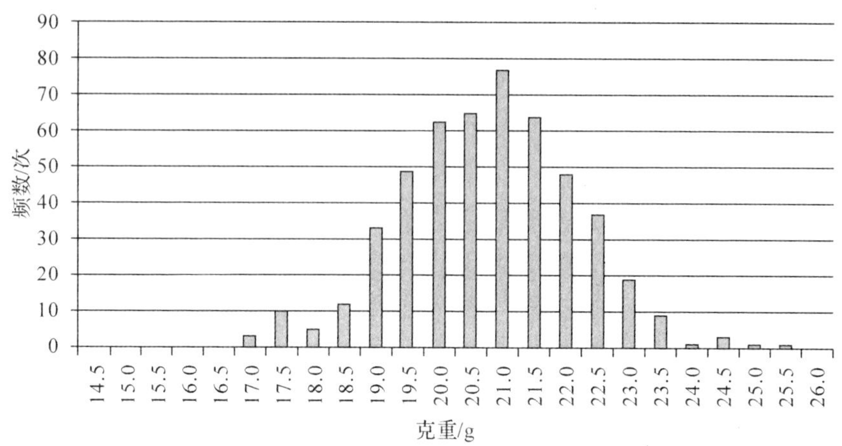

图 4　华特工艺产品克重分布直方图

4)应用工序能力指数公式,将有关参数代入公式,得到最终结果。客户要求克重是 25±5g,即 20～30g 范围,理论上华特工艺厂的工序能力指数为

$$C_p = \frac{T}{6\sigma} = \frac{T_u - T_l}{6\sigma} = \frac{30-20}{6\times 1.38} = 1.208$$

实际上,查标准正态分布表可知,理论上产品不合格率为 $2\Phi\left(\frac{20-25}{1.38}\right)=0.03\%$。考虑到具体实践中客户只会将低于 20g 的产品判定为不合格,则不合格率只有 0.015%,合格率为 99.985%。

但是,样本的平均值 $\bar{x}=20.53$,与客户要求的中心值 25 不重合,偏离量为 $\varepsilon=|25-20.53|=4.47$,离度 $K=\frac{2\varepsilon}{T}=\frac{2\times 4.47}{10}=0.894$,则修正后的工序能力指数为

$$C_{pk} = \frac{(1-K)T}{6\sigma} = (1-K)C_p = (1-0.894)\times 1.208 = 0.128$$

查标准正态分布表可知,产品不合格率为 $\Phi\left(\frac{20-20.53}{1.38}\right)+1-\Phi\left(\frac{30-20.53}{1.38}\right)=33.72\%+1-1=33.72\%$,由于产品克重超出 30g 的概率接近 0,因此,华特工艺厂实际的产品不合格率为 33.72%,合格率仅有 66.28%。这与实际所反映出来的情况基本一致。

综上所述,华特工艺厂理论上的工序能力指数为 1.208,等级达到二级,工序能力尚可。但是,由于实际产品克重分布中心与客户要求存在偏离,实际的工序能力指数只有 0.128,等级属于最低的四级,工序能力太低,严重不满足要

求。显然，寻琦的观点正确。

需要向学生特别强调，只有在满足正态分布的条件下，工序能力指数的计算与分析才有意义。

思考题(3)的目的在于引导学生如何基于特定情景思考并设计合理的解决对策，加深对工序能力指数的理解，正确理解和真正掌握控制图的概念及其在实际中的应用。

对如何解决产品质量问题，先请3～5名学生回答和讨论后，然后按照系统的逻辑框架对学生进行提问，引导学生思考。首先，当导致产品质量问题的原因明确后，针对性解决对策也就呼之欲出。但对两类不同性质的原因，处理方式是否相同？偶然性原因属于正常原因，随机性很强，企业难以掌控和消除，因此，应针对可以避免或消除的系统性原因进行思考，设计系统解决方案。其次，对系统性原因进行具体分析，弄清哪些原因解决起来比较困难，需要长期的努力（如培育企业质量文化、建立和完善质量管理体系、提升员工素质和工作技能等）；哪些原因解决起来相对比较容易，可以立竿见影（如模具削薄、模具削薄导致的原料密度改变），明确解决方案应当分成长期、短期等不同的层次。最后，企业的当务之急是摆脱困境，解决好客户投诉的产品克重质量问题。这一问题如果得以解决，客观上也解决了许多连带性问题（如消除返工、释放产能等），关键是在产品质量与节约成本之间寻找到一个合适的平衡点。在此基础上，可板书扩展原来的原因分析表（表3），如表4所示。

表4　扩展的4M1E分析

4M1E	偶然性原因	系统性原因	对策	当务之急
人	• 工人情绪波动 • 工人责任心波动 • 工人操作波动	• 工厂的质量文化 • 管理者质量意识 • 工人技能	长期基础	
机器设备	• 设备工具磨损	• 模具削薄	短期见效	★C_{pk}、控制图
原材料	• 不同商家、批次的原料存在细小差异	• 原料本身特性	难以控制	
方法	• 流程执行波动 • 部门间配合波动	• 通过模具削薄调整原料密度 • 管理粗放 • 管理体系不健全	短期见效 长期基础 长期基础	★C_{pk}、控制图
环境	• 气候、温度变化等	• 工作环境较差	长期基础	

之前的分析表明，由于“模具削薄、通过模具削薄调整原料密度”使得产品克重分布中心值太小，导致工序能力指数很低，产出的废品率太高，因此，只要采取适当措施，将克重中心值上调，就会使问题得到满意解决。可提供几个备选方案，例如：

·将产品克重废品率控制在不超过1%，即合格率超过99%，结合标准正态分布表，则克重中心值为 $T_l+\pi\sigma=20+2.3\times1.38=23.174$，对应的工序能力指数(计算过程同上)为0.767，工序能力等级为三级。

·将产品克重废品率控制在不超过3%，即合格率超过97%，则克重中心值为 $T_l+\pi\sigma=20+1.88\times1.38=22.594$，对应的工序能力指数为0.627，工序能力等级为四级。

·将产品废品率控制在不超过5%，即合格率超过95%，则克重中心值为 $T_l+\pi\sigma=20+1.64\times1.38=22.263$，对应的工序能力指数为0.547，工序能力等级为四级。

究竟要将中心值调整到多少，需要考虑企业可接受的废品率水平，调整方案技术上是否可行，是否方便，工艺的变动程度，方案本身实施的成本。此外，还必须注意到一个重要事实，产品生产往往包括多个环节，从最终角度看，生产产品的合格率是各环节合格率的乘积。

最后，再有意识地提问并引导学生思考，工序能力指数本质上属于一种事后的结果，当然就存在局限性，能否克服这种局限性使质量管理更进一步呢？在有学生提出开展事前的预防管理、控制图的观点后，顺势导入控制图的概念并进行阐释，进而结合案例实际，举例针对上述的克重中心值方案，说明如何确定控制图的参数。例如，以克重中心值为23.174为例，则各参数值取为

$$\begin{cases}\mathrm{CL}=\bar{x}=23.174\\ \mathrm{UCL}=\bar{x}+3\sigma=23.174+3\times1.38=27.314\\ \mathrm{LCL}=\bar{x}-3\sigma=23.174-3\times1.38=19.034\end{cases}$$

也需要向学生强调，基于中心极限定理所揭示的样本足够大时任何分布都可近似用正态分布来描述的事实，控制图也隐含了需要满足正态分布的应用条件。

思考题(4)的实质是两种不同做法(削薄模具降低成本与追求满足客户质量要求)的PK，目的在于帮助学生树立正确的质量观，从企业战略和长期发展的角度看待和处理质量与成本的关系——高质量绝不意味着高成本。正如克劳斯比(P. B. Crosby)所说，质量是免费的，促使人们真正自觉地高度重视产品质量和质量管理工作。

先请学生站队是赞同还是反对削薄模具降低成本的做法，然后各请2名不同观点的同学阐述理由。当学生用案例中的数据说明两种做法的直接成本效果基本相

抵时，追问如果削薄模具降低成本超过返工等造成的损失时，是否削薄模具的做法就可取？由此引出质量成本构成——预防、鉴定和故障成本，请大家从战略的高度思考质量与成本的关系是否是完全对立的关系？最后以传统和零缺陷下的质量成本模型(PAF 模型)进行总结，并板书克劳斯比的名言“质量是免费的”。

四、理论依据及分析

1. 质量

质量是指“反映实体满足规定和潜在需要能力的特性的总和”。“实体”指某项活动或过程，某个产品，某个组织、体系或人，或者是它们的任何组合。

质量不仅包括产品质量，也包括工作质量。产品质量是“产品满足规定和潜在需要能力的特性的总和”。无论什么产品，产品质量都有一个逐步产生、形成和实现的过程，受到企业中的各项工作的影响。工作质量，顾名思义，就是指为保证和提高产品质量的所有工作和活动的质量。产品质量是企业各方面工作质量的综合反映，而工作质量是产品质量的保证和基础。

2. 质量管理和全面质量管理(Total Quality Management，TQM)

质量管理是指“确定质量方针、目标和职责，并通过质量体系中的质量策划、质量控制、质量保证和质量改进来使其实现的所有管理职能的全部活动”。

全面质量管理是指“一个组织以质量为中心，以全员参与为基础，目的在于通过让顾客满意和本组织所有成员及社会受益而达到长期成功的管理途径”。

全面质量管理是一个有机的管理体系，包含八大质量要素，构成了质量管理的重要基础：以顾客为关注的焦点；领导的作用；全员参与；过程方法；管理的系统方法；持续改进；基于事实的决策方法；互利的供方关系。

3. 偶然性原因与系统性原因

产品质量受到一系列因素的影响。从来源分，可分为人、机器设备、原材料、方法和环境等五项因素(即 4M1E)。

从性质分，可分为偶然性原因和系统性原因两大类。前者是一种不可避免的原因，如设备的轻微振动、原材料成分的微小差别等，带有随机性，难以消除，也称为正常原因；后者是一种可以避免的原因，实际上是由于生产过程处于失控状态而产生，如设备安装调整不当、操作失误、流程不合理等，容易被发现和消除，也称为异常原因。

4. 工序能力和工序能力指数

大量实践统计表明，产品质量特性值作为一个随机变量，在正常条件下(即排除系统性原因,只有偶然性原因发生作用)是有规律的,呈正态分布,且落在 $\mu\pm\sigma$、$\mu\pm2\sigma$、$\mu\pm3\sigma$ 范围内的概率分别为 68.25%、95.45%、99.73%(见图5)。

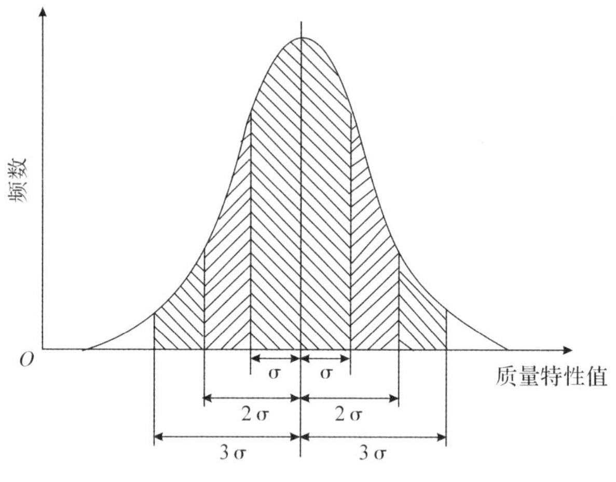

图5　产品质量特性分布

工序能力(工程能力、工艺能力)是指工序在稳定的正常生产运作条件下生产运作合格品的能力,或者说是工序满足质量要求的能力。一般把 $\pm3\sigma$ 即 6σ 作为评价工序能力的标准。工序能力指数是反映工序能力满足质量要求程度的一个量度,它可以用公差范围数值与工序能力比值来表示:

$$C_p = \frac{T_u - T_l}{6\sigma}$$

其中:C_p 为工序能力指数;T_u 为公差上限;T_l 为公差下限。

表5　用工序能力指数评价工序能力

工序能力指数	工序能力等级	工序能力评价
$C_p \geqslant 1.67$	特级	工序能力过高,存在浪费(精机粗用)
$1.33 < C_p < 1.67$	一级	工序能力充足
$C_p = 1.33$	一级	工序能力较理想,不良品率仅为1%
$1.00 \leqslant C_p < 1.33$	二级	工序能力尚可,基本满足要求
$0.67 \leqslant C_p < 1.00$	三级	工序能力不充足,难以满足要求
$C_p < 0.67$	四级	工序能力太低,会出现大量不良品,不良品率将超过4.55%,应该停止生产

当实际尺寸分布中心与公差中心不重合时，则工序能力指数修正公式为

$$C_{pk} = (1-K)C_p$$

其中：$K = \dfrac{2\varepsilon}{T_u - T_l}$，称为偏离度；$\varepsilon = |x-\mu|$，称为偏离量。

5.控制图

控制图(管理图)由休哈特博士(W. A. Shewhart)创立，是根据数理统计原理分析和判断工序是否处于稳定状态，严格控制产生影响产品质量特性的异常原因的图表，是一种事前的、动态的管理方法。

控制图的基本模式如图6所示。其中，CL称为中心线，UCL称为上控制限，LCL称为下控制限，中间的折线则是根据生产运作过程中抽取的样本统计量描出的。一旦有异常原因所造成的质量波动，控制图就会发出预警信号，从而可以采取相应措施予以消除，使产品质量特性控制在由正常原因所造成的质量波动界限之内。因此，控制图被认为可以进行有效的事前分析、事中监测与控制。

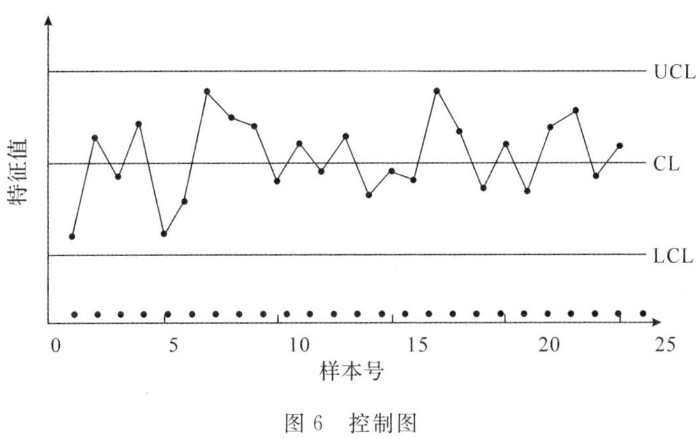

图6　控制图

控制图中有关参数的取值一般采用3σ法：

$CL=\bar{x}$

$UCL=\bar{x}+3\sigma$

$LCL=\bar{x}-3\sigma$

在正常情况下，工序处于统计控制状态之中，控制图上的点子随机地分散在中心线的两侧附近。一旦点子超出控制限，或出现连续上升、下降趋向，或连续在一侧或控制限附近的地方出现，或周期性变动，则应考虑判为生产运作过程异常。

6. 质量成本

按照质量管理专家费根堡姆(A. V. Feigenbaum)和朱兰(J. M. Juran)的观点，质量成本是指“为确保和保证满意的质量而引起的费用及没达到满意的质量而造成的损失”，分为预防成本、鉴定成本、内部和外部故障成本。预防成本是指为预防故障所支付的费用。鉴定成本是指为评定质量要求是否被满足而进行试验、检验和检查所支付的费用。内部故障成本是指由于产品在交付前不能满足质量要求所造成的损失，包括报废损失、返修费、降级损失、停工损失、产品质量事故处理费等。外部故障成本是指由于产品在交付使用后不能满足质量要求所造成的损失，包括索赔费、退货损失、保修费和折价损失等。传统和零缺陷下的质量成本模型分别如图7(a)(b)所示。

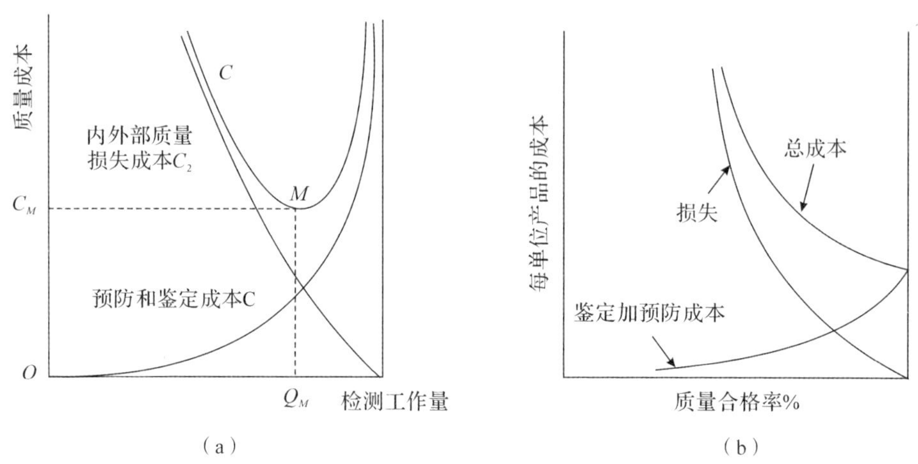

图7 质量成本模型

五、关键要点

(1)面对质量管理这一非常重要和基本的管理问题，人们发展了丰富的理论与方法，虽然成果丰硕，但实践中依然是一个充满挑战的课题，这不仅因为其严重影响企业竞争力，更因为质量问题本身的复杂性和与企业实践的密切关联。正如质量管理大师戴明(W. E. Deming)所说，任何重大的提高都必须来自系统的提高，而这正是管理层的责任。这就需要从找出影响质量的真正原因出发，并选择适合企业的质量管理理论与方法。

(2)本案例在分析时，应按照系统化的逻辑思维方式，有意识地构建结构化的系统分析框架，同时特别突出如何正确应用工序能力指数和控制图解决实际问题，以培养学生的科学思维模式和解决实际质量管理问题的技能。

六、建议课堂计划

本案例可以作为专门的案例讨论课来进行。以下是按照时间进度提供的课堂计划建议，仅供参考。

整个案例课的课堂时间控制在 1 节课(45 分钟)。

1.课前计划

提前 2 周发放案例，提出启发思考题，请学生在课前完成阅读和初步思考。

2.课中计划

首先由 2～3 位学生介绍案例要点(2 分钟)。

按照讨论题目顺序，参照第三部分的分析思路，逐一引导全班进行分析讨论并归纳总结(共 40 分钟)。

思考题(1)共 8 分钟：

(1)哪些因素导致产品质量问题的开放性提问及板书(黑板区域 1)(2 分钟)；

(2)华特工艺厂产品质量问题原因的提问及板书(黑板区域 1)(2 分钟)；

(3)“射击例子”提问及偶然性原因、系统性原因概念与特征的导出和板书(黑板区域 2)(2 分钟)；

(4)华特工艺厂产品质量问题的最直接的系统性原因提问及醒目标注(黑板区域 2)(2 分钟)。

思考题(2)共 14 分钟：

(1)产品质量与质量能力关系提问(1 分钟)；

(2)华特工艺厂质量能力好坏提问(2 分钟)；

(3)企业质量能力评价提问及“用工作质量保证产品质量”板书(黑板区域 3)(2 分钟)；

(4)引入工序能力和工序能力指数(3 分钟)；

(5)华特工艺厂的工序能力指数演算(可借助事先准备好的 PPT，不必在黑板上展开)(4 分钟)；

(6)华特工艺厂工序能力指数分析及小结(2 分钟)。

思考题(3)共 10 分钟：

(1)解决对策的发散性提问(2 分钟)；

(2)解决对策的系统性引导提问(两类不同性质原因的处理方式是否相同？系统性原因的长期基础、短期见效的层次划分？华特工艺厂的当务之急是什么？解决的难点和关键是什么？)及板书(黑板区域3)(2分钟)；

(3)上调克重中心值备选方案设计及比较(可借助事先准备好的PPT，不必在黑板上展开)(3分钟)；

(4)控制图引入及参数确定(可借助事先准备好的PPT，不必在黑板上展开)(3分钟)。

思考题(4)共4分钟：

(1)赞同还是反对削薄模具降低成本做法提问(1分钟)；

(2)如果降低成本多该做法是否可取追问(1分钟)；

(3)质量与成本是否是完全对立或互斥的关系提问、质量成本模型总结及“质量是免费的”板书(黑板区域5)(2分钟)。

老师最后总结点评(2分钟)。

3. 黑板计划

黑板计划如图8所示。

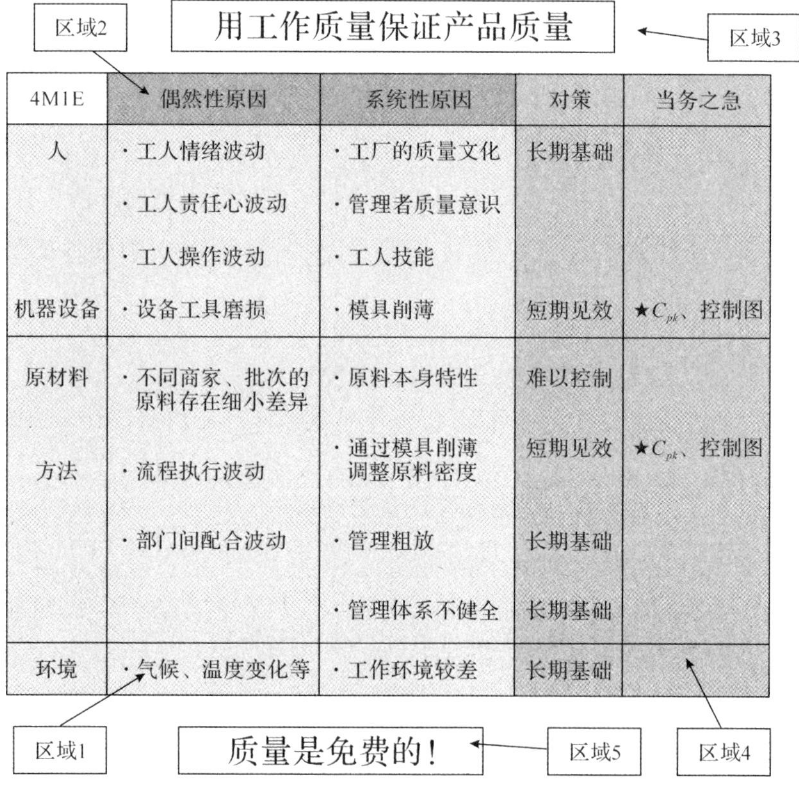

4M1E	偶然性原因	系统性原因	对策	当务之急
人	·工人情绪波动	·工厂的质量文化	长期基础	
	·工人责任心波动	·管理者质量意识		
	·工人操作波动	·工人技能		
机器设备	·设备工具磨损	·模具削薄	短期见效	★C_{pk}、控制图
原材料	·不同商家、批次的原料存在细小差异	·原料本身特性	难以控制	
方法	·流程执行波动	·通过模具削薄调整原料密度	短期见效	★C_{pk}、控制图
	·部门间配合波动	·管理粗放	长期基础	
		·管理体系不健全	长期基础	
环境	·气候、温度变化等	·工作环境较差	长期基础	

图8　黑板计划

4.课后计划

请学生在课堂学习的基础上，进行复习学习，加深对相关概念的理解，比较工序能力指数与控制图方法的异同点，掌握相关原理及应用过程。

七、参考文献

[1] 爱德华兹·戴明.戴明论质量管理[M].海口：海南出版社，2003.
[2] 约瑟夫·朱兰，布兰顿·戈弗雷.朱兰质量手册[M].第5版.北京：中国人民大学出版社，2003.
[3] 刘广第.质量管理学[M].第2版.北京：清华大学出版社，2003.
[4] 龚益鸣.现代质量管理学[M].第3版.北京：清华大学出版社，2012.
[5] 张公绪，等.新编质量管理学[M].第2版.北京：高等教育出版社，2003.
[6] 马林，何桢.六西格玛管理[M].第2版.北京：中国人民大学出版社，2004.

易时科技新业务开发引发的组织变革风波①

摘要:2011 年年底,杭州易时科技公司总经理陈云峰又面临了 M 业务(重点新业务)部门组织机构调整问题。易时科技公司新业务拓展一波三折,业务组织架构也几经调整,特别是 2011 年年初组织机构调整引发了多名 M 业务核心骨干员工离职,直至最近,销售收入严重下滑,M 业务产品经理王磊也提交了辞职报告,给主导 M 业务组织机构调整的陈总带来了前所未有的压力,下一年 M 业务组织结构该如何调整已让陈总困惑了好长时间。

关键词:新业务开发;组织变革;战略匹配

看着桌面上静静躺着的 M 业务产品经理王磊的辞呈,总经理陈云峰默然良久。半个月前两人争吵的情景还历历在目。

2011 年 11 月。

"嘭嘭嘭",陈云峰看着眼前的王磊,手指抑制不住地戳着放在桌面上的各地区业绩报告与人力资源报表。

"为什么流失掉这么多的销售人员,流失率 40%?! 而且大客户数量一个都

---

①本案例由浙江大学管理学院张大亮教授、刘竞嶷与张德信硕士编写,作者拥有著作权中的署名权、修改权、改编权。未经允许,本案例的所有部分都不能以任何方式与手段擅自复制或传播。

本案例荣获"第五届全国百篇优秀管理案例",由中国管理案例共享中心案例库收录,并授权中国管理案例共享中心使用,中国管理案例共享中心享有复制权、修改权、发表权、发行权、信息网络传播权、改编权、汇编权和翻译权。该案例经中国管理案例共享中心同意授权引用。

本案例于 2014 年 8 月收录,文中叙述保留收录时的时间点。

由于企业保密的要求,在本案例中对有关名称、数据等做了必要的掩饰性处理。

本案例只供课堂讨论之用,并无意暗示或说明某种管理行为是否有效。

没有增长,你到底是怎么带手下这些兵的?!"

眼前这份报告显示,2011 年易时科技的 M 业务销售额同比下降了 3%,相比 2010 年 35%的增长率而言就像一张不及格的答卷,M 业务的市场份额也下降了。

王磊看了看报告开口道:"我能做的都做了,但原来的销售人员觉得实在没办法适应新的工作环境。"

"公司去年刚刚针对 M 业务做了调整,为的是让 M 业务能更好地发展,你的任务就是让你手下的兵能够适应新的环境,做得更好!"

"在现有的组织结构下,我说我的,他干他的,我制定的策略分公司并没有真的执行,这才是导致问题的关键所在,我已经在尽力补救了。"

"……我再想一想,你回去也好好想一想。"陈云峰沉默了一会儿缓缓地说。

明明一切都已经看似走上正轨,M 业务在经营指标上都有着很不错的表现且年增长率呈现逐年上升的趋势,而且易时科技已经把 M 业务的重要性区别于其他第三方产品,并针对其制定了发展策略,并在去年年初刚刚针对 M 业务的发展做了组织结构及人员的调整,为什么 M 业务的表现没有出现想象中的如虎添翼,反而业绩戛然而止,更要命的是还流失了大部分的销售精英,真是"赔了夫人又折兵!"到底下一步该怎么走,去年刚刚针对 M 业务对组织架构做了调整,现在又不能将一切推倒重来,该怎么拯救 M 业务?陈云峰一声长叹,陷入沉思……

一、M 业务悄然兴起

易时科技公司创立于 1994 年,最早从事的是造纸行业的过程自动化系统的开发。当时所处的大环境是国内经济发展从粗放式思维转向精细化思维,从劳动密集型向技术密集型转型,因此国内工业企业在其生产和建设方面对工业自动化的要求十分高。具备先进技术的国外工业自动化制造商,尤其是品牌厂商,都纷纷大力投资中国市场。但是众多国外的制造商在进入中国市场时碰到了诸多问题。若试图得到良好发展,他们需要花费大量的资源进行品牌推广和长期的市场耕耘,在适应了当地的商业文化后搭建销售渠道以及完成财务投资等活动。

而当时国内的工业自动化商业产业正处于发展前期。尽管在国家政策的大力扶持下,国内工业自动化产业发展非常迅猛,并已经对国外进行了一些技术输出,但是在一些核心的关键技术和设备上,国内企业与国外知名企业的差距仍然比较大。

因此，国内该产业所处的情况是市场需求大而本土技术供应不足，结果国内涌现出一批专门代理国外知名品牌的工业自动化产品的代理商。他们一方面协助国外的厂家在国内进行市场推广，同时也为国内的工业自动化行业提供了更齐全的产品、全面的解决方案和技术服务等。他们没有自己的产品，他们对于客户的价值是完善的销售体系、良好的库存管理及交货能力、技术服务的响应能力等。

易时科技正是走上了这样一条发展之路。由于该公司提供的自动化系统技术先进且其市场拓展能力强，业务得到了快速的发展，不久就成为国外工业自动化知名品牌Rexel（以下简称R厂家）的重点客户。1999年，随着业务的壮大以及与R厂家的长期紧密合作，该公司开始从事专业代理Rockwell Automation自动化产品（以下简称R产品）的业务，并成立了新的公司——易时科技电气贸易有限公司，利用其已有的分支机构和渠道资源，建立起产品代理的业务，逐渐成长为一家专业销售公司。

十几年的时间令易时科技成长为国内最知名的工业自动化产品分销商之一，2012年实现了6亿多元的销售额。在这6亿元的销售额中，R品牌系列产品占据公司整体销售额的90%，其余品牌产品合计约占总销售额的10%。这种主要业务独大的局面使得易时科技过分依赖于R品牌的贡献，与相关厂家合作时的议价能力下降，利润空间也因此不断被挤压。对于易时科技而言，推广、扶植新产品，发展新业务，实现产品及解决方案的多元化，分散经营风险似乎成了自然而然的事情。然而发展新业务的路途却不似想象中的那么简单。

易时科技最早于2005年开始与台湾MOXA品牌厂家合作（以下简称M厂家），主要销售其工业通信网络设备，如工业以太网交换机、工业通信网关、工业视频系统等产品。M品牌产品主要专注于工业领域的网络解决方案，而易时科技当时主要专注于工业自动化系统中的控制器等底层控制设备，两者刚好有互补之处。简单地说，M业务与易时科技的主营业务R业务面临的客户均属工业自动化领域，包括工业企业、系统集成商、自动化设备制造商等客户，区别在于R业务针对其中具有控制需求的客户及部门，M业务聚焦具有数据传输需求的客户及部门。因此，这两个业务在客户方面有重叠的地方。如果能够充分利用以前的客户资源发展新业务，可以大大降低平均销售成本，提高边际的销售收益，同时可提高客户的忠诚度。

因此，M厂家与易时科技二者的合作可以说是双赢的。对于易时科技而言，其销售的底层控制设备或者控制系统需要把相关控制数据通过工业网络传输到监控中心，而M产品正好可以提供稳定可靠的网络保证其系统稳定运行；

对于M厂家来说,M品牌的工业网络设备刚进入大陆市场不久,多少有些"水土不服",其既不熟悉工业自动化行业的渠道,也没有相应的客户资源。能够同易时科技合作,是M厂家进入大陆工业自动化市场,借助易时科技的渠道资源进行市场销售和品牌推广,尽快熟悉行业的生态环境的一条快速路径。二者的合作可谓一拍即合。

易时科技是以产品分销为核心业务,销售自然是该公司的最重要的工作。其组织架构主要是按以销售为核心、技术服务为辅助的原则进行设计的。总公司下辖3个大区,共9个销售分公司。按职能部门来划分,总公司下辖各个销售大区及其分公司、市场部、物流部、财务部和人力资源部。同时,易时科技一直以来以R产品为自己的主营业务,因此目前公司的整个组织结构可以说是R业务产品的销售组织结构。总经理下属有3个销售大区,每个大区设一名销售总监,销售总监下辖其大区范围内的地区分公司,分公司设置一名分公司经理,负责本地区的销售工作,包括地区销售人员(客户经理)的管理、地区重点客户和项目的有效管理,以及与本地区R厂家的销售团队的良好协作等(结构图见附录1)。在业绩考核方面,易时科技对地区分公司的客户经理以及分公司经理是以销售额、毛利额和应收账款等指标考核为主,分公司经理还必须控制费用以达到纯利指标的要求。对于新业务(如M业务),易时科技对分公司经理以及客户经理有考核指标,但是对其薪资影响比例不超过6%。

在启动与M厂家的合作之后,公司领导在原有的全国销售布局上做了调整。在总部的新产品部门中设置了M产品经理,负责该产品的销售策略和销售计划的制定及跟踪、供应商关系的协调、产品技术培训及支持、与各地分公司的沟通协调等;每个大区和重点分公司招聘一位M业务的专职产品销售人员,与各地区分公司一起承担M产品销售,包括执行制定的销售策略和计划。这些M业务专职销售人员受分公司经理管辖,与客户经理平级,主要负责的是针对M产品的特点,开发M业务的潜在客户和项目;同时利用当地分公司现有的客户和项目资源,寻找其中的M业务生意机会,并指导当地相关客户经理,针对这些生意机会推广M产品。为了调动M业务负责人以及当地客户经理的积极性,公司在政策上做出了激励制度的调整,将产品销售工程师与客户经理在M业务的业绩考核更改为双重计算。也就是说,客户经理所销售的M产品的业绩同样计算到产品销售工程师的业绩之中,以此来推动两者的紧密合作和资源共享。

然而事与愿违的是,M的业务开展比较缓慢,在2005—2007年两年的时间里,M业务从零起步发展到2007年的700万元左右的销售额,占M厂家在大陆网络通信产品销售额的15%左右。但易时科技在M业务上的成长却远低于M品牌产品在大陆的成长速度,这与M厂家的期望相距甚远。

痛定思痛,陈云峰在仔细研究了M业务的销售情况后认为这个问题归根结底是缺少具备M业务专长的销售人员。现在的M业务团队中的人员都是新招聘的,产品经理之前也没有接触过M品牌产品,因此,整个团队对M品牌的产品、重点行业方向、M厂家的市场运作模式均不熟悉,M业务团队在市场拓展上适应时间比较长。而且现在的产品销售工程师不具备商务拓展能力,在当地分公司开展业务时,产品销售工程师以及M业务团队的经理,更偏向于技术层面的工作,商务拓展是由当地的客户经理负责的,这对于从没接触过M业务的客户经理来说也是一个不小的挑战。

"我需要一个懂得M业务且能够率领M业务团队的领导人。"想到这里,陈云峰开始着手猎头工作,通过各种关系,挖到了行业内比较熟悉M业务的资深销售经理王磊来带领M业务团队,负责M业务的整个运营。M业务会怎样,陈云峰心中暗暗期待。

二、王磊加盟,新业务风生水起

翻开公司2010年的业绩报告,陈云峰嘴角浮现欣慰的一笑,年增长率又超过35%,这可不是一个小数字,说不定M业务真的是一匹黑马,业务成长性竟然这么高,毛利率(margin)、息税前利润(EBIT)以及总仓储成本(TWC)都要优于传统的R业务,也许真的可以在M业务上大做文章。王磊也算是有实力,短短两年能将M业务扩展到如此出色,不过这也离不开公司领导层的全面支持。

王磊自从加入易时科技之后获得了较大的权限以及政策支持,包括M业务部门的人事任用、公司内部资源的调配等。如此看来,自己之前的判断是正确的,也许M业务还可以做得更大。

而面对眼前这份业绩报告的王磊缓缓地呼出一口气。新加入这家公司他是感到身上有压力的,尤其是在领导给予大力支持的情况下。尽管自从被公司纳入旗下之后自己所做的工作是有目共睹的,但是若没有成绩,那一切依然只能归零。现在面前陈列的数据终于表明自己的决定是正确的。回想自己针对整个M业务做出的调整,王磊庆幸自己完成了两项重要的变革。也许正是这两项变革让M业务起死回生。

首先,王磊确立了以自己为领导核心的M业务团队,将M业务变成一个独立的业务单元,直接向总经理汇报,汇报层级比分公司高了一级,与大区总监平级(组织结构图见附录2)。并坚持这个团队是易时科技内部M业务的主导力量，重点的项目和客户都由 M 业务团队牵头去做。在新的组织结构下，M 业务部门负责客户关系的直接管理，M 厂家负责给出建议和技术及价格支持。王磊希望能与 M 厂家保持良好的合作关系，这样可以保证业务的持续发展。

为了完成这项任务，王磊又开始煞费苦心地选拔、培训合适的 M 业务销售人员。在以往的工作中，M 业务在各地区的营销采用的是地区销售工程师配合当地客户经理的工作方式，M 业务团队的销售工程师更多扮演的是给予技术指导建议的角色，而与客户接触或者项目运营都是由当地的客户经理完成的。在当下的组织结构体系中，M 业务部门的销售人员分派在各个业务地区，直接负责当地 M 业务销售推广工作。王磊要求每一个负责 M 业务的产品销售工程师不仅要懂技术，更要具备商务拓展能力，从而无论是与客户接触还是完成项目，M 业务团队的销售人员都可以结合客户或者项目的实际情形和 M 产品的优势，寻找突破口，为客户提供适当、精准的服务，避免出现之前过度依附当地的客户经理的情况，因为 M 业务的产品销售工程师比客户经理更了解 M 产品的优势所在。

同时，M 业务部门的销售人员直接向 M 业务主管王磊汇报销售情况，地区分公司经理对该地区 M 业务销售人员只承担服务支持的责任，不承担业务销售管理的责任。在 R 业务和 M 业务两个业务单元的销售人员有业务交叉的地方，可以共同开发客户，从中产生的 M 业务的销售业绩，双重计算给负责该客户地区的销售人员和 M 业务销售人员。

除此之外，王磊将目光放远，不再局限于之前依附的 R 产品线已有的客户资源，而是努力开发与 R 产品线不一样的行业以及目标客户。王磊因此坚持与 M 产品厂家交流，了解 M 产品的真正发展趋势和潜在机会。易时科技不生产产品，易时科技的全部注意力集中在如何把其所代理的产品销售出去，形成可持续性稳定增长的销售模式。而在这个过程中，与厂家（设备制造商）保持良好的合作关系是很重要的，二者客户资源的共享、厂家技术支援以及价格体系的支持对于分销商来说决定了产品销售情况的好坏。比如，没有好的价格体系支持，分销商在市场中没有价格优势，自然也就增加了其开发客户的难度；没有好的技术支援，就等同于打仗没有武器弹药，既没有合适的产品又缺少完整的解决方案，在这种情形下分销商是无法攻克市场的。

王磊认为 M 业务与 R 业务不仅面对的客户不同，他们与各自厂家的合作方式也不同。R 业务已经有了成熟的模式，在业务开展过程中，R 厂家会较常扮演主导的角色，针对客户或者项目制定销售策略，为客户提供产品及技术方案以及梳理和建立人脉关系；而易时科技的地区销售人员主要是配合销售策略的执行、为客户提供技术和商务上的支持、业务跟踪、合同签订以及人脉关系的建立和维护。但M业务的相应模式还在摸索中,与M厂家也处于不断磨合了解的过程中,王磊希望能够更了解M厂家的公司文化、市场经营模式以及客户资源共享方面的情况,避免冲突与矛盾的发生,实现二者的长期良性合作。

三、再次变革,寄予厚望

刚刚与M厂家就2010年的业绩报告做完讨论,坐在办公室中的王磊心中很是激动。M业务的快速增长不由得让易时科技与M厂家对其M业务的发展有了更高的目标和更多的想法。2010年年底的5年目标会议结束后,易时科技领导层决定对M业务的人员组织架构以及现有的业务模式做些改变。会上两个公司的领导都认为M业务还有很大的发展潜力,应该投入资源助其成长。但是相对于投入新资源,易时科技领导层希望能充分利用现有的人力资源、客户资源,让易时科技R业务的客户和项目资源进一步与M业务结合,扩大M业务在易时科技中的影响力,让所有的客户经理都积极销售M产品。同时还要保证原有的核心业务不受到影响,创造一个双赢的局面。

这一天快下班的时候,王磊接到了一个电话。

"王磊,你来我办公室一下。"

"好的,总经理。"

放下电话的王磊心中有一丝疑惑,自己关于M业务的发展计划还没有形成完整体系,不知道总经理找自己是不是要谈这个事情。

"总经理,您找我。"

"嗯,小王,公司要加大M业务的发展力度,这个你是知道的吧?"

"是,我最近也正在考虑如何做好这件事呢。"

"嗯,你的能力我是放心的,另外总部领导希望对现在的组织结构做一点变化,能够更好地让M业务融合到各地分公司的业务当中去,借助分公司资源更好地发展M业务。这个是新方案,你拿回去好好看一下,想想该怎么去做。"

"嗯,好的,我回去仔细看一下。"

"去吧,以后还有很多事要做,调整一下自己,好好干。"

"是。"

——啪,新方案的文件被王磊重重地甩到桌面上,这简直就是莫名其妙!王磊难以抑制心中的怒火并且不解,怎么能这么调整呢?我好不容易将大家拧成一条绳,让大家能够齐心协力全力以赴地发展M业务,现在又要把所有的产品销售工程师都分配到当地分公司的管理之下,那我之前辛辛苦苦建立M业务团队又是为了什么?!

而且什么叫双线汇报?当地分公司经理负责执行相关销售策略和规划,管理本地区M业务的客户和项目也就算了,我团队里的人员的工作情况还要向我和当地分公司经理同时汇报,那到底听谁的?虽然总的销售策略和计划由我来制定,分公司执行,那么效果好也就算了,若执行效果不好,责任谁来承担?而且各地分公司的客户经理怎么可能在M业务上投入过多的精力呢,他们一定要保证业绩,到时候考核指标也是一个总销售额数字和总毛利数字,做R业务熟门熟路,谁能真正去关心M业务的死活?!

王磊心中难掩郁结之气。他能理解公司的本意是希望能够整合现有的资源,包括人力以及客户等资源,并且让各分公司重视M业务,投入更多的精力在M业务上,但是这样的调整根本起不到这样的作用。M业务团队刚刚凝聚在一起,大家都熟悉M业务的技术及商业拓展,能够在一起相互协作,现在陡然间放手让大家各奔东西、独当一面还为时尚早啊!

王磊在书房中踱来踱去,到底该怎么跟总经理反映这个情况?现在就打电话吗?不不,听总经理下午的意思是已猜到我的反应,所以让我调整自己好好做。可是,这不是我调整自己情绪的事情,而是关系到M业务发展的问题,这样的变动很可能没有益处,反而隐藏着巨大的隐患。可是该怎么跟总经理沟通才能改变他们的想法呢?恐怕他们已经决定了这件事情,仅仅是通知我让我尽力做。还是等明天吧,等见面再谈这个问题。明天一定要想办法说服总经理改变这个决定。

可惜正如王磊所担心的那样,总经理并没有被他说服,原因是这个决策是易时科技领导层一致通过的,并且坚信这个改变是有利于M业务更好发展的,必须坚持执行。

王磊对于这个结果只能保持沉默,自己能说的都说了,可是公司领导层依然坚持己见,并且新的调整计划也已经发到各个部门以及各地分公司,一切都已成定局,现如今也只能走一步看一步了。于是,王磊从原来的M业务销售经理转入市场部,担任M产品线经理,负责M产品线的运营规划、M业务市场策略的制定、与供应商关系的维护以及M业务在各个分公司的推广与支持。各地分公司经理负责执行王磊制定的相关销售策略和计划,同时管理本地区的M业务的客户和项目,而原M业务团队的产品销售工程师被纳入分公司的管理体系,负责当地区域的M产品的销售工作,他们的工作情况分别向当地分公司经理和王磊双线汇报。(组织架构图见附录3)

四、变革受阻,危机显现

2011年4月,新方案才实施3个月。

"经理,我想辞职。"

望着眼前自己曾经的得力助手小王,王磊不知道该说什么挽留他。这已经是第三个向自己提出辞呈的M产品销售工程师。M业务在过去几年发展迅速,使得团队中的成员能力都得到增强。他们满怀激情地期望获得提升的机会。可是,并入分公司的管理体系后,他们的前景不明朗,获得提升的空间和机会都不大,并且工作开展得也不顺利,原本表现非常突出的销售工程师们如今都心灰意冷。

送走小王,王磊倒在椅子中沉思良久。他决定给总经理打一个电话,M业务的新组织形式才试行了3个月时间,就流失了三个精英销售人才,并且每个地区分公司的开展态势都不好。根据下属提供的信息,原M团队的M业务销售工程师在分配到各地区分公司后与他们合作开展M业务的过程并不融洽,由于当地分公司经理并不熟悉M业务,也很少与M厂家的当地人员进行沟通交流,因此,他们在沟通协调上以及业务开展上都无法得到来自M厂家的足够支持。有很多销售机会是由于没法争取到价格上的支持而流失掉的,还有一些机会由于客户经理没能过多关注相关客户以及项目,而失去了。在这种情况下专职销售人员觉得难以继续。

M业务的本地化使得很多M业务原来的重点客户全部分配给当地的客户经理进行耕耘,而当地的M业务专职销售人员仅提供支持和指导。但是,由于客户经理对M产品的技术不了解、市场不熟悉,只能进行单纯的商务沟通,而对于客户在产品技术方面的诉求、新机会的开发都无法跟踪到位,再加上部分客户经理对于这些顾客没有给予应当的关注,最后导致客户流失严重。而周期较长的项目就面临更严峻的问题了,尽管它们具有重要意义,最后也是无人问津。

另外,各地的分公司仍然都以R业务为主营业务,这也无可厚非,毕竟公司90%的收入都来自R品牌的贡献。但问题是,这些分公司的员工以及领导都形成了与R品牌息息相关的品牌文化,M业务在之前几年的耕耘下也形成了自己的产品文化,二者的碰撞使得M业务专职销售人员很难在较短时间内调整心态去应对和适应当地文化。

经过一个小时的电话沟通,王磊疲惫地放下了电话。当前业务组织机构与业务在经历3个月的运行后,产生了这么多的问题,已经严重影响了M业务的正常运行,可是总经理能够给予的指导意见依然是“尽快调整,努力适应”。不过总经理说的也不无道理,这些问题真的都归咎为制度的改变吗?M 业务团队原有的销售人员心态调整不过来也是其中一部分重要的因素。

王磊现在觉得自己兜兜转转,一切又似乎回到了自己刚来时候的原点。本来与 M 厂家建立起来的良好合作关系,在本地化后又出现了众多矛盾。M 厂家对于易时科技在业务上的配合度非常不满,尤其是当一些大客户由于本地客户经理没能维护好而被竞争对手抢走导致地区业绩下降时。而当地的客户经理也很是头痛,他们发现 M 业务的并入虽然可以增加他们的销售额和利润,但是这与之前他们熟悉的 R 业务有太多的不同,他们也没有足够的意愿去承担开展 M 业务所需要付出的努力与时间,因为这样有可能影响到传统 R 业务销售指标的完成。

对于 M 业务的发展,王磊本来有一系列的计划等待出台,可是他对于客户和项目的一些思路和建议无法得到分公司经理的足够重视和执行,这样 M 业务又怎么能够真正发展呢?王磊担忧而又无奈。

五、尾声

陈云峰推开面前的报告,从椅子中站起来,慢慢地踱到窗子前。他心里清楚,王磊说的不无道理,也许把销售策略放在分公司来执行的决定操之过急,很多政策支持和培训都没有做到位才导致了今天的状况。

当然,M 业务的销售情况下降还与经济的大环境有关,国内的经济一直都是依靠国家投资来拉动的,在这部分投资中,基础建设、新能源等又是工业自动化行业赖以生存的基础。2011 年,国家的经济形势发生转变,国家在基础建设方面,包括铁路、高速公路、电厂等大幅减少投资,民营企业在扩张生产方面的投资也由此变得谨慎。风力发电、光伏等新能源行业发展过快、过热,产生了泡沫破裂的现象,国内对自动化产品的需求也大幅度降低。这一年,包括西门子、Rockwell 等工业自动化领域的巨头在中国的销售情况也均呈现下滑态势。

而易时科技的 M 业务,主要的目标市场是风电、高速铁路、高速公路、冶金行业等,国内市场的剧烈变化,对 M 业务也产生了巨大的冲击,这也是导致业务增长大幅度放缓的一个重要因素。

考虑到外部环境因素,对 M 业务的失利原因进行追究,到底是方案的问题?还是执行的问题?还是宏观调控的问题?明年要不要再调整 M 业务的组织结构?陈云峰十分茫然。看到窗外明媚阳光,陈云峰心想:一切还都充满可能,也许明天更美好!!

附录

附录1 易时科技组织架构图

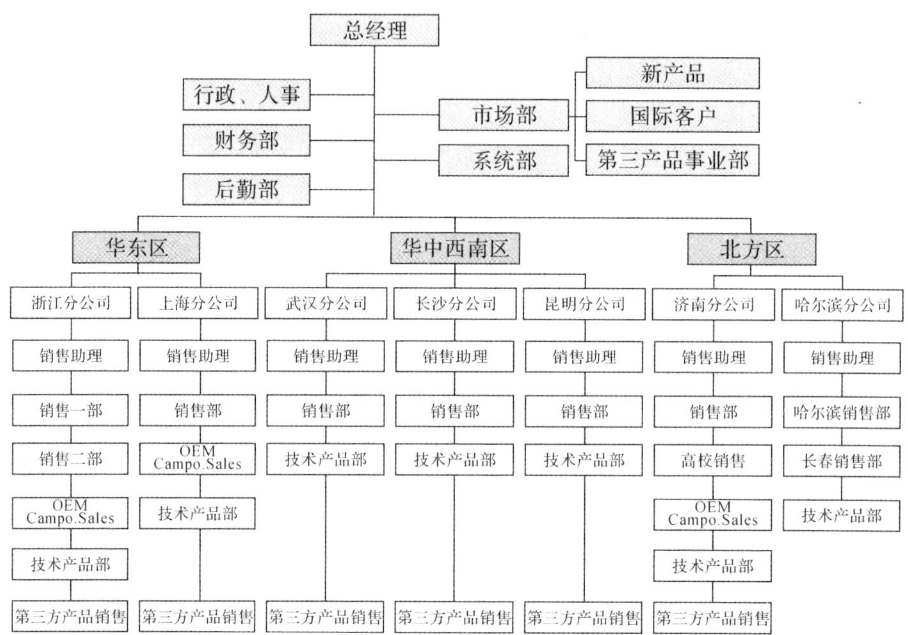

附录 2 2008—2010 年 M 业务模式及组织架构图

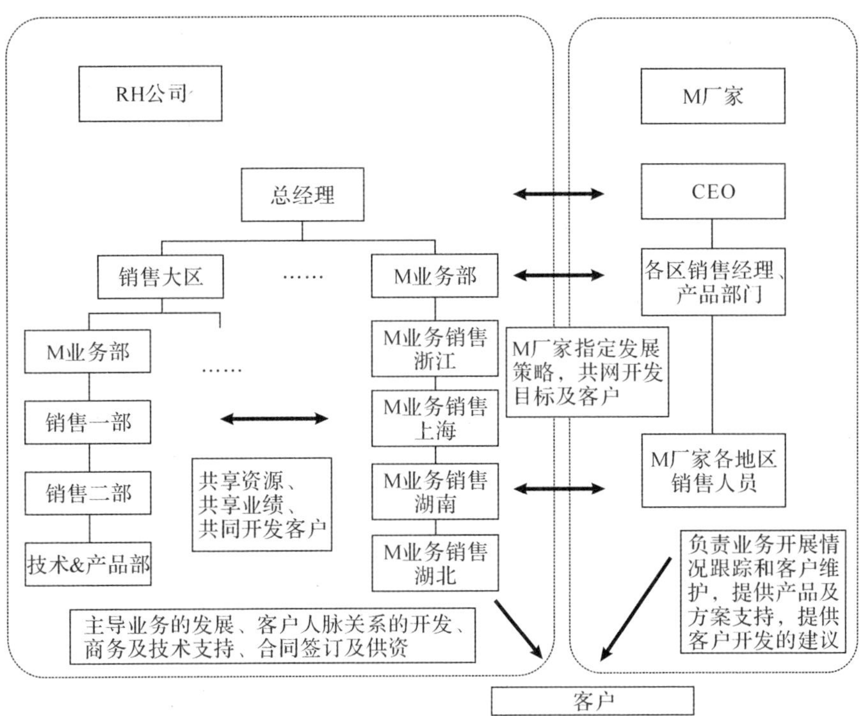

附录3　2011年M业务模式及组织架构图

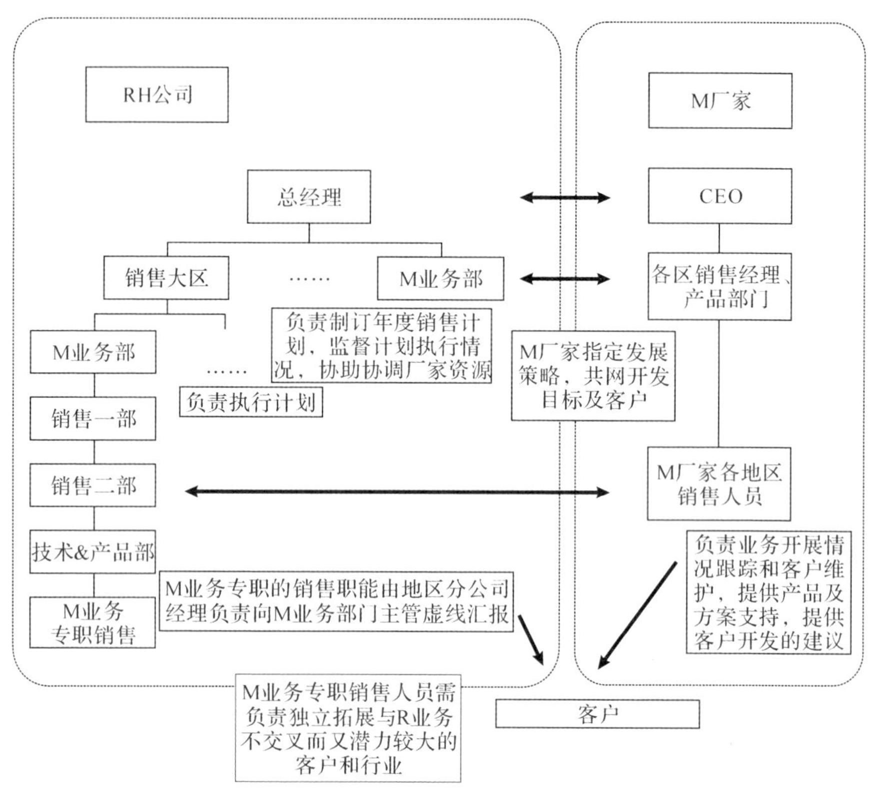

附录4　R业务与M业务特点比较

特点	业务开展方式	厂家销售人员职能	销售人员配比	每笔订单规模
R业务	商务运作为主	主导业务	1∶2	较高
M业务	品牌推广为主	提供指导及支持	1∶N	相对较低

R厂家特点：来源于美国，技术比较先进，价格在业内处于较高的位置，在市场竞争中性价比不突出。R厂家因此除了品牌推广之外，在每个区域拥有大量的较高素质的销售人员，通过专业的产品销售方式和很强的商务运作能力，以成功获取订单。R厂家的销售人员均比较强势，在与经销商配合的过程中，处于主导的地位，经销商的客户经理一般都是扮演配合的角色。R厂家要求经销商配置足够多的客户经理与厂家的销售人员进行配合，其配比一般是经销商

两个客户经理与R厂家的一个销售人员进行配合。

M厂家的特点：M品牌产品来源于台湾，在业内比较知名，性能出色可靠，价位相对适中。其与欧美品牌产品相比，价格低一些，但是产品性能质量可靠；与大陆的品牌产品相比，价格要高一些，但是产品性能和质量要高出很多。M厂家在市场推广的策略上更多着重于产品和品牌本身的营销，以及市场和行业机会的挖掘；其销售人员数量相对较少，他们的职能更多是配合经销商去开拓客户和市场，提供相应的技术支持和价格支持，主要的商务工作由经销商主导完成。近年来，M厂家也开始注重销售人员在关键项目中的主导作用，但是，在大部分的时间，其销售人员在具体业务拓展上仍然是扮演配合的角色。

附录5　M业务的近年销售额指标

年份	2007	2008	2009	2010	2011	2012
M业务年销售额(百万元)	7	13.8	20.2	27.3	26.2	32.8

附录6　M业务与R业务的经营指标对比(2010)

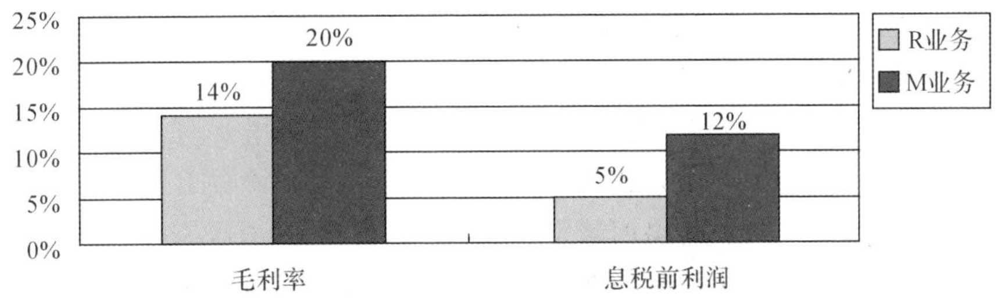

TEACHING NOTE

案例使用说明

一、教学目的与用途

(1)本案例是教学性的综合案例，主要适用于全日制管理类本科生、研究生、MBA、EMBA的“管理学”“销售管理”等课程中的组织结构设计模块的教学与讨论。

(2)本案例的教学目的在于使学生从组织结构设计理论角度出发，通过识别行业特点、业务特点、业务生命周期、公司战略、公司规模、公司资源与能力等影响组织结构设计的因素,设计与之相适应的组织结构的形式及考虑员工参与对组织实施的影响,让学生了解新老业务如何协同发展、有哪些协同方式以及选择协同方式所考虑的影响因素。

二、启发思考题

(1)在M业务的发展过程中采用了哪几种销售组织形式?每种组织形式的特点与适用条件、销售组织结构设计通常考虑哪些因素?

(2)如果你是王磊,由你提出2011年M业务销售组织与业务发展模式的方案,你会如何去设计?

(3)你认为2012年M业务销售组织与业务发展调整计划由谁来制订更合适?如果你是陈云峰,您认为下一步M业务组织结构应该如何来调整?

三、分析思路

教师可以根据自己的教学目标来灵活使用案例。这里仅从销售组织结构设计视角,提出一个企业如何根据业务特点、业务发展阶段、公司战略、公司资源来设计、选择或变革销售组织形式的分析思路,仅供参考。

这是一个民营企业基于核心成熟业务之后,如何开发新业务的情景案例。问题的核心焦点是,围绕新业务开发的目标,如何设计、选择与企业实际情况相匹配的销售组织形式与发展模式。案例的典型性在于,在许多企业当一项业务成熟之后去开发一项新业务时通常会产生路径依赖,自觉或不自觉地沿用过去成功的组织形式与业务策略开发新业务,如用老员工、老组织方式、老的渠道、老的营销方式,忽视新业务特点、战备定位与环境变化带来的差异,从而带来组织结构模式的不匹配而产生问题与冲突。另外,新业务的发展阶段不同,要求投入的资源也不同。新业务在规模比较小的时候,因为起点较低,各方的期望值一开始也不会太高,只要稍加资源上的支持,其成长速度会比较快;当业务发展到一定规模的时候,如果希望新业务能够继续快速发展,再上一个新台阶,那就要求公司做出更大的资源投入以及整体策略上的调整去匹配新业务发展。因此,公司领导层在决策时需要考虑如何进行资源配置、如何定位新业务、如何制定销售策略以平衡核心业务与新业务的关系(包括销售人员心理的把握)。本案例最后值得考虑的一点是在组织结构调整过程中员工参与对组织实施效果的影响。案例分析的主线是让学生紧紧围绕组织结构设计要考虑的因素来思考,随着业务发展与环境变化,易时科技应该如何设计销售组织结构与发展策略，使M业务实现可持续发展。

围绕第一个问题，首先要让学生了解易时科技公司的特点、R业务与M业务的差异，明确公司战略与公司的优势与劣势，了解陈云峰的个性特点与领导风格，然后通过对易时科技所采用的不同组织结构形式的讨论，让学生清楚每种组织机构形式的优点与缺点及适用条件，从而引导学生思考组织结构设计应该考虑的因素（如表1所示）。

表1　M业务的组织结构演变分析

年份	M业务组织结构形式	适用条件	实际情况
2005—2007	直线式组织结构，区域式经营，M业务与R业务混合经营	目标客户相同；技术与服务要求基本一致；厂家支持模式相同	目标客户部分相同；技术与服务要求不一致；厂家支持模式不相同；缺乏独当一面的销售员 结论：不匹配
2008—2010	事业部组织结构；独立运作	适合所有新业务；要有懂行、有能力的领导	结论：匹配
2011	矩阵制：职能区域型，既处于按地区划分的纵向系统，又处于按业务划分的横向系统	流程清楚；管理规范；职责清晰；领导间配合无间；销售员成熟；较大规模	销售员不成熟；职责不清楚；管理不规范；造成内耗与扯皮 结论：不匹配

围绕第二个问题，首先要让学生去思考M业务现有的组织结构形式有什么缺点，弥补组织结构缺陷有哪些方式和方法，分析发展M业务与老业务之间关系的处理，如何在不影响传统R业务的前提下更多共享老业务所积累的资源与优势，使新业务有更好的成长空间。可以让学生去讨论，M业务的组织结构要不要调整，调整什么，以及组织结构形式、部门与岗位职责分配、岗位人员配备、业务流程与运作机制、销售激励政策调整等。让学生明白，改变组织结构形式仅仅是修正组织功能缺陷的一种方式（激进的方式，如同外科手术），其实，也可以通过职责分工协作调整、人员配备调整、业务流程与运作机制调整、销售激励政策调整等温和变革方式修正组织功能的缺陷。可参考图1所示的组织设计流程去引导学生进行思考。

围绕第三个问题，让学生去思考组织设计中员工参与的重要性，从组织结构方案和组织设计过程两个维度思考问题：过程中相关员工参与、方案合理；过程中相关员工参与、方案不合理；过程中相关员工缺乏参与、方案合理；过程中相关员工缺乏参与、方案不合理。无论方案是否合理，员工参与都有积极作用。

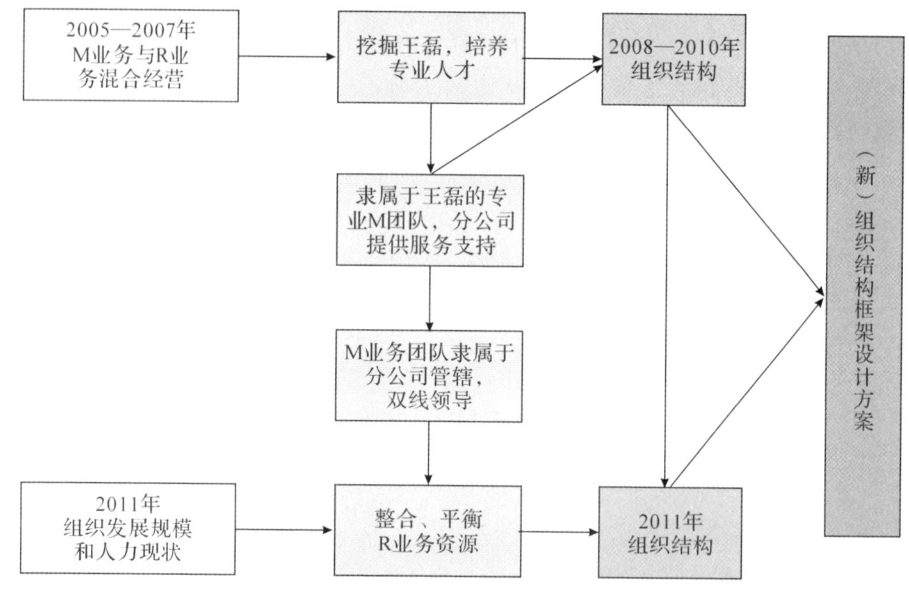

图1　组织设计流程

如果管理层和员工共同参与组织调整，哪怕方案有问题，员工和管理层会共同去面对，一起去解决问题。本案例是一次过程不合理、方案不合理的选择，从而引起组织内部之间的扯皮与埋怨，放大了组织结构不合理的负效应。让学生思考纠正一项错误决策有哪些方式方法，从下属角度应该注意什么问题，从总经理角度应该注意什么问题；如何去纠正错误决策才会有更好的效果，重点去比较2011年与2012年决策的条件发生了哪些变化，这些变化会如何影响方案设计，重点分析由不同的设计主体——决策者、第三方（咨询公司）、执行者来设计变革方案的优点、缺点与适用条件。最后，在总结中要突出科学合理的组织设计过程与员工参与往往比组织结构方案合理与否更重要，把重点放在组织结构调整的过程上，比放在完善组织结构方案本身可能更有效。

本案例也可以引导学生用组织变革理论去分析总经理主导的M业务销售组织变革失败的原因。可以从变革决策过程、变革方案合理性、变革方案执行等维度引导学生去分析。

四、理论依据及分析

1.组织结构设计理论

（1）传统经济常见的组织结构模式

企业的组织结构是指企业全体员工为实现企业的目标，在工作中进行分工协作，在职务范围、责任、权力方面所形成的结构体系。企业的组织结构的内涵是员工在职务范围、责任、权力方面形成的体系。因此，组织结构又可简称为权责结构，包括职能结构、层次结构、部门结构、职权结构等。

在一个既定的行业中，业务结构的形成一般是一个逐步进化的过程，因为这包括对变化着的环境压力逐步适应的过程。那些适应变化的企业得以成功，反之则会失败。然而，一个组织的结构反过来会影响企业适应环境变化的能力，因此组织结构设计是组织管理中的一个重要环节，它不仅对企业能否满足顾客的需求有着许多重要影响，同时组织的设计影响着企业运作的成本，同时组织设计也意味着企业中的个人之间是怎样联系的。影响组织结构设计、形式的因素有很多，包括企业拥有的业务形式、企业所处的生命周期、外部环境因素等。表2是传统经济常见组织结构模式的比较分析。[1]

表2　传统经济常见组织结构模式比较分析

	组织结构的优点	组织结构的缺陷	使用企业类型
直线结构	1. 命令统一 2. 职责明确 3. 组织稳定	1. 缺乏横向联系 2. 权力过于集中 3. 对变化反应慢	小型组织 简单环境
职能结构	1. 高专业化管理 2. 轻度分权管理 3. 培养选拔人才	1. 多头领导 2. 责权不明	专业化组织
直线—职能结构	1. 命令统一 2. 职责明确 3. 分工清楚 4. 稳定性高 5. 积极参谋	1. 缺乏部门间交流 2. 直线与参谋冲突 3. 系统缺乏灵敏性	大中型组织
事业部结构	1. 有利于回避风险 2. 有利于锻炼人才 3. 有利于内部竞争 4. 有利于加强控制	1. 需要大量管理人员 2. 企业内部缺乏沟通 3. 资源利用效率低	大中型、特大型组织
分权结构	1. 权责一致 2. 自我管理 3. 中度分权	1. 分权不彻底 2. 沟通效率低 3. 素质要求高	高度规模 集中型组织
矩阵结构	1. 密切配合 2. 反应灵敏 3. 节约资源 4. 高效工作	1. 双重性领导 2. 素质要求高 3. 组织不稳定	协作性组织 复杂性组织

(2)组织结构与生命周期的关系

从组织结构的定义来看，组织结构并不是一成不变的。它最重要的作用是要保证企业目标的实现，是保证战略实施的必要手段。在探索战略与结构的关系方面，钱德勒在其经典著作《战略与结构》中首次提出组织结构服从战略的理论。钱德勒有关机构跟随战略的理论是从对企业发展阶段与组织结构的关系的研究入手的，企业发展到一定阶段，其规模、产品和市场都发生了变化。这时企业会采用合适的战略，并要求组织结构做出相应的反应。[2] 表3介绍了企业发展阶段与组织结构的匹配关系。类似地，业务发展阶段与组织结构的匹配可以参照企业发展阶段与组织结构的关系。

表3　企业发展阶段与组织结构

发展阶段	企业特征	结构类型
1	简单的小型企业。只生产一种产品，或生产一个产品系列，面对一个独特的小型市场	从直线结构到职能结构
2	在较大的或多样化的市场上提供单一的或密切相关的产品与服务系列	从职能结构到事业部制结构
3	在多样化的市场上扩展相关的产品系列	从事业部制结构到矩阵结构
4	在大型的多元化产品市场进行多种经营，提供不相关的产品与服务	从矩阵结构到战略业务单位结构

(3)销售组织结构设计的影响因素

企业在设计组织结构时考虑的因素通常包括发展战略、发展阶段、业务特点、组织规模、外部环境、内部人力资源状况等。销售型组织在设计组织结构时还要考虑自身的特点。表4是销售型组织结构设计通常考虑的因素。

表4　销售型组织结构设计影响因素

主营产品特点	产品市场适应度、产品的质量声誉、产品的市场开发(成熟)程度、产品的生产技术复杂度
营业模式成熟度	是否形成成熟的产业链(市场推广营销链)、产商的合作程度
业务团队	专业的销售员、营销工程师的综合素质水平及独立能力、业务团队的集体文化和凝聚力、业务团队的规模
组织方面	组织所处的发展状况和发展阶段、组织定位与发展战略
外部环境	政策是否稳定、支持，市场前景是否明朗
组织结构本身	现有组织结构的弊端分析、新组织结构的风险评估

(4)销售机构的组织方式

当决策者在设计或重新设计销售组织或人员的时候,除却考虑一般的结构设计因素之外,还需要考虑其他问题。一般地,组织设计代表着效率和有效性两者的折中及对现有市场中资源、竞争和环境条件最佳配置的综合考虑。销售组织结构设计中的一个重要决策是如何组织销售人员,这其中包含了市场的复杂程度、位置、分散程度及产品线的复杂程度和互补性等几个关键因素。同时,决策者还要考虑到某一特定销售工作的性质,因为这会影响到销售人员的激励和责任心。表5介绍了几种不同的销售人员组织的方法的优劣。[3]

表5 销售人员的组织方式

	优点	不足
地域式组织	1. 销售人员可以成为某一地区的专家 2. 降低了销售人员的出差成本及减少了其离家的时间 3. 客户有疑问或问题时,他们知道应该去找谁 4. 易于管理 5. 公司更易于确保一个地区受到完全覆盖 6. 这一方法更易于进行受限的市场检验	1. 如果公司的产品线较宽的话,不可能让销售人员了解所有的产品 2. 如果客户之间存在较大的差异,一个销售人员可能不能为每一个客户提供适当的服务 3. 很难得到某一种给定产品所需的“推动力” 4. 销售人员一旦在某地扎根的话,可能不愿意再被派驻到新的地区 5. 销售人员必须是一个全才,而不是专才,这在某些情况下可能会产生困难
产品式组织	1. 能够使销售人员成为某一产品或产品线的专家 2. 销售人员能够更好地满足客户日益专门化和复杂化的需求 3. 便于控制和监督对某一产品的营销	1. 重复的付出努力,在某一区域可能有几个销售人员,造成成本的上升 2. 客户可能不能确定他们应当找哪一个销售人员 3. 销售人员的出差时间和出差成本增加 4. 和其他方式相比,更难管理 5. 可能在不同的产品群之间产生狭隘的思想以保护其利益
客户式组织	1. 能够让销售人员满足不同客户的不同要求 2. 销售人员更接近客户,知道他们所在行业正在发生什么事情,了解他们是怎样变化的 3. 公司能更好地在不同的细分客户中配置资源 4. 销售人员可以更接近客户以开发新技术和新产品	1. 因为在同一地区有多个销售人员,故而效率相对较低 2. 在不同产品的销售人员之间可能滋生本位主义 3. 销售人员必须了解整个产品线 4. 与其他方式相比,管理和协调各个小组更为困难

续表

	优点	不足
职能式组织	1. 销售人员的个人力量可以在公司中得到充分的发挥 2. 公司可以集中解决某些关键问题 3. 资源的配置更加清晰	1. 特殊功能需要更多的销售人员会导致成本的增加 2. 客户可能会感到困惑 3. 发现合适的专家型销售人员可能比较困难

2.组织变革理论

(1)组织结构变革的影响因素分析

组织结构是组织环境中的一个重要因素，很多企业在进行组织变革时都是以组织结构的变革作为依托的。因此，把握组织结构变革的影响因素也十分重要。影响因素分为外部影响因素和内部影响因素两部分。

外部影响因素一般包括消费者、供应者、竞争者、行政管理者、技术因素以及国际影响因素。

通常所说的企业组织结构变革的影响因素主要是指在变革过程中企业组织中内部的一些固有因素将对变革起到推动或延缓的作用，这些因素也是决定企业组织结构是否能够适应外部要求，以及如何适应这些变革要求的决定性因素。这些因素有些来自组织整体，另一些则来自组织中的个体。企业组织整体因素包括组织惯性、组织信任、组织企业文化等；企业组织个体因素则包括个人职位、决策参与程度、组织承诺、变化容忍度、个人价值观等。决策者在进行组织结构变革时要充分考虑到可能的阻力与后果，做好防御措施以此来保证决策的顺利执行。

(2)组织结构变革的模型

组织变革模型中最具影响的也许是卢因(Lewin)变革模型。卢因(1951)提出一个包含解冻、变革、再冻结等三个步骤的有计划组织变革模型，用以解释和指导如何发动、管理和稳定变革过程。

1)解冻

这一步骤的焦点在于创设变革的动机，鼓励员工改变原有的行为模式和工作态度，采取新的适应组织战略发展的行为与态度。为了做到这一点，一方面，需要对旧的行为与态度加以否定；另一方面，要使员工认识到变革的紧迫性。此外，应注意创造一种开放的氛围和心理上的安全感，减少变革的心理障碍，提高员工对变革成功的信心。

2)变革

变革是一个学习过程，需要给员工提供新信息、新行为模式和新的视角，指明变革方向，实施变革，进而形成新的行为和态度。在这一步骤中，应该注意为新的工作态度和行为树立榜样，采用角色模范、导师指导、专家演讲、群体培训等多种方式。卢因认为，变革是个认知的过程，它由获得新的概念和信息得以完成。

3）再冻结

在再冻结阶段，利用必要的强化手段使新的态度与行为固定下来，使组织变革处于稳定状态。为了确保组织变革的稳定性，需要注意使员工有机会尝试采用新的工作态度与行为模式，并及时给予正面的强化，同时，加强群体变革行为的稳定性，促使形成稳定持久的群体行为规范。

五、关键要点

（1）从企业实际运营过程出发，不局限于书本上学到的理论，透过现象看本质，定位销售的组织变革与业务的特点、业务（企业）发展阶段的关系、组织变革的可能途径、组织变革的影响因素与科学决策过程是本案例问题分析的关键。多数本科及科学硕士的学生，缺少实际的工作经验，尽管具备一定的理论知识，在分析本案例的时候容易停留在现象的表面，对主要矛盾会错误定位，重点去讨论组织变革方案的好坏，而没有更深入地思考为什么会产生不良决策。事实上，科学的组织设计过程可以减少决策错误，同时，也更容易界定决策失误的责任并纠正决策的错误；组织设计过程不合理（忽视员工参与）的正确决策容易产生决策实施的阻力与实施的偏差，导致决策没有达到预期目标。

（2）在案例分析过程中，引导学生思考组织变革的方式，不同组织变革方式的选择要考虑什么因素，如何防止组织变革方式的路径依赖。组织领导者要善于利用不同的主体来设计变革方案，推动组织变革。

六、建议课堂计划

本案例对应于“管理学”课程中的“组织结构设计”“组织变革”章节以及“销售管理”课程中的“销售组织形式”等模块，以案例讨论课的形式来进行。本书根据本案例在“管理学”课程中实际使用的情况，提供3节课的课堂计划建议供参考。

1.课前计划

提前一周发放案例，提出启发思考题，请学生在课前完成阅读和初步思考，并要求在本案例课上课前提交个人对案例思考题的书面思考结果（以此促使学生事先阅读案例和进行思考)。

2.课中计划

首先让学生分组就本案例进行交流讨论,时间20分钟,目的是让未完成课前作业的学生对本案例有一个大致的了解,并通过同学相互间的交流,让做过作业的同学扩展自己的思维,达成一定的共识,为后续讨论奠定良好的基础。

然后由教师引导全班进行案例分析。教师通过逐一提出下述问题引导讨论。

(1)请围绕整个案例让学生回答:企业所处是一个什么样的行业?M业务有什么特点?M业务在大陆市场处于生命周期的哪个阶段?M业务与R业务有什么关系?目前老业务的组织结构形式是什么?公司的主要资源是什么?有什么竞争优势?这些因素对组织结构设计有什么影响?易时科技公司战略是否调整?总经理的个性特点是什么?其领导风格又是什么?从而厘清组织结构设计主要考虑的因素。另外,进一步提问:易时科技第一阶段组织机构形式是什么?第二阶段组织机构形式是什么?总经理陈云峰所提出的组织机构形式是什么?请比较三种组织结构形式特点与适用条件。请学生回答:总经理陈云峰提出的组织结构形式是否适用公司目前的情况?主要存在什么问题?为什么?(这一过程30分钟)

(2)请围绕案例结合理论学习,让学生回答:组织变革方式有哪些?目前M业务的组织结构存在什么问题?可以采用哪些方式方法来解决?根据易时科技的实际情况,从王磊的角度看什么样解决方案是较为合适的?为什么?具体还可以进一步细化问题,目前的组织结构要不要调整?调整什么?调整后组织结构形式、职责分工、人员配备、业务流程等如何进行?最后引导学生得出的知识点:组织变革方式特点与适用条件的比较表。(这一过程30分钟)

(3)围绕第三个问题,首先提问:陈云峰提出的组织变革方案失败的最根本的原因是什么?让学生从方案合理性和程序合理性两个维度思考决策的类型:过程合理、方案合理;过程合理、方案不合理;过程不合理、方案合理;过程不合理、方案不合理。本案例是一次过程不合理、方案不合理的决策,最根本问题还是程序不合理所致。再向学生提问:2012年组织结构调整与业务发展策略方案由谁设计更合适?是王磊还是陈云峰,还是第三方咨询公司?不同的主体设计的方案有什么特点?纠正一项错误决策有哪些方式和方法?从下属角度应该注意什么问题?从总经理角度应该注意什么问题?引导学生思考在组织设计中不光要考虑组织方案的合理性,更要思考组织方案产生过程的合理性,以及频繁的组织调整带来的负面影响及组织调整中利益相关者如何主动妥协来纠正错误决策可以有更好的效果，重点去比较 2011 年与 2012 年决策的条件发生了哪些变化，这些变化会如何影响方案设计。最后，在总结中要突出组织设计程序的科学合理往往比组织方案本身合理更重要，把重点放在纠正组织调整的过程，比放在完善组织方案本身可能更有效。（这一过程 30 分钟）

对于上述问题让学生分组或直接回答。教师将学生对这些问题的发言要点列在相应的黑板上，为后续将这些内容串在一起进行总结和讲解奠定基础。接下来由教师对讨论结果进行归纳总结。根据黑板上列出的讨论结果，总结影响组织设计的因素、组织结构形式特点、组织变革方式及其特点等知识点。最后说明易时科技 2012 年组织变革方案与实际效果（案例后续进展），鼓励学生思考造成案例讨论选择与现实决策的区别的原因。（这一过程 25 分钟）

七、参考文献

[1] 符绍珊.企业组织结构模式创新研究[M].北京：中国经济出版社，2008.

[2] 杜丹丽，房春红.企业不同发展阶段的组织危机表征及测度研究[J].科技进步与对策，2009，26(16)：90—93.

[3] 拉尔夫·杰克逊，罗伯特·西里奇.销售管理[M].北京：中国人民大学出版社，2001.

[4] 大卫·鲍迪.管理学[M].北京：经济管理出版社，2009.

[5] 胡象明.公共部门决策的理论与方法[M].第 2 版.北京：高等教育出版社，2007.

八、案例后续进展

2012 年易时科技 M 业务销售组织调整与业务发展方案由王磊提出，征求各地分公司经理意见，并与三大区销售总监讨论达成妥协方案，报总经理办公会议审核通过（组织设计过程的调整）。方案主要内容：

（1）总部层面维持原来架构，王磊继续担任产品经理；R 业务和 M 业务继续统一由三大区域销售总监负责；

（2）在三大销售区域内，各设立 1 家 M 业务分公司，负责区域 M 业务的开拓与销售，与地区分公司平行，向大区总监负责，前期 3 个分公司经理都由王磊兼任。

(3)地区分公司开展M业务的资源通过销售激励政策，鼓励其与M业务分公司共享，并支持与配合M业务分公司开展市场拓展工作，若有矛盾与冲突则由大区销售总监协调。(组织方案调整)

调整后，王磊事实上成为M业务事业部总经理，全面负责M业务规划、拓展与销售，即形式上是职能区域制，实质上是事业部制。王磊重新招聘与培养M业务销售工程师，主动介入M业务销售，全面掌控M业务的营销，并得到了厂家的大力支持。经过1年多运营，M业务重新得到了快速发展，销售额快速提升，2012年销售额比2011年增长25%，而同期M业务行业增长率为9%，R业务增长率为7%，2013年M业务销售增长率预计在25%以上。M业务新行业市场开发有突破，成功开发5家新行业客户。

天长保险浙江公司的组织变革路在何方？[①]

摘　要：天长保险浙江公司新掌门人斯总上任后，着力推进新一轮组织变革，但却遭遇了一系列问题和矛盾，主要体现在员工士气低落不振以及组织内部因为机构调整和流程改造而引发的各种矛盾冲突等方面，背后隐含的则是对公司变革的抵制心态。由此引发了斯总的“变革伤痛记忆”：回顾公司历年改革大业，雄心宏图的结局往往是梦碎一地。组织变革任重难行，公司高层管理者在斯总的主持下，就天长保险浙江公司下一步应该如何继续推进变革进行了深入探讨、分析和思考。

关键词：组织变革；变革阻力；组织公平

周一清晨，天长保险浙江公司的斯总和往常一样，坐在办公桌前打开电脑查收邮件，并怀着急切的期待打开市场部制作的上周业务快报，仔细审看。斯总 40 出头，正是年富力强干事业的时期。作为一个生长在西北的南方人，他既精明实干，又敢想敢闯，名牌大学工科毕业后从事了几年技术性工作，接着转行干了保险，做过销售，管过业务，同期还获得了 MBA 学位。10 年前他

---

①本案例由浙江大学管理学院的许小东、朱庭芝撰写，作者拥有著作权中的署名权、修改权、改编权。未经允许，本案例的所有部分都不能以任何方式与手段擅自复制或传播。

本案例荣获“第五届全国百篇优秀管理案例”，由中国管理案例共享中心案例库收录，并授权中国管理案例共享中心使用，中国管理案例共享中心享有复制权、修改权、发表权、发行权、信息网络传播权、改编权、汇编权和翻译权。该案例经中国管理案例共享中心同意授权引用。

本案例于 2014 年 8 月收录，文中叙述保留收录时的时间点。

由于企业保密的要求，在本案例中对有关名称、数据等做了必要的掩饰性处理。

本案例只供课堂讨论之用，并无意暗示或说明某种管理行为是否有效。

和最早从“老三家”跳槽的一批精英共同加盟了天长保险公司，先后任职过支公司、中支公司的一把手，以及两年多的浙江公司常务副总，是公司高层中既有科班背景又有实战经验的少壮派。斯总去年接棒上任，担任浙江公司的总经理。针对公司原有痼疾，他迅速开始推动他的变革提升战略，也就是以跟进并优化先进同业的竞争策略为基础，尽快建立客户经营（优质资源倾斜）、渠道经营（分渠道管理）、险种经营（两核专业化）、队伍建设（人力资源改革）四个方面的管理平台，快速跟上行业先进。几个月来，在斯总的全力主导下，公司首先是倡导对标管理，学习同行的先进经验，高标定位，明确差距。紧接着在公司内部进行了一系列变革试水。在机构组织结构上，合并杭州两个营业部为杭州中支，升格温州中支；推行“强县拓权”，着力调动基层的积极性，充分释放生产力；成立了渠道管理部，探索渠道专业化管理之路。在专业经营方面，大力发展非车险，提升两核（核保与核赔）专业化，实行两核集中管理。在人力资源方面，以人才吸引为制胜法宝，招兵买马，与高校签订理赔人才定向培养协议，出台“百万雄师工程”“倦鸟归巢计划”等人事政策；采取奖惩双向激励，推出“经营不善惩戒条例”“干部末位淘汰机制”“退居二线管理规定”等措施。随着结构相应调整到位，制度逐步完善落实，新人不断加入充实，前任的影响也在渐渐淡去，斯总感到真正大刀阔斧进行变革的时机已经到来。虽然前段时间的改革尚未见到多大成效，但斯总相信坚冰马上就会被打破，趁着新年伊始，他摩拳擦掌地打算再加紧推动一番，搞个开门红。然而，看着这两周的报表，数据毫无想象中的乐观，斯总不禁为此深锁眉头。此时，门外响起了轻轻的敲门声。

一、士气鼓舞，遭遇困厄

推门而入的是市场部的经理小赵，小赵30岁刚过，但已是司龄有近10年的老员工了。他素爱思考，敢于表达，颇受斯总赏识，是斯总一手提拔起来的得力干将。为显倚重，斯总把小赵放到了他颇为看重的市场部。耳提面命之余，小赵也顺理成章地成为斯总的智囊团成员之一，平日里经常与斯总关起门直接汇报工作，有时还会一起探讨公司的一些管理问题。

看到小赵，斯总并不觉得意外，招呼他坐下后就开门见山地问：“最近这个开门红各地好像没有发动起来啊，你上周去调研，感觉情况如何，是什么原因使得业务量起不来？”

小赵略一沉凝：“最大的问题还是费用不够，这段时间，大小公司都有点杀红眼了，我这边已经赤字了，下面机构还叫不够……”

“费用永远都不会够的,”斯总忍不住打断了小赵的话题,“你也说了,公司是在赤字预算打市场,虽然是不宽裕,但目前公司投入的资源已经大大高于往年了,我认为费用不够只是被用惯了的借口,一定还有其他的原因。”

“我这次下去,为了掌握一些市场信息,找了不少支公司、营销服务部的经理乃至一线的业务员聊过,大家都在抱怨,不过我感觉到,这抱怨背后的情绪蛮复杂的。”

“怎么复杂?”

“正如斯总所说,费用一直是众矢之的,所以大家也总是习惯拿它来说事,其实难免有点‘指桑骂槐’的意思,我感觉还是业务一线士气上有些问题。”

“从去年开始,我们就给基层松绑、放权,激活一线的活力,让他们成建制地引人、进团队,增强自己的力量。今年‘开门红’搞得这么热烈,竞赛推动方案也比往年诱人,而且现在电销牌照获批,各渠道建设的规划整合已经万事俱备,财务在人力政策方面虽然是要压缩成本,但也都在后线上,‘有保有压’全是为了鼓励业务一线能够做大做强。这样费尽心思竟然还缺乏士气?”斯总说着不禁有些激动起来,好的开始是成功的一半,如果“开门红”就出师不利,遑论其他?

“其实他们也不是对政策不满意,主要是对一些事情有点看法。就拿‘百万雄师工程’来说,各地开始反应还是比较热烈的,重赏之下必有勇夫,大家八仙过海,也挖来了不少大牌业务员,对短期内拉动业务起了一定作用。但是话说回来,保险行业就这么小的圈子,公司内部能够接触的圈子就更小了,引来引去很多还是原来出去的‘老人’,都是知根知底的,有些人离开天长保险浙江公司后能做大,靠的是别的公司给的资源和品牌,现在回来能不能把业务带过来还是未知数,而他们却能够因为‘百万雄师工程’的政策,享受费用的优待和保护。特别是有那么几个人,原来就属于哪个公司给的条件好就跳槽去哪里、何方给的费用高保单就往哪里飞的人物(飞单,即把自己的业务私下卖给条件更高的其他公司,获取高额手续费,同时在本公司拿基本岗薪和其他福利待遇),现在这样的人都回来了,而且起步就是官复原职,这让留在公司的老人情何以堪,心情难免会有点郁闷。”

看斯总并没有表态,小赵顿了顿又接着说:“其实,相比‘百万雄师’来说,旗帜鲜明的‘倦鸟归巢计划’造成的损伤可能会更大。”

“‘倦鸟归巢’并不是我们的创造。天长保险浙江公司近几年来干部队伍只出不进你觉得正常吗?现在公司要引人、要发展,全部找新面孔这可能吗?这几年保险市场的动荡够多了,大家都开始更加审慎地对待自己的职业规划,出去的人愿意回来，不也证明行业内开始对天长保险公司重新看待了，证明天长公司的文化和氛围是有吸引力的，证明我们真的要冬去春来了。”斯总忍不住再次打断了小赵的话语。

“从我们市场部的角度看，的确难以在两三年内建立强大的后援平台，追上保险行业的第一、第二梯队的管理水平，因此在短期发展路径上还是要靠引人，这也是目前可以想到的见效最快的一种发展方式。从斯总您的角度来看，这些是不可动摇的人力资源战略，是大局，但是作为普通员工，乃至一些基层机构的负责人，他们也许更看重的是自己的地位、利益和安全。以前引人只是救急补缺，大家还相安无事；现在每个机构的职位数、编制都卡得死死的，进来一个就意味着要淘汰一个，这种威胁感本来就够让人不安的了，更何况现在这个要替代你的人可能还是你从前的同事，甚至是从前的下属，即便过去就是你的领导，本来自己好不容易熬到能够号令一方了，现在人家又重新回来管你，能若无其事吗？大家普遍觉得，在外面混得好，能回来吗？好马不吃回头草！现在在外面混不下去了，我们公司不仅敞开怀抱欢迎他们回来，还让他们凌驾于老老实实在公司干的人之上，理由就是出去感受过了别的公司的‘先进’经验。已经有人在说，跳槽现在比出国还管用，赛过镀金。”

“不就是有点心理不平衡嘛，好理解。回来几条鲶鱼，是个好事，公司过去就是太安逸、太僵化了。我始终认为，与其让不会干的人学会怎么干，不如让已经会的人直接上手干。现在公司进的人都是懂业务、干过渠道的，是推动变革的重要人才，我们不能再错过机遇了。”

“过去公司里许多人抱残守缺、不愿变革的情况是存在的，但这并不等于说留在天长公司的人都是不行的。即使目前只是触动了公司希望淘汰的小部分人的利益，但兔死狐悲。很多人对公司不断进来的新面孔、老面孔都有各种各样的猜测，传言也很多，动不动就说某某是哪个领导介绍的，某某是斯总您亲自谈的。有些人还没有来，坊间却早就传开了，到处飘荡着‘路透社’消息。即使确实是引进的人才，像今年成立的渠道部，本来是符合公司发展需要的，但是在许多人眼中却不是这样，凭什么别的部门职位数要减，而这些新引进的人就可以专门增设部门。而渠道部做什么、怎么做还没有成型，并未能迅速带来业务增量，于是就有了风言风语，客气点的说是外来和尚好念经，不客气的甚至说，公司要洗牌了；说，‘退居二线’‘末位淘汰’就是在公司奉献多年的老人的最终下场；前任老总用的好的，斯总就不再信任了，能干不能干，还不是领导说了算；明明在办公会议上宣布，进人必须本科以上，现在某某高中学历照样可以引进做领导。大家整天猜测这些事情，搞得人人自危，考虑后路都来不及，谁还有心思做业务?所以我们最好……"

"什么新的人,老的人!我最讨厌的就是拉帮结派!大家要……"斯总不太高兴地打断了小赵并正欲再说。

忽然,门被推开了,杭州中支公司的总经理老李神情焦急地探头进来:"斯总,有急事需要汇报一下。"

二、机构合并,引来烦忧

历史上,天长保险公司在杭州市场上是以一个营业部形式存在的,由于成立早、市场好,作为"嫡长子"的杭州营业部迅速做大,不但规模远远超过其他市级中心支公司,甚至颇有些叫板中央的气势,因此,大一统的营业部很快被拆分成主攻市区市场的营业一部和主攻郊县市场的营业二部(以下简称一营、二营),账套人员分离、经营管理独立。如此,在公司内部这两个营业部和温州、台州、金华等几个大机构规模大致相当,尾大不掉的警报也解除了。如此相安无事多年后,随着公司自己市场地位的降低,人为拆分显得有些不合时宜了;机构分设的成本虚增、人力浪费日益彰显;特别是大杭州概念的深入,使得两个营业部在业务范围的区分上也争端不断,自己人抢自己人生意的乌龙现象也时有发生,继而导致了天长保险浙江公司的影响力和口碑在杭州市场上日益衰微。"合久必分、分久必合",为适应新情况,解决新问题,将两个营业部重新合并的话题逐步提上了议事日程,恰逢原二营总经理老袁的工作调离,公司决策层痛下决心,合并一营和二营为杭州中支公司,集中优势资源突击重点市场,天长保险浙江公司夺回失地的战役在杭州首先打响。

然而从一开始合并工作就显得困难重重,各种关系错综复杂,剪不断理还乱。为此,公司成立了筹建领导小组,但这个小组却在种种突发状况中如同救火队员般疲于奔命。

首先是两个机构的管理团队的融合(见图 1)。由于二营袁总已调离,一营的总经理老李顺理成章地成为杭州中支临时班子的一把手。然而,事情远没有如此简单,一营副总老钱曾在二营任负责人多年,后因经营不善被调离和降职,合并后他是否能在二营旧部中服众是个未知数;老袁走的时候,由于合并工作尚未启动,交接是办给了原来的副总老孙的,因此老孙虽未正式任职,也短期地承担起二营实际负责的责任,合并后如何摆正他的位置也是一个难题。为此,公司把二营下属的两个规模最大但又经营不佳的机构——萧山和余杭单列出来,让老钱和老孙以中支班子成员的名义前去监管,作为中支公司实际负责人,具有一定的一把手权限,又能与中支管理事务互不干扰。

但是新的问题又出现了，两个营业部虽说是合并，但是一营吞并二营的感觉却十分浓烈，如果班子成员里没有二营人员的身影，那么这种感觉势必更为强烈，为平衡起见，二营下属支公司中能力较为突出的小沈获得了提拔，调到中支任临时班子成员。

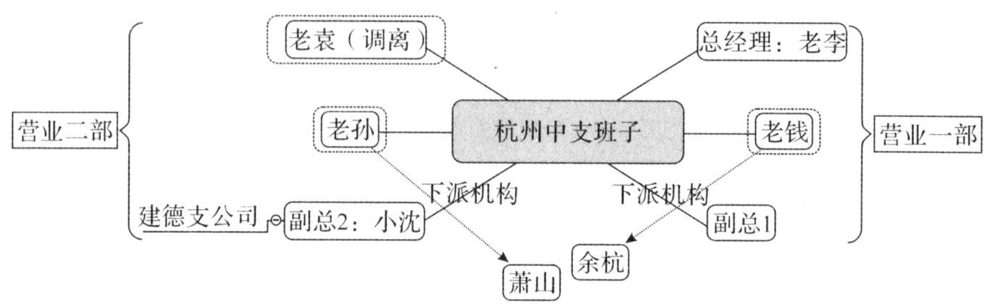

图1　杭州中支领导班子组成示意

其次是职能部门的整合。原来一、二营作为同级单位，有着类似的部门设置，岗位职能上更是大同小异。于是问题又来了，同样的部门谁来负责？不一样的部门又该以谁为准？员工是按原岗位维持不动，还是重新优化组合？工作内容重复的，又该如何重新安排和分工？纷纷扰扰争吵了许久，等到好不容易安定下来，却发现原来二营的员工，特别是专业一线的人员几乎走了一半，离职原因无不是工作安排不满意，或者是认为“受排挤”“受歧视”，不愿意“寄人篱下”。即使公司三令五申要弱化和消弭一营和二营的概念，即使有的人最终选择留了下来，但是在员工中间，那种无形的站队和隔膜却始终难以化解。

最后就是不同管理方式和政策机制的融合问题。由于历史原因，一营在管理上更多依赖分公司的便利力量，素不重视制度建设。一营下属支公司、营销服务部也仅是单纯的业务单位，除开展业务外，其他的理赔管理、运营管理、人员管理一概收归上级，与本级的业务部无关；而二营则在管理方式上大为不同，因为不能和一营争抢业务，其本级业务部早已撤销，所有的工作任务均归结为支持和管理好所辖地各个郊县的支公司和营销服务部。二营的支公司、营销服务部有完整的经营职能，因此也需要更为完善的制度体系和政策机制来维持。由于合并后，管理人员多数来自一营，各种不适应和碰撞层出不穷，一营原先的管理积弱也更显著地暴露出来。

一营、二营合并的初衷是为了资源优化组合做大市场，但是在合并之后一段时期内，业务并没有明显起色，甚至在下滑。在合并的前一年，营业二部的业务一直不错，郊县市场的潜力好于市区市场也是大家的共识，但由于合并之后人心涣散,两个单列的机构萧山和余杭的业务发展也是坐了滑梯般直线下降,进一步导致了两拨人员相互埋怨。一营方认为过去二营的业务好转是假象,二营方则认为一营的管理能力根本不行。眼看着别人在杭州这片大好市场上攻城略地,杭州中支却仍在彼此间相互争斗,无端内耗。如此"难搞"的杭州中支成了斯总上任以来最大的一块心病,真是又想管又不想管。面对满面愁绪的老李,斯总只得打起十二分精神,硬着头皮问道:"老李啊,又遇上什么难题了?"

"一言难尽啊,我这个杭州中支老总真是当不下去了!"老李长叹着打开了话匣:"今年任务重,公司要二次创业,杭州中支更要二次创业。都说考核是指挥棒,我们研究再三,终于拿出了方案。可刚一宣布今年的考核方案,会上就直接炸了锅,郊县机构没有一个肯接任务的!今天可好,富阳支公司的经理一早就直接拿着辞职信来找我。我还没处诉苦呢,他先撂挑子不干了!他们说,老袁在的时候定的薪酬要高得多,而且许诺过若能完成保费和利润要求,每年还能够递增10%~15%,而按我的方案,他们即使完成任务,收入都要比去年减少一截。其实,这段时间以来,烦人的事情太多,弄得我早就杯弓蛇影,做事谨小慎微,为了不至于出大的纰漏,这次讨论出台方案已经是特别谨慎,尽量考虑公平公正了。但是现在杭州合并成一个中支了,我不可能为息事宁人而一退再退。同样一个机构,我难道还要区别对待不成,这样让我们原来一营的干部怎么能答应?而且,按照他们的要求,我匡算过了,杭州中支也根本承受不起这么高的成本。我专门召集职能部门做过研究,最后发现,原来一营的支公司营销服务部因为一直相当于业务部,其经理在管理权限、薪酬上也是基本与业务部经理一视同仁的,因此比较起来现在他的薪酬确实比二营的那些真正意义上的支公司营销部经理要低一些。但是,因为杭州市场成本高,我们给的费用率是比原来二营给的要高出近10个点的,前段时间在下达销售费用的时候,他们其实占了大便宜,但一个个都不吭气,坦然受之。现在倒好,薪酬上损失一点就和我大呼小叫的。其实我也是业务出身,我会不知道,销售费用给得多了,虽然不能放进自己口袋里,但放水养鱼,最终业务做大了,收入一样还是会提上去的。他们就以为我不了解情况,能欺则欺、能瞒则瞒,漫天要价,简直是欺人太甚了!"

三、流程改造,激发冲突

斯总好不容易才把老李抚慰好送出门,秘书就追上来说:"刚才吴经理已经来找您多次了,好像非常着急,您现在有空吗,要不要通知他现在过来找您?"斯总默默点了点头，回到了办公室里。

吴经理是应公司"倦鸟归巢计划"飞回来的一名专业人才，长于理赔管理，有着多年从业经验，也在多家公司历练过，五年前从天长保险浙江公司离开的时候，他只是一名查勘员，后来逐步做到理赔经理。此番回来，在斯总的亲自安排下，他具体负责杭州中支的理赔服务中心的工作。理赔工作环节众多，但又相对独立，把理赔拿出来单独管，也算是为已经焦头烂额的老李减减负。但更重要的意图是，在斯总心目中，改革是一盘大棋，开局之役就在杭州，杭州若能成，全局才能成，况且杭州一地的管理积弱已久，又尤以理赔最为混乱，人多事杂，指标始终落在各机构后面，实在需要狠狠抓一下。好在吴经理不负斯总重望，一上手就开始大刀阔斧地动了起来，"改流程、定制度、引人员"，三把火一一点燃，几天前斯总还在办公会议上称赞了他。新的考核办法一出，理赔查勘人员的积极性提升，看案子主动了，交材料也麻利了，成效立竿见影。私底下，斯总也是颇觉欣慰，在千头万绪的工作中，总算是有一块可以略微放心了。

不一会，吴经理就匆匆赶来，身后还跟着随其一起跳槽来、现任杭州中支理赔经理的小张。如果说吴经理脸上有点阴晴不定的话，那么小张简直是垂头丧气了。"斯总，有个事我觉得需要向您紧急汇报一下，"吴经理首先开了腔："杭州中支理赔内勤有六七个人集体罢工了，目前未决、理算都瘫痪了，哎，具体情况还是让小张说吧。"

原来，吴经理一到天长保险浙江公司，就进行了一系列调研，也看了历年来的理赔数据，得出的结论就一个字——差：考核机制差，混日子、得过且过的人太多；工作流程差，重复劳动，效率太低，结案率水平远远落后于行业平均水平；员工能力差，安于现状，一个理算人员一天做不了 10 个赔案，而杭州中支每天的案件量都在 60 个以上，双休日也会照样出险，历史的赔案也要继续处理，赔案就这样始终处于积压状态。所有的对策也归结为一个字——换：制度流程全套照搬他曾经待过的 D 保险公司；主管岗位也大都替换上他原来的一些下属，80 后的小张就是其中之一，一来就当上了理赔经理，原来的理赔经理则被降了职，成了小张的副手。

为"多快好省"地推进新的管理体系，吴经理带着小张召开了理赔部门会议，一次性宣布了考核方案和岗位分工，第二天就付诸执行，整个过程干脆利落，不容争辩。但是不容争辩并不表示就没有争议，其中争议最大的就在理赔内勤的流程安排和分工上。理赔内勤室本来有未决岗、理算岗、核赔岗、诉讼岗、人伤岗、结案岗等职位，分工细致，各司其职，如同流水线一般负责理赔流程上的工作，连客户上门交材料也有专人负责；但在这样的安排下，人员需要较多，工作中也容易出现推诿。

为此，吴经理参照D保险公司的做法，彻底打破了原有分工，将内勤室分为三个小组，一个小组负责2013年之前的赔案，一个小组负责新发生的赔案，另一个小组专门负责涉及人伤和诉讼的赔案，分头包干。以2013年后的赔案小组为例，小组中的每个内勤都必须承包特定的五六个查勘员当日产生的赔案工作，并全程跟踪，走完全部流程。如此一来，那些以前仅负责一个环节工作的内勤员工们，面对全流程操作一个个都从熟练工变成了新手，对于不太懂的事项处理时常常是茫然失措，效率可想而知，每天加班加点还是做不完，搞得内勤员工怨声载道。特别是当有客户上门送材料，必须要先问清楚何时出险、何人查勘、有无人伤和诉讼才能知道向谁去查询和交材料，客户叫苦不迭，投诉也多了不少。

这些事情在吴经理和小张看来，无非是印证了他们最初的设想，这些员工真的娇养坏了，能力有问题，太差；一个做了五年的理赔内勤，连理算也不会，这在其他公司中简直难以想象；就算是在天长保险公司系统内，像杭州中支分工细化到这样程度的，也是极为少见，人力成本的浪费显而易见。从内心来讲，吴经理实际上并不怕这些员工走，甚至希望淘汰他们，人才到处都是，新人反而更容易使唤，主动开路还方便换血。而在内勤们眼里，新的作业流程并无先进之处，领导气势凌人和全盘否定的态度更让他们愤愤不平，对小张这种年轻的管理者是打心眼里就不服气。这种情绪不单在理赔内勤中相互感染，更影响到整个中支的所有内勤，毕竟是一个战壕里的战友，谁愿意眼睁睁看着自己人被外人欺负呢？

周一早上，小张在查看结案率排名时发现，虽然改革有一段时间了，但结案率等指标都没有明显提高，历年结案率更是反而下降了几个点，不禁着急上火，把负责2013年前案件的小毛叫来一顿猛批："怎么回事？你到底有没有在清理未决？"

小毛委屈地辩解："历年案件这么多，开始时我们组才我一个人，我哪能做得过来！"

"案件多，那就加班加点把它完成！任务分配给了你就必须完成，不要找理由辩解。"

"我已经天天加班到七八点了，这几个礼拜没有一天准时下班的，你可以去人力资源部调我的打卡记录看看。"

"加班都做不完？你每天一共才做了多少赔案？效率真是低。你以后记个工作日志拿过来我看看，如果的确是工作量大，我们再说。”

“什么工作日志？我哪有空写这个，我还负责客户来电咨询的接听，还有各种杂事，难道不耽误我的工作时间？这些琐事怎么计算到工作量中？怎么记？写日志？你这不是变着法来找茬吧？”小毛明显有些火了。

“在D保险公司，我们……”

“D保险公司是行业先进吗？D保险就比天长公司强吗？D保险一天的赔案还没有我们三分之一多，你们那一套小公司的做法有什么好洋洋得意的？既然你嫌弃我不行，我不干了可以吧？你们不是人才源源不断吗，那另请高明吧。”两个人一来一去，越说越激动，一听到小张又要标榜，小毛干脆直接打断，气鼓鼓地拎着包走了。

小张涨红了脸愣在当场，内勤室里一片安静。小张正茫然于不知怎样收场，让他更没料到的事发生了，同室的小周率先打破沉默，起身幽幽地说：“张经理，不好意思，我也胜任不了现在的工作，我还是走了吧。”随后，又有四五个员工丢下工作，转身走人。有的人离去的时候连招呼也没有打一个。

四、跌宕变革，风雨飘摇

一个上午，车轮式的汇报商谈让斯总精疲力竭，时间已经过了12点，但出师不利的挫败感让斯总几乎丧失了吃午饭的心情和胃口，他把自己深深地埋在沙发椅中，陷入了思考和回忆，天长保险浙江公司以往在总公司的推行下的各种改革，一幕幕地展现在了他眼前。

1. 动荡变革路

天长保险公司多年来的发展模式主要是以自然态势增长，是依靠机构扩张来拉动保费增长，但随着保险市场竞争主体不断增加，价格战愈演愈烈，微薄的利润被不断蚕食，再铺摊子、降价格无异于饮鸩止渴。2006年，天长总公司定下了“规模、品牌、效益”有机协调发展的基调，以“做强”为目标，推出了销售体制改革，力图改变传统的增长方式，在销售理念、销售方式上取得突破，建立价格优势和价值优势。一是通过销售渠道改革，围绕渠道对价格、后援、分配等进行完善，形成价格优势；二是通过推进产品建设，把公司各方面资源整合成高价值含量的险种，靠产品内在价值赢得客户；三是通过鲜明的品牌特征和鲜明的文化特征彰显公司的服务价值优势。很快，一场看起来高瞻远瞩、未雨绸缪的创新和变革就自上而下轰轰烈烈地开展起来。然而，尽管总公司专门开过8次会议来统一思想，共同研究，并最终拿出了方案，但是一旦推行到下面，顾虑、意见和反响却出乎意料,最终,大力拳落在了棉花上,改革变成了改良,设想成了过场。

一波未平一波又起,销售体制改革由于机构、业务人员的利益问题还没有完全做好,为深入贯彻做强战略,一场震动更大的变革又在酝酿发动之中了。2007 年,以提升理赔品质,建立以客户为中心、专门化管理、专业化运作、垂直条线式的理赔经营管理体系,实现理赔价值最大化为目标,以理赔条线"人、财、物"剥离为手段的理赔体制改革应运而生,其最为核心和关键的变化是理赔相对独立。于是,一个与原有体系并行的单位出现了,轰轰烈烈的人、财、物剥离工作耗费了足足半年的时间和精力,原来作为各级机构下属部门的理赔部有了一个单独、完整的架构,拥有了自己的人权、财权和物权,只听从上级直属条线领导的调配。这一改革的本意是为了防止以赔促保,挤干理赔水分,而实际上却造成了重重矛盾。一是为了满足独立管理人、财、物的需要,理赔部的人力资源需求突然暴涨,设立行政、人事、财务的职位成为必需,而其他岗位的划分也更为细致,成本大增;二是考虑到理赔的专业性较高和"高薪养廉"的需要,理赔部人员的收入大大高于同级的内、外勤人员,但由于条件限制,这些员工的办公地点仍然共处一地,信息沟通也不可能隔断,工资单一比较,人心大乱;三是在高管层面,一般情况下,往往是副总被任命为理赔部总经理,与原来的一把手各自为政,分庭抗礼,导致一系列的不平衡。在如此情况下,公司出现了大批骨干集体跳槽的变故,元气大伤,不到一年,理赔体制改革完败收场。

几乎在同一时段,总公司还推出了资金结算体系改革,其最初的目的是减少现金交易,防范保费资金在系统外循环的风险,实现公司自己的集中管理和有效监控,但采取的方式却与理赔体制改革如出一辙:在总公司成立资金结算中心,在分公司设立资金结算中心分部,在各业务出单点设立资金结算岗,其人员编制、岗位管理、考核和薪酬发放均由总公司直接掌控,而最终结果也与理赔体制改革大同小异,只有资金结算的岗位职能保留了下来,其他人员重新收编,冗余人员则逐步被清理和转岗。

挫败并没有使变革的脚步放缓和停滞,2008 年年末,总公司又推出了事业部体制改革,力图走上专业化经营的道路,从销售、承保、理赔分模块管理,变为分险种管理,成立车险事业部、财产险事业部、人身险事业部,撤销业务管理中心、营销管理中心、理赔管理中心。和每次变革时一样,上下应声而动,依葫芦画瓢地变革组织架构。

改革推进了仅仅一年,还没有到产生效果的时候,2009 年,公司就走到了崩溃的边缘，经营业绩千疮百孔。尽管公司对外有意放慢发展速度，通过保费“零增长”策略进行盘整，对内整合架构，但遗憾的是，风雨飘摇的公司已经没有足够的力量支撑起下一次改革了，股东们也丧失了等待的耐心。

2.大变大乱年

2010年春节刚过，公司内部就能嗅到一股硝烟弥漫的味道。虽然总公司每年都给股东们分红，并且定下了上市的目标，但是三年来的崩溃式下滑还是让股东的忍耐到了极限。一家外来的信托公司控股了公司，经营班子全面洗牌，随之而来的是翻天覆地的大变革。穷则思变，法术还是变革，要通过变革挽救公司，实现扭亏为盈的目标。

首先推出的是目标承接体制改革，把年度任务（保费、利润）承包到分公司、中心支公司，绩效与任务挂钩，多劳多得、少劳少得、不劳不得，完全打破了保险行业传统的考核激励机制。为了一鼓作气、趁热打铁，在短短几个月内，公司又集中性地完成了14项综合领域和业务领域的改革和制度调整方案，具体包括人事机构改革、薪酬考核改革、财务审计改革、采购招标改革、企业文化改革、监督体制改革、营销业务改革、理赔业务改革、风险控制改革等。在这么短的时期内完成如此浩大的工程，可以说是一项不可能完成的任务，但又确确实实发生并且完成了。

那段时间，公司各项新的制度纷纷出台，红头文件如雪片一样下发，效率之高，执行之快令人咋舌。但这种不按常规出牌的方式，导致的是改革神话书写混乱，激进的举措在公司内部引起了一系列负面情绪，其中最为人诟病的莫过于人事变革。公司经营不善，领导干部难辞其咎，但是队伍换血又谈何容易。为了尽快网罗人才，公司在处理了一大批平庸干部后，以挖掘潜能，使有能力、有本事的人才脱颖而出、担当重任为口号，采取了公开竞聘上岗的方式来选拔替补人选。但由于时间仓促，所搞的竞聘很多是没有明确岗位职责的，在投票的权重上又进行了区分，董事长一人1票顶20票，经营班子1票顶10票，而且计票只公布总数，没有明细，如此一来，公开竞聘又变相成了组织任命。更让人议论纷纷的是，在总公司的部门负责人岗位上，出现了许多“新面孔”，他们并没有经过竞聘上任，只因为他们来自大股东单位，也许原来只是普通主管，一旦进入天长公司，立即成为部门负责人或任职重要岗位，薪酬比天长公司同级的老员工高出许多。很快，公司大批骨干选择了用脚投票——离职。由于专业干部奇缺，公司只能把三个事业部整合为一个业务综合管理部，但是合并并没有改变扯皮和推诿的工作习惯，无形中管理力量反而更为薄弱。而那些一时难寻后路的员工只能愤而闹事，甚至通过一些途径状告新班子，要求维权。

为了压制冲突，消除怀旧情绪和原有企业文化的影响，公司选择了强硬的洗脑式灌输、怪异的岗位设置和随意的职级设置和封官许愿。譬如，大搞主题教育活动，不断创造干部序列的新名称，在原来经理、总经理、董事长等称谓和序列上增设总监、总督、总裁等职务，职位序列更长达30多级。公司提拔了一批干部，最高封到总督，但仍与董事长差上10级，明白真相后，干部们纷纷大呼吃到的是个空心汤圆，表面看是晋升，实则职位不升反降。

终于，连最为看重的"目标责任承包制"也出现了问题，各级机构为了多拿奖金，盲目做大，美化报表，虽然当年一季度即实现了扭亏为盈，但是由于保险行业经营的特殊性（主要是由于准备金提取制度），过快的理赔速度迅速耗干了本不宽裕的资本金，到9月份公司的偿付能力再陷低谷，公司只能以自停业务向保监会表明决心。而业务骤停对做"信用生意"的保险公司而言，无异于致命的打击：外部谣言四起，大量优质渠道和业务合作单位从此失去；内部则信任危机和人事动荡一浪高过一浪。公司状况不好，承诺的高额奖金可想而知也成了打算盘的对象。按照年初的承接合同，许多机构在年底都能够拿到高昂的奖励，虽然公司遇到了麻烦（偿付能力不足、停业务等），但是自己承诺过的东西一点都不兑现也说不过去，于是就以尚未审计和保险经营的特殊性为由，扣下一半审计后发，又扣下三成第二年年末再发，同时在发放数额上又设置了一些新条件，最后拿到的奖励大大缩水，而那个第二年才能拿到的剩余30%最终也是不了了之。

3.拨乱求反正

2010年到2011年，趁着市场大幅好转之机，公司盈利逐步好转，扭亏目标基本实现，但是相比同行并无优势，而且受困于偿付能力的问题，发展状况始终显得有气无力，难以为继的"大跃进"式的变革折腾也告一段落。随后，在无奈的增资扩股中，公司高层再次换血。由于这一次高层变化更多的是座次的改变，新任总经理个性审慎，因此公司也不再盲目激进，恢复了部分传统企业文化，但改革的风浪依然没有停歇，公司提出了"以奋斗者为本""让听得见炮火的人来呼唤炮火"的口号，立志通过"三场战役"分三年彻底扭转战局，重圆上市旧梦，彻底摆脱资本金不足这个挥之不去的阴影。

公司上下再度繁忙起来。专业部门重新按险种设置，再一次把专业化经营提升到战略高度，消除不合理的用人政策造成的隔阂。同时，公司开始进行了纷繁复杂的流程再造和基本法编制，试图用制度和流程改变现状，规范和优化经营。但是令人困扰的是，公司上下仿佛都成了热血耗尽、激情消退的老人，暮气沉沉,干什么都打不起精神了。

到2012年,市场再度恶化,已经连续两年盈利的公司又一次陷入亏损的窘境,公司的上市计划功亏一篑,宏图幻灭。为了拯救公司,股东们再度增资到56亿,偿付能力一举超过200%。多年来,公司第一次能够在偿付能力方面抬起头来,具备了新一轮发展的底气和能力,新的变革又开始积极酝酿,斯总着力推行的一系列变革措施也由此应运而生。

五、改革困窘,难在哪里?

从历史的风云变幻中回过神来,桌上的烟灰缸里已经满满的都是烟蒂,斯总用力按灭手上的烟头,叫来秘书:“发通知,下午召集班子成员开会。”

班子会议上,斯总环顾左右,向两位年长于己、共事多年、现在又成为自己副手的刘总和王总点了点头,清清嗓子说:“今天临时召开这个会,是个恳谈会,也算是个务虚会。”在大致通报了公司近期的经营数据,并把小赵、老李、吴经理所反映的问题略述了一番之后,斯总接着说:“关于变革的问题,我思考了很久了,势在必行。从去年开始,保监会就放出风声说要搞费率自由化,弄不好今年下半年就要推了,这也是为什么今年一开年市场就拼得这么凶的一个重要原因,大家都有危机感啊!从目前形势判断,今年对于我们天长保险浙江公司来说会是非常艰难的一年,也是非常关键的一年,而重中之重就在一季度,变革的目标必须尽快实现,市场是不会等我们的。但现在公司的改革状况的确让我非常担忧,我想听听大家的意见。”

刘总首先接过了斯总的话茬,刘总今年50岁不到,作为第一批国家培养的专业保险从业人员,走出校门就进入保险公司,至今已近20多年,有扎实的专业功底,更有出色的经营管理业绩,是典型的实战派。他思考问题周密全面,对于管理也有独到见解,目前分管两个专业部门,还兼着升格后的温州中支公司一把手。他进入公司比斯总稍早,担任地方机构一把手的经历也比斯总长,和斯总先后脚被提拔到班子中,虽然时间上晚了几个月,但在公司里,年龄、资历都显得比斯总更有分量,因此总是能爽快地表达自己的想法和见解。他说:“其实有这些不同声音也不是什么意料之外的事情,我现在到下面走走,各种议论也听到很多。天长保险浙江公司这些年变动得太频繁了,大家都折腾怕了。当然了,对变革,大家也不会总是心理排斥。主要是这一次的变革,虽然有个大致的方向,但是具体怎么弄,弄到哪一步,其实也没有谱。我始终觉得,要谋定而后动,班子应该拿出一个更为具体翔实的方案,告诉员工应该怎么来理解和看待公司发生的事情,而不是让他们感觉今天来了个新人,明天出了个新办法,无所适从。而且我觉得员工之所以会有一些意见,是因为光看见进新人,光看见改制度,却没有看见有效果;比如,公司最近引入的那些人,没见得把业务做上去,倒是把位置坐上了,自然闲话就来了。”

斯总回应说道:“变革本来就是充满着不确定性的,谁也不能保证最终结果一定就是成功,或者一定能够做到什么样子。我认为变革很多时候就是一个试错的过程。作为一把手,有些设想和意图也不便于过早地公告于天下。刘总您说的没错,近期引入的人是没有带来业务的增量,但是我们引进的并不是业务员,而是能够搭建渠道、培育更大业务产能的人,我现在能做和想做的是给这些人一个平台,欢迎他们来试错,至于结果就交给时间去证明。他们行,公司获益;他们不行,自然淘汰。主动去试总比坐以待毙要好。至于试错的成本,我认为公司的经营状况正在企稳,应该还是能够承受的。”

随后,王总也谈了她的看法:“俗话说一年之计在于春,开春之际也是队伍最容易波动的时候,除了斯总刚才说的这些问题,我也感觉到,最近公司人员流动的是有些多,这当然不完全是变革引起的,也可能是开年后的自然现象,但是我们不能掉以轻心,特别是在涉及人的问题上,更要慎之又慎。当然了,变革这件事,主要是一把手主导的,但是变革绝对不是一把手一个人的事情,以前我们经常教育员工理解的要执行,不理解的也要执行,在执行中理解,但这毕竟只是一种理想的状态。现在的员工也很现实。虽然我们希望员工能有危机感、压力感,但是怎样的度是合适的,确实很难把握。就拿渠道业务公司化来说,那些原先的业务人员慢慢变成了维护人员,最终肯定会对业务失去掌控力,他们怎么会心甘情愿?我们干部也有不少问题,将多兵少本来已经很令人困扰了,现在一下子又进了好几个,又都是中层,比例就更失调了,接下去怎样安排,也是个难题。我也在想,难道原先的干部都是不行的吗?我觉得有的时候我们也不能把变革成功的希望全都寄托在外部力量上。还有,最近正在忙着铺开的全员上岗考试,这个事我其实也有点担心的。据我了解有很多员工是会做不会考,一考试就完蛋,万一考试不过,是去还是留?让其下岗,少了一个熟练工;留任,考试的公信力又何在?目前暴露出来的问题还只是变革过程中的冰山一角,天长保险公司多年来倡导‘温馨家园、严格纪律’,但现在员工们普遍反映温馨的感觉在淡去。我也觉得变革要搞,但一定要谨慎,不宜过于伤筋动骨。”王总和刘总出生同年,也是公司元老,自创立起就在公司,多年从事后援管理工作,几乎当过所有非业务类职能部门的负责人,目前分管行政,协管人事财务,对人的问题最为关心,也比较谨慎。

斯总对此回应说道:“其实我也是赞成变革必须审慎而行的,有谁会愿意得罪人?但形势逼人呀,如果只担忧员工的承受力,既想变革,又不敢搞大动作,那只能是等死了。公司总是要跨出改革的那一步的。现在公司构建绩效文化也就是想要转变以前人情至上的氛围,干部能上能下,员工能进能出。对于有价值的员工,公司当然也是不会亏待的。变革是为了公司的利益最大化,这个本来就应该是与每个员工的利益相关一致的,只有公司好了,大家收入才能提高。但是,就目前来说,公司要实现新的发展,就必须对原来的权利利益进行重新分配。我们应该倡导员工的大局观,倡导个人利益服从组织利益,不能因为一些员工的抵制就缩手缩脚、裹足不前。"

六、尾声:何去何从?

斯总深信自己变革的思路和方向没错,推行变革也是班子共同研究、一致同意的,但是这个正确的变革选择为什么阻力如此之大?从底层员工到各级中层干部,乃至高层的班子成员为什么会有不同的看法?班子成员们就两位副总的疑虑以及斯总的回应展开了热烈的讨论,不断试图深化和明晰变革中的一些细节和思路。可以说,班子成员们对变革的不同认知和多角度的思考让斯总开始更为深入地重新审视自己的变革设想与方式,在商讨过程中所提出来的天长保险浙江公司变革过程中的种种问题开始获得了一致的重视。

班子会议结束时已是夜幕降临。斯总眉头紧锁,独自伫立在办公室的窗前,凝视着那难以穿透的厚厚夜幕。即便黑夜过后必定迎来黎明,夜色之中纵然也有霓虹点缀,但夜晚终归是暗黑的,众多的美好仍然只是存在于闪烁中,存在于期待中。变革的获益与成果往往是潜在的、滞后的,但变革带来的风险与威胁却总是现实地摆在眼前,公司内所有人都在感受着来自组织变革的各种冲击,破旧立新从来就不会是一帆风顺的,天长保险浙江公司的变革之路究竟该何去何从?

附录

附录 1　天长保险公司组织架构图

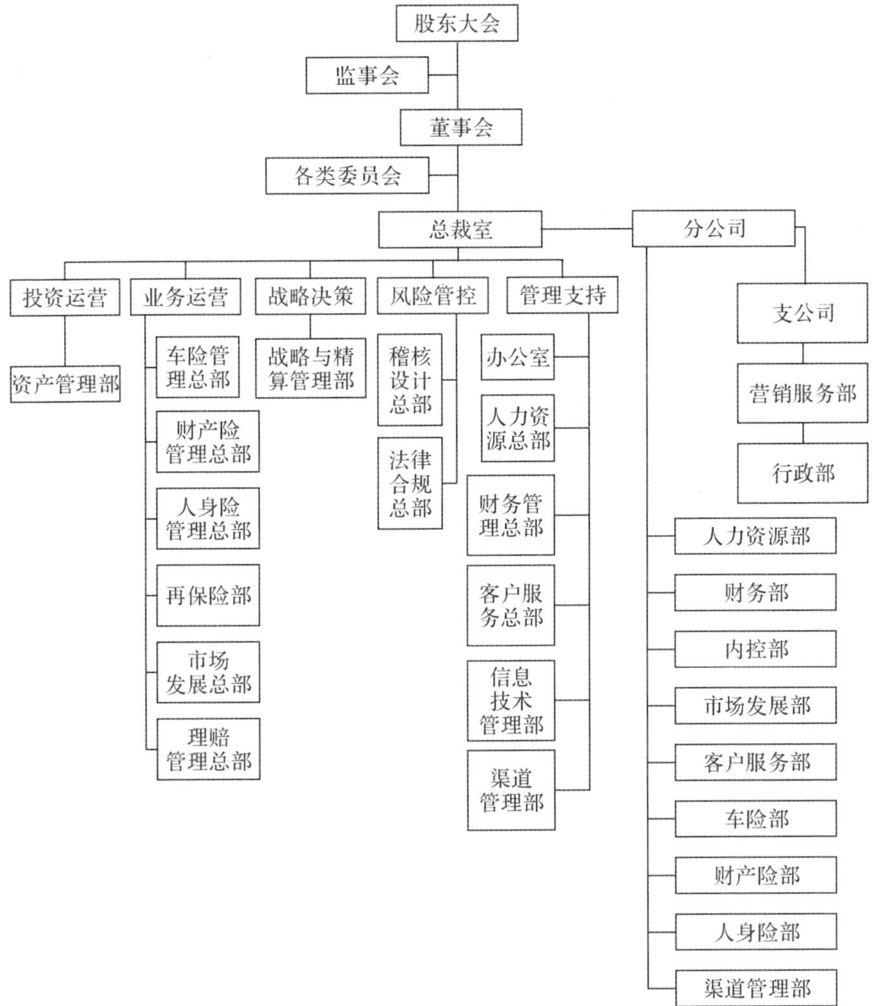

附录 2　公司人事制度方面的相关变革举措

一、关于开展"百万雄师工程"的通知

为继续做好公司人才队伍的建设工作,树立人才资源为企业第一资源的观

念，建立分层次、多渠道人才引进和培养机制，合理挖掘、开发、壮大公司战略后备人才队伍，为公司的可持续发展提供智力资本支持，经公司研究决定实施“百万雄师工程”，具体内容通知如下：

（一）指导思想和目标

“百万雄师工程”以壮大公司销售队伍，提升销售能力和“两核”管理水平为主导，争取用一年的时间在全省范围内引进一百名业绩显著（年销售额在百万元以上）、经验丰富的销售人员和二十位德才兼备、技术精湛的两核专业人才。

（二）实施细则

1.“百万雄师工程”号召全员参与，同时为鼓励员工利用个人资源优势为公司推荐优秀人才，设立“推荐奖金”，每推荐一名销售人员奖励1万元，每推荐一名两核人才奖励3000元。

2. 被推荐人通过公司面试，正式入职且试用期考核结束并顺利转正后，则视为推荐成功，推荐人可向人力资源部申请“推荐奖金”。

3. 若推荐人在被推荐人转正实施日期前或入职满一年前离司，则不支付推荐人未支付的奖金。

4.“推荐奖金”的费用分公司承担30%，用人机构承担70%。

5. 为了确保“百万雄师工程”的顺利实施，公司将对各机构完成情况进行考核和奖惩，对完成或超额完成目标的按公司“推荐奖金”奖励额的10%奖励机构负责人，对未完成目标的按“推荐奖金”差额部分的10%扣罚绩效。

（三）其他事项

1.“百万雄师工程”引进人才单独申报和培育。

2. 特殊政策：离司优秀人才回归原则上官复原职。

二、“倦鸟归巢”实施办法

（一）实施背景

公司在近年来的经营发展中，特别是在2007年理赔体制改革、2008年“止亏、减亏、扭亏为盈”的经营政策改革调整，以及2010年总公司股东改革以来，一定程度上流失了部分优秀干部和专业骨干。目前，公司已调整到位，各项经营政策稳定，发展目标明确，同时也考虑到部分离职干部员工想回归的愿望，特制定本《办法》。

(二)实施对象

主要针对曾经在公司工作过的,当时工作业绩表现突出、员工反响良好的管理干部、两核专业管理人员和业务人员。

(三)鼓励政策

1. 政策保护:原则上给予"归巢"人员官复原职或同等薪酬待遇,部分离职人员在同业担任更高职位的,经总经理室集体商议后给予具体情况具体商定;若暂时无同等职位空缺的,给予一年的同级别相当薪酬待遇保障。

2. 物质激励:公司以"开放真诚"的态度欢迎各类"倦鸟"回归,对有志于"回归"的同仁,给予本人一定的物质激励,设立"归巢奖金"。此项费用由公司承担。

3. 本《办法》与"百万雄师工程"奖励政策,实行靠一头享受,即享受本《办法》"归巢奖金"激励的,将不再给予"百万雄师工程"推荐人员"推荐奖金"奖励。反之亦然。

三、关于干部退居二线事项的通知

随着公司的不断成长和发展,公司管理干部临近退休的人员日益增多,为保证公司正常的新老更替及健康发展,也为了让更多年富力强的优秀人才进入干部队伍,实现干部队伍的年轻化,现就干部退居二线事项明确如下:

(一)"退居二线"定义

指干部原本在领导岗位上,由于年龄临近退休,公司为使工作得到延续与发展,要求干部从原来负责的具有实际职权的领导岗位上退下来,逐步过渡到其他岗位上的形式。

(二)干部退居二线的年龄及享受待遇

1. 退居二线年龄:男性年满57周岁,女性年满52周岁。

2. 岗位薪酬待遇:干部达到退居二线年龄后,即免去原行政职务,具体岗位薪酬待遇享受如下表所列:

连续职龄年限	退居后岗位薪酬待遇
10年(含)以上	原岗位薪酬的75%
5(含)~10年	原岗位薪酬的65%
5年以下	原岗位薪酬的55%

注:原岗位薪酬指退居前12个月的平均岗薪

3.福利待遇:除交通补贴和通信费外,福利待遇标准如公积金、节假日福利等按原退居前职务对应标准享受。

其中交通补贴、通信费按如下标准享受:

A.退居前职务为部门主要负责人的按室主任标准对应享受;

B.退居前职务为部门其他负责人的按室副主任标准对应享受。

(三)办理干部退居二线的有关要求

1.干部在达到退居二线年龄时,在分管领导与其做充分的沟通交流后,初步达成退居二线的去向。

2.退居二线干部应协助继任者完成工作交接,确保公司的正常运转及各项工作的顺利开展。

3.已经达到或超过退居二线年龄的干部,年内办理好退居二线工作。

4.退居干部需正常遵守公司考勤制度,在退居工作岗位上认真履行岗位职责,并参与部门月度、年度考核。年度综合考核分在85分以下的,分公司将取消其所享受的薪酬待遇,并按相应员工岗位定薪。

5.对在现任岗位上担任领导职务五年以上,且各方面经营管理业绩突出的两核专业部门第一负责人,公司可聘其为资深顾问或顾问,薪酬待遇可在退居后岗位薪酬标准基础上上浮5%~10%,并实行聘任制,一年一聘。

6.退居二线干部要体谅公司的实际发展需要,具有主动"腾位子"给年轻干部的良好心态,在退居后仍以丰富的实际工作经验和资源为公司发展竭尽全力。

(四)其他事项

1.从发文之日起执行。干部无特殊情况均应按此执行,有特殊情况的采取一事一议。

2.在实际操作过程中如遇较大执行问题,或与总公司相关政策不符的,可视实际情况再行调整。

希望临近退休的干部树立大局观,从有利于公司可持续发展的高度出发,摆正心态,积极做好各项工作。

四、管理干部末位淘汰管理办法

(一)实施目的

旨在树立管理干部的责任意识、服务意识和危机意识,对平常工作中某些不敬业、不作为、不进取或管理思路不清、部门工作无起色、机构意见大的管理干部予以预警和淘汰,从而建立干部能上能下、能进能出,充满生机和活力的管理体制。

(二)考核标准

以月度考核分和年度民主评议分两项指标的加权总分为依据(比重各占50%),进行同级别干部总分排名。

(三)考核结果运用

1. 干部的降职:排名首次位列同级别末位的,予以职务降一级使用。

2. 干部的免职:连续两年排名位列同级别末位的,予以免职。

3. 当末位干部虽然排名末位,但加权总分在85分以上的(不含85分),经总经理室研究,可以免于执行降免职淘汰措施,但应进行管理谈话。

(四)管理要求

被调整的干部,应服从公司统一安排,拒不接受调整,或采取非理性方式干扰影响正常工作,予以强制休假安排,并抵扣其相应年休假待遇。情节恶劣的,根据公司管理要求,采取相关行政处罚措施。

TEACHING NOTE

案例使用说明

一、案例适用对象与教学目的

(1)本案例主要适用于企业管理专业的本科与MBA专业学位的“组织行为学”“组织变革”等课程,也适用于某些相关培训课程。

(2)组织变革是一个复杂的系统工程,所涵盖的因素和可能涉及的理论也非常多。本案例的教学目的在于让具有组织行为学相关知识的同学,运用所学知识,综合分析企业组织变革过程中的各类情况,提升他们对于组织变革方面各类问题的认识与分析能力,使他们能够更好地把握有关组织变革理论的一些思想与方法,了解企业组织变革过程中可能会遇到的一些典型抵制问题以及相应的对策,见微知著,探索不同组织行为现象背后的构成机制与理论解释。

(3)本案例涉及的组织行为学与组织变革理论知识较多,分析内容较为复杂,可以放在"组织变革"课程最后作为综合性问题案例提出并作分析讨论。

二、启发思考题

(1)天长保险浙江公司变革过程中遇到的主要问题有哪些?产生这些问题的主要原因是什么?

(2)如何看待和评价斯总所推出的组织变革措施?如何评价前一阶段天长保险浙江公司变革发展的成败得失?公司下一步的组织变革工作应该如何推进?

(3)对天长保险浙江公司组织变革问题的主要争论点是什么?公司中的不同角色人物对于组织变革分别有怎样的态度立场?反映了怎样的管理认识?

三、分析思路

组织是个多层次嵌套的系统,任何发生于组织系统中的变革必将穿透各个层次对个体产生影响。本案例中的变革抵制问题涉及方方面面,既有因人事政策变动而引起的人心不稳,导致士气低落、业务发展疲软,也有因机构重新组合,触及利益和公平性,造成矛盾纷争频繁、人员流失,还有在流程改造过程中,由于方式方法不当和成效不显著,导致内勤人员抵制罢工的事件。这些让变革陷入困局的问题的出现都不是孤立的,既有组织本身的特殊性,也有其历史根源,为此又延伸到更长时间范围内的变革伤痛回顾之中,这些变革既有主动的战略转型,也有被动的重组式巨大颠覆,但多数没有获得预期成效。抚今追昔,天长保险浙江公司的变革领导团队不得不坐下来认真思考。但内部的想法也并不完全一致,在变革是否允许试错和变革是否可以强推的问题上产生了疑虑和分歧。企业组织变革往往任重道远,需要在实践中不断摸索,完善变革的方法,并最终找到适合自己的变革之路。教师可以根据自己的教学目标灵活使用本案例开展教学活动。以下是对天长保险浙江公司变革案例的分析思路,仅供参考。

1.变革节奏与速度的问题

(1) 变革的时机

在天长保险浙江公司,每一次变革对领导者来说都是具有充分理由的。在第一轮变革中,销售体制改革是看到了增长过程中后劲乏力和保险销售商业模式革新的动向;理赔体制改革是看到了理赔水分对微薄利润的蚕食和理赔专业化管理的趋势,为理赔外包、节约成本积累经验;资金结算体制改革是为了改造支付体制,迎接新会计制度的实施;事业部制改革是为了实现专业化经营,跟上行业的节奏。股东和班子变化引起的变革理由就更为理直气壮了,亏损、资不抵债,不变怎么可以?

可这些问题在普通员工的眼中,很可能就是另一番认识:增长放缓是正常的规律,既然还有增长,日子就能过,何必要改?理赔和承保不是割裂的,适当的以赔促保,甚至产生合理的水分是行业的潜规则,不必触及;至于资金结算体制和事业部制,无非就是把部门之间的职能调来换去;大改革时期则更是在“丧权辱国”的情况下的被迫变革。直到公司实现盈利,仍然有为数众多的人认为这不过是先前所进行的一系列自我调整的缓慢见效之功(保费增速放缓、准备金提转差的转回会增加利润额),而不是变革本身的作用,如果没有动荡不定的颠覆式变革,复苏会更显著,公司会更健康。

同样的问题在这一次变革中也在困扰着天长保险浙江公司。在斯总看来,之所以选择现在开始改革:一方面是通过对标感觉到了自身的差距,若不追赶就会被越甩越远;另一方面是公司的经营情况有所企稳,应该能够承受变故。斯总的理念是,在经营不善的时候,再折腾,容易触及员工的底线,怨声载道,而在经营情况相对好的时候,变革所造成的影响的容忍度会更高一些,也更经得起折腾,天长保险浙江公司从跌宕起伏到低谷爬坡的态势恰好符合这一设想。

可惜斯总眼里的最佳时机在许多人眼中却成了“不合时宜”,他们认为:“既然公司经营在好转,证明之前的一些做法即便不是最好的,也没有到非改不可的地步,为什么要冒这个风险?”一些观望的、消极的态度就因此产生,这样整个变革的推动就会更加困难。

因此,变革的选择实际上是非常重要的,时机选好了,师出有名,变革的动力也会更大。

(2)变革的频率

天长保险浙江公司一直高举变革大旗,这种居安思危、未雨绸缪的精神本该成为制胜法宝,但现实情况却恰恰相反;究其原因,那就是变革动荡过于频繁。

从变革模式来说，无论是三阶段还是五阶段，无不说明变革是有过程、分阶段的，不可能一蹴而就，无论是业务层面还是组织成员层面，都不可能在短期内完成变革的所有流程。每年一到两次大规模的变革，实际上就可能使企业长期处于变革的初始或者中间阶段，这对变革取得成功是不利的。在天长保险公司的变革史中，销售体制改革是第一轮变革中相对完整的。可惜的是，变革开展了一年，动荡稍有平复，公司就把精力投入到新的、更大规模的变革之中。实践证明，一波未平、一波又起式的变革浪潮，不仅不利于已有变革成果的巩固，也不利于下一步变革的开展。这会导致人们更为关注过程而非目的，运动成为一切，结果反而被搁在一旁。这种急躁的变革情绪也极易导致变革稍遇阻碍就被全盘推翻，功亏一篑。

从员工来说，频繁变革也会极大地影响工作安全感，进而其组织归属感也会被削弱。朝令夕改的变革是员工心理契约和组织承诺的天敌，这也是为什么在几轮变革中，公司经常会出现大面积员工离职的原因。以某个理赔岗位的员工为例，在理赔体制改革之前，他是公司理赔部的一员，改革后他归入了单独的理赔部门，一年后回归公司，不久又被并入了车险、财产险或者人身险的某个事业部之中，很有可能又因公司需要而被安排到了不熟悉的险种部门，等于要从头再学。更痛苦的是，一段时间后事业部又没有了，所有的承保和理赔又归集到了业务监督管理总部。几年下来，他的部门归属、汇报对象、岗位职责不断在变，自己能够积累的东西却很少，既不能擅长于某一险种，有个明确的职业方向，又毫无职业规划可言，在如此状况下员工难免心生怨气。

在本轮变革中，负面情绪产生的部分原因也在于前期变革太频繁了，关于变革的失败记忆太多了，员工身心俱疲，闻改色变，不愿意折腾了。因此，变革期和稳定期之间需要有一个适当的平衡，既不能一成不变，形成惰性，也要给员工和组织一定时间休养生息。

(3)变革的阶段性成果

在成功的变革中，变革的主导者往往会创造一些短期的成效，坚定组织成员对变革行动的信心和决心，并给予已经为组织变革做出努力的组织成员一定的物质或情感回报，以鼓舞团队士气，同时，也可让那些怀疑和批评者暂时缄口。变革的及时成效非常重要。有些变革的成功需要一个长期的过程。出师不利，让人看不到希望的变革，则很难维持到成功的那一天。在天长保险公司，许多变革一开始就走入了僵局，因为变革的领导者们把最难啃的骨头放在了第一步。譬如理赔体制改革，时间都耗费在了人、财、物剥离工作上，这恰恰又是牵扯利益最复杂、涉及面最广的一块，而相对更容易体现成果和获取理解的理赔指标、理赔成本的改善等却无人关心。当上上下下被人事方面的是非争端搞得头昏脑涨时,忽然发现预期中的改善竟然变成了恶化,于是变革的信心迅速瓦解。如果先从易见成效的理赔指标入手,节节胜利后再推进理赔的剥离策略,可能结果会好得多。而在2011年之后的拨乱反正中,渐进式的变革无疾而终,很大程度上也是由于没有显著的改善效果。在企业中,员工往往都是看结果说话的,哪怕仅仅是阶段性的结果。

在本次变革中,其实也有类似的问题。譬如,渠道部引进了许多人,也让很多人归了队,这一部署或者说是手段本来并没有错,但这个部门是做什么事情的,这些人和团队是起什么作用的,大家却不知道,风言风语自然产生,因为大家只看到这些人坐的位置、拿的票子,但是给公司带来的好处却看不到。在杭州中支理赔体制改革中,大家心有不满但也不敢挑明反抗,但是当理赔指标出现恶化时,大家似乎为反对找到了理由,出现了让人棘手的抵制。

因此,在组织变革开始之前,决策者就应该着眼于寻找行业内可比的、行之有效的、成熟的操作方法,挖掘提高效率、降低成本的机会和发展潜在增长点,从最易采摘的果实入手,切实捕捉成功的机遇,尽快取得一些阶段性成果来增加变革的信心,化解变革的阻力。

2.变革机制设计和同盟塑造的问题

变革需要建立相应的推动机制,也不能忽视人的力量,两者是相辅相成的。只有机制的设计而没有人的塑造,变革会失去支持;只有人的塑造而没有机制的设计,变革会流于空洞,缺乏推动合力。

(1)顶层设计与试错机制

变革并非儿戏,不能心血来潮式地打无准备之战。但变革又有太多的不确定性,等你思虑再三,时机却错过了。因此,需要辩证客观地来看待变革,做好变革推动机制方面的设计。

1)顶层设计

“顶层设计”是指运用系统论的方法,从全局的角度,对某项任务或者某个项目的各方面、各层次、各要素的统筹规划,以集中有效资源,高效快捷地实现目标。对于像天长保险公司这样每一次的变革都是自上而下推动的企业来说,“顶层设计”尤为重要。组织变革的方案不可能事前就预计到所有的情况和问题,但必须有一个框架性的考虑,这个框架应该是科学系统的,有一定的前瞻性,又要能够服众。在天长保险公司的历史上,大多数的变革实际上都是有计划和方案的,但是这些变革方案恐怕还不能称之为真正意义上的顶层设计。以第一轮变革为例,销售体制改革、理赔体制改革、支付结算体制改革和事业部制改革在短短三年内陆续推出，其内在逻辑关联性是不明确的，反而给人东打一枪、西放一炮的感觉，在系统性方面显得颇为不足，而最终那些方案、设想成了一纸空文。此后的颠覆性变革方案则更难冠以科学二字，绝大多数是那个大股东信托公司制度的改头换面，可信托与保险隔行如隔山。由于许多制度的实施完全凭拍脑袋决定，缺乏充分调研和论证，因此变革也只能在荒腔走板中匆匆开始、慌忙结束。

在本次变革中，斯总吸取了一些过往的教训，变革设想得还是比较明确的，其中渠道和两核是重中之重。对比行业情况，天长保险浙江公司在渠道建设上已大大落伍，到了非变不可的程度。斯总心中虽然搭建了一个渠道公司化的战略平台，但问题在于，这些尚处于斯总脑海中的蓝图并没有形成一套较为翔实的、便于广大员工，至少是公司骨干人员理解的、具体化的行动方案，特别是对于那些与新设渠道部有着千丝万缕关联的传统业务管理部门，诸如车险、财产险、人身险事业部，以及市场部之间的权责利如何界定也迟迟不能明确，这些问题看似细枝末节，实则触及关键问题，牵动各个利益团体的敏感神经，并潜移默化地造成影响。如何将顶层设计做到细化完善、考虑周详并形成可以公之于众的方案，以及如何做好顶层设计的沟通和解读工作，会对改革成败造成巨大影响。

2）试错机制

即使有科学的顶层设计，变革依然是没有人敢拍胸脯承诺成功的。因此，对变革应该有一个相对宽容和开放的心态，允许改革过程有反复、有失误、有不被理解的地方，特别是要允许基层在实践中通过不断试错来探索和寻找改革的思路和办法，也就是“摸着石头过河”。由于顶层设计无法准确到细节，因此可以在制度设计和政策措施成型之前，通过在一定区域内的改革试点来试错，摸索出一定变革具体措施后再推广到其他地区。这样，如果发现问题，就可以进一步完善，这一过程可以循环往复，直到找到一套相对完整和有普适性的变革政策和举措。即使当变革已经全面推开，变革中的一些政策和措施也不是一成不变的，应随着时间进程和环境变化，针对新出现的偏差和问题不断改进。

对于总公司出台的改革方案，地区差异一直是个困扰，因为总体的改革方案几乎很难做到涵盖所有情况。最好由总部出台能够满足一些差异化要求的实施细则。但在多年的变革中，总公司的高层都过于急躁和草率，许多改革未经充分调研就匆忙推开。在颠覆性变革中，为求休克式治疗，甚至是总部一有决定，当即施行，没有任何试错的过程机制，一旦发现问题后就慌张无措，忙着推翻或者裹足不前，而不是反思分析问题原因并加以修正，最终导致失败。

虽然同行可以提供很多现成的办法和手段，但移植到天长保险浙江公司肯定会存在水土不服的问题，因此试错也是较为稳妥的选择。在本次变革中，斯总把理赔改革的试点放在了杭州中支，这不仅是对合并后的杭州中支的一个援助，更是对后续的理赔集中管控工作的一个试点，因为集中管控工作牵涉到的利益和架构变化将更大。这一决策保证了当出现紧急状况时，范围相对较小，不至于影响全局。在渠道变革的试点上，则走得更稳，把试点机构放在了杭州的余杭支公司，放到了县级机构一层，而且这是熟悉的市场领域，也是天长保险浙江公司自身开发不足的区域，变革容易入手，也便于见效。

但必须要注意的是，试错对于变革来说是一把双刃剑，用得好可事半功倍，用得不好则可能事倍功半。而且，试错还有一个重要的前提，那就是试错的成本可控或者是在可承受范围之内，最好还能够考虑到员工的心理预期和忍耐程度。试错必须从局部开始，从某一个环节开始，对工作流程和制度的变革是如此，对人员和架构的调整更是如此。

(2)变革的同盟力量

组织变革中，各个层次人员的动力和阻力并不是独立无序的，而是在相互影响作用中形成一个错综复杂的力场。考虑到人作为组织变革的关键性要素，转化“人”的阻力为动力也显得尤为重要。

1)变革领导团队

组织变革需要一支强大的领导团队并带领全员广泛参与，方能最终成功。在大多数企业，变革方案和过程往往是由总经理个人最终做出决定的，但个人的影响力毕竟有限，因此有一个彼此信任、充分授权的变革领导团队尤为重要。这个领导团队应该既有高层管理者，又有中层管理者，组合成变革的核心力量。公司的中高层人员并不一定就会同心同德地参与变革，他们也可能成为变革的抵制力量。中层干部因层级减少，组织机构精简，往往担心自己辛苦得来的职权被“剥夺”；高层领导也会因变革的前途未卜，以及有可能导致的矛盾激化等阻力而对变革犹豫不决，或者表面上、言语上赞成，实际上消极、被动甚至反对。

反观天长保险公司的变革史，一把手意志主导的情况尤为明显。在一把手个人魅力较大时，组织还能够执行变革指令，而一旦一把手威信降低，变革阻力就急剧增大。在第一轮变革时期，董事长作为公司的创始人具有较高威信，变革虽然也有一些争议，但是还能够实施，后来由于其以董事长的身份过多参与公司经营，引起公司总经理的不满，并演化成为公司领导人之间面合心离的对抗，直接导致了理赔体制改革成为一场夺权运动，所有的变革都是为了人、财、物的剥离，而非是理赔专业化的实现。最终，公司内部撕裂、成本严重失控、大批人员出走也就不足为奇了。至于第二轮变革更是如此。首先由于新一任班子都是来自各个股东单位的代表，而原股东没有完全撤资，原班子成员也有一定保留，但变革的主导者是大股东信托集团的董事长，班子内心思各异，更不要说合力了，因此，当变革出现种种不利迹象时，班子成员都以一种看热闹、看笑话的心态缄口不言，抱着一种混日子的情绪阳奉阴违，领导所能听到的也永远是报喜不报忧的信息，加之利润和保费情况都在好转，这种颠覆式的变革就变得越加为所欲为，最终自我毁灭。而这种变革时领导无力的现象在第三次修正变革中也没有得到根本性的改变，董事长和总裁如何分工不明确，班子成员之间也始终若即若离，下面的中层干部执行起来瞻前顾后、畏缩不前，因此修复整治工作必然绵软无力，变革也就走向了末路。

在天长保险浙江公司新一轮变革中，以两位副手为代表的高层管理者，和以小赵和老李为代表的中层管理者其实对变革也是有看法和意见的，对变革的实施方法和推行进度也有不同见解，因此在变革时实际上仍然没有一支有凝聚力和向心力的领导团队，这直接导致了斯总陷入困惑和深深的无力感中。产生这一现象的原因是复杂的。首先，斯总上任不久，尚未能完全服众，他在班子成员中资历一般、年纪最轻，甚至在下一级的管理者中间也不乏资历更高和年龄更大的干部，直接削弱了其话语的分量；其次，在中高层管理者队伍中，受变革之苦较多，怀有变革恐惧症，这也是需要通过时间和变革的成功来平复和改变的。当然，斯总本人可能也意识到了这点，因此他急于引进人才，形成专属管理执行团队，对变革动力不足的中高层领导团队进行换血。但他又必须考虑对现有团队的冲击问题。实际上管理团队的形成既要有外部力量的充实，这是成效最快、最省力的做法，但是也需要有内部力量的转化，不能偏废。

2)变革同盟军队伍

底层员工是变革中的弱势群体，有害怕变革的天然心理，而来自员工的阻力(这里主要是指来自基层管理者和一线员工的阻力)又是影响变革成功的非常重要的因素。通过变革的相关理论不难发现，员工抵制变革无非是由于技术、利益和心理等因素。因此，对员工技能塑造和理念塑造(包括心理契约和组织承诺的构建)是变革时期的重要任务。

组织变革往往会对组织成员的职业生涯发展产生一定影响，如果他们无法获得合理的保证和承诺，感到命运难测，以忠诚、努力换来的工作稳定感就会消失，甚至在内心夸大变革的不确定性，工作效率和情绪也会受到影响。天长保险浙江公司的变革，较多倾向于机制设计，比较轻视对员工的塑造，在变革中一是缺乏适当的政策宣导和技能培训，二是缺乏远景的建立和适当的沟通、激励。

天长保险浙江公司的员工构成以 45 岁以下的中年人和年轻人为主，承受着较大的经济压力和社会压力，他们对地位、利益、职业生涯都十分看重，对变革中的得失更为计较。同时，在天长保险浙江公司工作 3 年甚至 5 年以上的老员工又占了多数，他们更关注忠诚的回报，更介意新人的大批加入，也更容易受到心理契约违背的影响。

以销售体制改革为例，当时公司的销售体系还没有形成规范化、系统化的管理，公司仅有直销人员和个人代理人两种销售力量。直销人员操作方式单一，团队战斗力不强，完全是散兵游勇式地打市场；个人代理更是缺乏有效管理，人员流动大，业务不稳定。公司几乎没有营销这一概念，各级机构根据需要自己设立了一些市场部门或者销售部门，主要职能也只是统计一下市场状况，做一些动态分析，以及登记一下手续费等。当公司领导人感受到来自监管部门和同业的压力，并认为公司必须变革时，这些问题根本不是普通员工所能意识到的，因此也不能理解公司以销售为主线、以渠道为切入点的战略转型。加之这一变革思路略超前于市场实际，公司上下几乎无人懂渠道，没有人说得清雇员直销渠道、个人代理渠道、专业中介渠道这些新生事物究竟是什么，对机构标准化建设、客户关系管理等词汇更是一知半解，自然也就无法接受忽然的结构调整和工作变化。在那一年多的变革期间，虽然迫于组织压力，大部分机构勉强做到了架构设立和人员到位，可是岗位人员实际能够胜任的寥寥无几，公司上下茫然无措，疲于应付，最终变革也没有达到预期的效果。

在这一轮变革中，斯总的渠道变革计划实际也和当年的销售体制改革很相似，所不同的是，时至今日，“渠道为王”的理念经过多年的市场实践已经广为接受，这一次的变革也要比当年的变革走得更远一些，更加直白地指向业务公司化的目标。但由于牵涉到的利益因素增多，而且渠道如何经营也从公司自创和摸索转为借鉴同行，这种由外而内、自上而下的改变无形中增加了员工适应的难度，而且变革对员工的“坏处”近在眼前：一是对于内勤和管理人员来说，原先的技能不被认可了，原来的理念落伍了，很可能被外部人员所替代，失落感和危机感显而易见；二是对于业务员来说，原来自己维护的业务变成了由渠道部统一管理，高额的手续费变成了微薄的维护费，对业务的掌控力逐步丧失，自己在行业内的身价也急剧缩水，好处全被公司拿去，自己的获益却几乎看不到。

类似的问题也出现在了理赔变革的试点中，那些已经长期习惯了原有工作流程、难以胜任完整操作整套流程的内勤们，他们曾经自我感觉良好，工作安逸平静，认为自己足够胜任岗位要求，而现在则被评价为能力低下；过去在天长保险浙江公司所努力的一切都遭到贬值，不但晋升机会被外来的、被认为有能力的人占据,时刻存在着被取代的危险,更忧心转型之后自己多久才能适应新的岗位要求,甚至最终能不能适应都是未知数;而公司也没有给他们任何培训和缓冲,工作内容直接就被改变了,他们都被设定为理应会做,而实际却未必如此。

在这种情况下,变革的承受者当然会和变革的主导者离心离德,想方设法阻挠变革,希望证明变革是不明智、不正确的。员工是公司的基础,如何把他们转化为变革的同盟力量是必须仔细思考的问题。

3. 公平问题

组织变革往往是效率导向的,但是为了追求效率而无法兼顾的公平问题却有可能是导致变革高失败率的根源所在。公平往往是组织变革矛盾的焦点。在天长保险浙江公司的变革中,公平也是绕不开的话题。

(1)亲疏有别

根据领导—成员关系理论,领导会与下属建立起不同类型的关系。其中有些下属属于“圈内人”,会得到更多的信任和关照,可能享有某种特权,如工作的自主性、灵活性和更多的升迁机会和报酬等;另有一些下属则为“圈外人”。

斯总作为上任不久的领导者,希望有一支能为自己所用的“圈内人”力量,心情不难理解,但是厚此难免薄彼,那些特招进来的、飞回来的“倦鸟”,自然而然享有特别的政策照顾,在定级、薪酬、任命上都有人才引进的优待,在工作中更是被赋予重任,尤为信任。这种不平等和落差大家都看在眼里,虽然不便明说,难以公开反对,但私下必有抱怨,工作积极性也会受到打击。为了安排“圈内人”,很多时候需要“圈外人”腾位子,为此公司出台了一些指向性特别明显的制度,譬如旨在让原干部尽快退下来的“干部退居二线管理办法”“干部末位淘汰管理办法”,以及旨在创造新的干部职级的“总监管理办法”,导致留下来的老人们的心理契约撕裂和组织承诺下降,要么观望,要么自弃,公司里的氛围微妙,员工消极怠工,业务不温不火做不上去也就不足为奇了。这些对于变革的消极态度一旦形成共识,“圈外人”很可能会联合起来,从不乐意、不配合到公开叫板抵制,内勤的罢工事件就是一个例证,这种状态显然对变革成败的杀伤力极大。

在天长保险浙江公司变革中一个动作——原一营、二营两个机构的合并过程中,亲疏有别的问题也存在。老李即便表现得再努力,希望能够转变自己原一营总经理的立场,也很难真正一碗水端平,总会有意无意地把天平倾向于自己的老部属;原二营支公司的经理们对考核的不满情绪其实也是借了一个由头集中爆发而已,而那些没有话语权的普通二营员工,只能以离开来宣泄不满。

可见公平问题在变革过程中的重大影响。

(2)前后有别

变革的核心是一个变字,但是在一个变革的始末,还是应该有一定延续性和一贯性的,不能朝令夕改,特别是一些涉及员工利益的变革举措。比如在理赔体制改革和资金结算体制改革中,由于未见成效,公司就选择了反悔的下策,把独立出去的人重新推回去。这不仅是否定了自己的变革,也让那些因为变革而命运跌宕的员工感觉到不公。又如在目标承接任务的变革中,预期中应该获得的收入泡了汤,那些由于利益激发出来的变革热情被直接泼了冷水,整个变革的信任基础也就彻底坍塌。

而在本次公司变革中,前后有别最为突出的表现在于建章立制和一事一议上。斯总实际上并不喜欢家长制的领导作风,也希望构建一个"法治"的环境,而不是依靠"人治",以制度说话,任何事情都能够照章办理。然而,在真正执行的时候,由于建立制度在前,凡事不可能周全,因此各类例外总是如影随形。以持证上岗为例,公司规定首先从两核负责人开始,要考试及格方可上任;在提拔公司原有干部时,这一条规定得到了严格执行,且对试卷的难度还提出了更高的要求;而当引进人员无法通过考试时,又可以额外考虑,在一些制度、流程、指标计算方式上给予放宽。又比如在宣布了新入司人员须有本科及以上学历,且必须为全日制二本以上之后,某个引进人员仅持有高中文凭却得到了特殊对待,甚至给予管理岗位。天下没有不透风的墙,这样的事情多了,员工怎会不议论?为了防止矛盾和纠纷,但凡公司出台的制度,必定注明"一事一议""特殊情况另行研究",制度的严肃性大大削弱,"法治"最终还是沦为了"人治"。

言而有信,领导方能服众;前后一致,制度才有效力。前后如一、公平处事,也是变革得以贯彻执行的一大根本。

四、案例分析的相关概念和理论

1.组织变革的基本认识

组织变革是指组织为了适应内外部环境条件的变化而对企业内部进行的调整与创新,进而达到组织生存与发展的目的。当组织原先的稳定与平衡无法满足新的形势时,企业就需要通过变革,建立新的模式。组织变革涉及组织行为、结构、制度、成员和文化等方方面面,是一项系统工程。

(1)组织变革的动因和征兆

组织变革既有外因促使,也有内因拉动,有的组织会因为预见到机会或威胁而主动变革，有的组织则是迫于威胁和生存的压力而被动变革。总体而言，组织变革的原因无外乎内外两种。

外部因素主要包括：一是市场竞争因素，这是直接的变革诱因，如市场需求环境的变化、竞争对手采取了某些举措；二是信息技术的推动，如电子商务的兴起等；三是受宏观经济环境变动的影响，如国家政策导向变化、行业兴衰变化等。

内部因素主要包括：一是组织成长周期中的内部需求变化，如初创期的组织需要提升竞争力，稳定期的企业需要占据行业地位，衰退期的企业需要寻找出路以实现多元化和其他创新等；二是组织内部成员权力关系的制衡，如组织领导层变动时，新任领导往往会有开拓性的经营理念，管理层也较易出现前瞻性和危机意识的引导力量；三是组织战略发展目标的调整，组织的价值观变化等。

很多时候，即使不变革，企业仿佛也能运转，但是如果真的等到企业无以为继时，变革也晚了。因此变革必须要抓住组织中的些微征兆，未雨绸缪，及时发动。预示变革的征兆主要有以下几个方面。

1）经营业绩的恶化：业务发展放缓，市场占有率缩小，经济效益连续下滑甚至亏损，产品质量或服务水平下降，企业信誉下降等。

2）经营创新的缺失：面对激烈的竞争反应迟钝，欠缺新的战略和适应性措施；管理理念陈旧，缺乏产品和技术的更新，产品无市场，销量下降。

3）组织效率的降低：决策失灵、机构臃肿、冗员膨胀、职责重叠、扯皮增多；管理成本上升，企业无法有效把握市场有利机会，处于被动。

4）员工士气的低落：组织内缺乏信任，员工缺乏工作积极性和主动性，员工沉默，沟通阻塞，纪律松散，人心涣散，员工怨声载道，满意度下降，旷工率、告假率、离职率增高，人事纠纷频发。

（2）组织变革的模式

组织变革主要有三种方式。

1）以结构为重点的变革，包括权力关系、协调机制、集权程度、职务与工作再设计等其他结构参数的变化。目前结构变革的主要趋势是扁平化、弹性化、虚拟化和网络化等。

2）以技术与任务为重点的变革，包括对作业流程与方法的重新设计、修正和组合，更换机器设备，采用新工艺、新技术和新方法等。

3）以人为重点的变革，主要是指对员工在态度、技能、期望、认知和行为上的改变，变革的主要任务是组织成员之间在权力和利益等资源方面的重新分配。

卢因针对组织成员的心理态度和行为提出了变革三阶段模型,包括解冻、变革、再冻结三个步骤。解冻是找出变革的动机,要让组织成员发现其现有行为与期望行为之间的差距,树立变革的心理准备,增加推动力、减少抑制力。变革是员工学习的过程,要根据新的要求培训员工,使他们建立新的行为和态度。再冻结是巩固变革成果,通过必要手段,固化新的行为和态度,形成规范。

科特认为,在变革的过程中对变革的领导与管理非常重要。他提出的变革模型包含八个步骤:建立急迫感、建立联盟、确定愿景与战略、宣传变革愿景、授权员工实施行动、产生短期成果、巩固成就、使变革制度化。

卡斯特的组织变革过程模型包括六个步骤:一是审视状态,对组织内外环境状况进行回顾、反省、评价、研究;二是察觉组织中的问题,确定组织变革的需要;三是辨明差距,找出现状与所希望目标之间的差距,分析问题原因;四是设计提出多种备选方案,经过讨论和绩效测量后做出选择;五是实行变革,根据所选方案及行动计划,实施变革行动;六是反馈,评价变革效果,反馈改进。如果有新的问题,则重新进入循环。

2.变革的阻力与抵制

(1)变革的阻力源

组织变革在某种程度上是一种“创造性破坏”,这种带着冒险意味的行为必然带来不同的观念碰撞、不同的利益纷争、不同的关系调整,因此变革经常会遭遇抵制阻力。变革阻力是指反对企业变革、阻挠变革、甚至对抗变革从而妨碍组织变革进程的力量。按照来源主体阻力可以分为以下几类。

1)个体阻力

个人迷恋传统,苟安现状,习惯于原有的秩序和章程,害怕变革。形成了心理定式(职业心向),喜欢按自己的惯常模式做出行为反应。害怕变革会带来利益和权力的重新分配,从而引起抵制。

2)群体阻力

当变革影响到组织中的各类团体在长期工作中形成的习惯化或模式化的行为方式,会产生变革抵制。工作中形成的群体规范和组织中的非正式组织关系也会成为约束组织成员行为的重要惯性。

3)组织阻力

对原有权力和地位的维护。人们不会轻易失去已获得的地位和权力,因而在思想和行动上会以各种形式抵制对地位和权力有危险的变革。任何一种新的主意和对资源的新用法都会触犯组织的某些权力,所以往往会受到抵制。

4)企业文化阻力

企业文化一旦形成,就会表现出一种规范性的惰性。组织的惯性思维可以帮助组织稳定现状,但其对于组织的进一步变革却会产生障碍。一旦面临突变,这种曾经培育了成功的文化会迅速成为变革的障碍。当企业组织变革形成新的文化冲击时,旧的企业文化会通过各种途径进行自我保护,抵抗新文化的入侵。

(2)变革的抵制与转化

尽管组织变革的阻力来自组织内外部的方方面面,但是一般都更多地将企业变革失败归因为内因,这其中最为突出的即为员工抵制,可以是底层员工,也可以是中层甚至是高层。许多员工的抵制倾向来源于对于变革的本能反应。

1)员工抵制情绪的原因

综合而言,引发组织变革抵制的原因主要有:

①个体与全局利益的取舍。个体容易从狭隘的私利出发,不顾组织的整体利益,不能接受变革中的权益再分配而损害到自身的既得利益。

②对变革发动者信心不足。对变革的意义不明了,对变革的紧迫性和必要性认识不到位,甚至认为变革发动者动机不纯,或者是怀疑其实施变革的能力。

③对变革的后果估计不足。对变革的阶段性问题猜疑,放大问题,对变革缺乏耐心,散布负面信息,认为变革可能达不到预期效果,可能会对组织、个人利益产生损害。

④顾虑自身的技能和知识过时,视变革为威胁,担心自己遭遇淘汰或者丧失原有地位,这类人多指那些墨守成规、进取心不强或是高龄的员工。

⑤其他心理障碍包括固定思维、习惯、惰性、不愿意做先行者、对风险规避、缺乏勇气和必要的心理承受能力等。

2)员工抵制的转化

①沟通宣传,营造氛围。一是营造危机感,激发员工变革的愿望;二是要充分描绘美好前景从而为变革指出大的方向,提供变革的动力,这个美好前景应该是可想象的、有价值的、有吸引力的、可行的;三是适时提供信息,及时交流,澄清传言,让员工理解变革的意图和方案,为变革营造良好的氛围。

②加强参与,形成合力。尽可能听取员工的意见和建议,让员工参与到变革决策,甚至可以将部分决策权和行动权赋予变革积极分子。在合适的情况下,恰当加强变革压力,如在员工晋升、奖励、工作调动等方面给不愿变革的员工施加一定的压力。

③计划周密,适时激励。制订细化缜密的变革计划,注重阶段性成果,如果

经过艰苦努力,付出很多之后却并没有比原来更好甚至更差,员工对变革的积极态度会褪去热度,因此有必要通过一定安排迅速构建使员工获利的短期效益。

④培养中坚,树立榜样。稳住关键人员,在适当的时候可以给出某种承诺,消除他们的心理顾虑,让他们感受到自己的价值和地位,安心工作。树立变革进取精神,起用具有开拓创新能力的人才。

⑤把握节奏,消弭冲突。在不影响变革的实际把握以及变革效果的情况下,尽量放慢节奏,用渐进性变革给员工较为宽松的自我转变环境,从而减少激烈的抵制。时刻关注员工的心理变化,创造信任和相互尊重的气氛,给员工提供安全的心理环境。

五、案例分析关键要点

(1)从各种表面现象的后面把握本质是本案例问题分析的关键。通过课程教学,多数同学一般已经具有一定的组织行为学和组织变革方面的理论知识,但在分析问题时往往容易就事论事,缺乏深入的考虑。引导学生运用已学知识或理论,高屋建瓴地进行问题探讨是案例分析应该重点关注的。

(2)在案例分析过程中,要有效引导学生进行理论与案例故事相结合的思考。天长保险浙江公司在变革中的问题可归纳为三个方面,即“变革速度与节奏”“变革机制设计与同盟塑造”以及“变革与公平”。具体体现在:变革时机选择欠周详,变革过于频繁;机制设计中对人的重视有所不够,顶层设计不完善,公司上下未能做到同心同德;公平性方面有所忽略,造成了员工对变革的抵制心理。在分析的过程中,可将讨论的主要着眼点放在本次公司变革出现的一些实际问题中,并通过天长保险公司的变革历史相互印证。

(3)总结点评要突出以下要点:一是对于组织行为学、组织变革等学科理论知识点的系统性综合应用;二是运用所学知识深入分析问题,解决问题的思维能力;三是案例分析框架思路的合理性与问题探讨的深度。

六、建议课堂计划

本案例可以运用于“组织行为学”课程中的组织变革与发展内容的教学过程中,以案例讨论课形式来进行。以下是按照时间进度提供的课堂计划建议。整个案例课的课堂时间控制在 90 分钟,若需要在课堂中进行现场小组讨论,则需要 135 分钟。

1.课前计划

可提前一周发放案例,提出启发思考题,请学生在课前完成阅读和初步思考。并让学生在课前分小组进行预先讨论,并准备发言,事先告知每组发言要求。也可根据教学需要,在课堂教学中当场展示、当场讨论。

2.课中计划

(1)简要的课堂前言,明确案例研讨主题,告知小组讨论要求(10分钟);

(2)分组讨论,每组人数控制在5～7人为宜(35分钟);

(3)小组发言,随机抽取各小组中1～2名成员报告案例分析讨论结果(每组7～9分钟,控制在45分钟);

(4)引导全班同学,进一步就与课堂教学内容相关的侧重点和关键性问题等方面展开分析和讨论,特别需要注重引导学生对于组织变革的两难性和复杂性的认识,深入探讨组织变革中那些会阻碍组织成员接受变革、支持变革、推动变革的因素,启发学生对组织变革过程中各种表面问题的背后原因进行分析,合理促发同学们在讨论活动中的观点碰撞,帮助学生设计有针对性的合理管理对策方案(30分钟);

(5)教师对同学们的分析讨论发言进行归纳总结和学习引导,有见解地给出有理论深度的问题解答,形成恰当的管理认识,提出有针对性的管理解决方案,实现相应教学目标(15分钟)。

3.课后计划

若有必要,可以请本科同学针对案例中某个方面的情况,采用书面作业形式分别给出更为深入具体地问题分析与解决方案,以此作为课程作业。

对于有实践经验的MBA学生,可以让他们根据案例讨论中所获得的感悟和所学组织变革理论知识,以自己所在的公司为例,撰写组织变革方面的简要案例,归纳总结公司变革活动中发生的问题,分析原因,提出管理解决方案,以此作为课程作业。

七、参考文献

[1] 伯特・迈克尔斯.领导公司变革[M].陈世珍,等译.北京:中国经济出版社,2001.

[2] 陈静.组织变革中员工心理契约与组织承诺的关系研究[D].浙江大学,2008.

[3] 程兆谦.企业变革中的员工抵制与转化[J].中外管理导报,2001(4):43－44.

[4] 冯晓玲.组织变革知觉对工作不安全感的影响过程研究[D].浙江大学,2010.

[5] 蒋明.论中小型财产保险公司的发展[J].保险研究,2005(2):26—30.

[6] 吴毓婷.组织变革中员工的变革认知、变革抵制倾向与组织承诺关系研究[D].浙江大学,2010.

[7] 肖文艳.组织变革时期的人力资源管理研究:基于GECC公司的组织变革时期人力资源管理案例分析[D].中山大学,2010.

[8] 约翰·科特,丹·科恩.变革之心[M].刘亚祥,译.北京:机械工业出版社,2003.

[9] 余世维.企业变革与文化[M].北京:北京大学出版社,2005.

[10] 张启航.员工对组织变革的行为立场二元选择机制研究:基于情绪的差异作用[D].浙江大学,2011.

[11] 赵娅.组织变革中的人力资源管理——国内理论综述与研究展望[J].商业经济研究,2011(31):93—94.

[12] 朱其权,龙立荣.变革公平研究评述[J].心理科学进展,2011,19(6):925—932.

攀钢钢钒的现金选择权之痛①

摘　要：本案例描述了攀钢钢钒两次实施重大资产重组和现金选择权的过程。攀钢钢钒第一次吸收合并重组失败，第二次资产置换重组成功；第一次现金选择权面临巨大的行权压力，第二次现金选择权则几乎没有被行使。整个过程历时超过4年，期间国际金融危机爆发、国内宏观经济与政策变动、钢铁行业动荡、股票市场剧烈波动。作为一种中小投资者利益保护机制，现金选择权制度是我国证券市场独有的创新，攀钢钢钒案例能够为我们分析现金选择权制度的作用和机理提供正反两种情境下的证据。

关键词：现金选择权；授予对象；行权价格；中小投资者

2005年4月，具有里程碑意义的上市公司股权分置改革正式启动，上市公司掀起了一波整体上市的热潮。由于攀钢集团控股的3家上市公司攀枝花新钢钒股份有限公司(000629.SZ，以下简称攀钢钢钒)、攀钢集团重庆钛业股份有限公司(000515.SZ，以下简称攀渝钛业)和攀钢集团四川长城特殊钢股份有限公司(000569.SZ，以下简称长城股份)之间存在一定程度的同业竞争和关联交易，投资者对攀钢钢钒、攀渝钛业和长城股份的资产整合和攀钢集团的整体上

---

①本案例由浙江大学管理学院的姚铮、程越楷、王笑雨撰写，系根据三位作者在《管理案例研究与评论》2013年第2期发表的研究型案例论文"现金选择权制度作用机理研究——以攀钢钢钒为例"改写而成。作者拥有著作权中的署名权、修改权、改编权。未经允许，本案例的所有部分都不能以任何方式与手段擅自复制或传播。

本案例荣获"2013年全国MPAcc优秀案例"，由中国专业学位教学案例中心案例库收录，并授权中国专业学位教学案例中心使用。

本案例于2013年12月收录，文中叙述保留收录时的时间点。

本案例只供课堂讨论之用，并无意暗示或说明某种管理行为是否有效。

市充满憧憬。2007 年 3 月 7 日，攀钢集团总经理罗泽中在接受十届全国人大会议媒体采访时表示，“攀钢集团计划未来将实现整体上市”。攀钢钢钒在 2007 年 4 月 2 日披露的 2006 年年报中提出“要推进集团普钢产业整合及整体上市”。2007 年 5 月 29 日，《21 世纪经济报道》称“攀钢集团的整体上市将加快步伐”。对此攀钢钢钒发布公告，称“为避免同业竞争，进一步降低关联交易，公司实际控制人攀钢集团确有通过攀钢钢钒实施普钢产业整体上市意向”。2007 年 8 月 13 日，攀钢系 3 家上市公司同时发布公告称，因攀钢集团有重大事项需与本公司协商，公司股票于即日起停牌，攀钢集团整体上市的大幕正式拉开。

一、三家上市公司概况

攀钢钢钒于 1993 年由攀枝花钢铁(集团)公司(简称攀钢集团)旗下攀钢集团板材股份有限公司发起设立，攀钢集团为攀钢钢钒的控股股东。1996 年 11 月，攀钢钢钒在深圳证券交易所上市。攀钢钢钒主营钢铁冶炼及钒制品加工，主要产品包括热轧钢、冷轧钢、型材钢及钒钢制品四大类 50 多个品种。2006 年，攀钢钢钒完成钢产量 473.3 万吨，实现主营业务收入 158 亿元、净利润 8.15 亿元，在沪深两市 32 家钢铁行业上市公司中主营业务收入排名第 14、净利润排名第 10、股东权益排名第 9。

攀渝钛业的前身为重庆化工厂，1993 年 7 月在深圳证券交易所上市。公司主营金红石型和锐钛型钛白粉，具备 3.6 万吨的钛白粉产能，是我国最大的钛白粉生产基地之一。从 1996 年开始，攀渝钛业连续 4 年亏损，严重资不抵债，股票被暂停上市长达两年。2000 年长城资产管理公司对攀渝钛业进行债务重组，2002 与 2004 年攀钢集团两次受让长城资产管理公司持有的攀渝钛业股份，攀钢集团成为攀渝钛业的控股股东。

长城股份于 1988 年由长城特殊钢公司改制设立，1994 年 4 月在深圳证券交易所上市。公司主营不锈钢、精密钢管、碳结构钢等特殊钢材的冶炼与加工，具备年产 65 万吨的粗钢产能。2004 年攀钢集团与其关联方攀枝花钢铁有限责任公司对长城股份的控股股东攀钢集团四川长城特殊钢有限责任公司进行重组，攀钢集团成为长城股份的间接控股股东。由于连续两年亏损，2007 年 4 月长城股份的股票交易被实施退市风险警示。

二、第一次资产重组与现金选择权的实施

2007 年 11 月 5 日，攀钢系 3 家上市公司同时发布资产重组董事会决议公

告，攀钢钢钒将以换股方式吸收合并攀渝钛业与长城股份，并向攀钢集团及其关联方发行不超过7.5亿股A股，购买不超过75亿元的钢铁等经营性资产，从而实现攀钢集团的整体上市。吸收合并的换股价格为3家上市公司定价基准日前20个交易日的交易均价。攀钢钢钒和攀渝钛业的定价区间为2007年7月16日至8月10日，由于长城股份7月20、23和24日停牌，其定价区间为7月11日至8月10日。攀钢钢钒、攀渝钛业和长城股份的换股价格分别为9.59元、14.14元和6.50元，被吸收合并的两家公司股东还可获得20.79%的换股溢价，由此确定攀渝钛业和长城股份股票分别按照1∶1.78和1∶0.82的换股比例[1]转换为攀钢钢钒股票。资产重组方案授予攀钢钢钒、攀渝钛业和长城股份除攀钢集团及其关联方外的所有股东现金选择权，拥有现金选择权的3家公司股东有权按各自的换股价格换取现金，相应的股份过户给第三方。攀钢钢钒吸收合并攀渝钛业和长城股份的议案与增发新股购买资产的议案共同构成资产重组不可分割的整体，其中任何一项议案如果不能通过3家公司股东大会的表决以及证监会和国资委等政府部门的审批则重组议案失效而终止实施重组。现金选择权议案是吸收合并议案的子议案，现金选择权的实施须以攀钢系资产重组通过所有表决和审批程序为前提。

2008年4月下旬，攀钢系3家上市公司股价均已跌破各自现金选择权行权价格，然而鞍山钢铁集团公司（简称鞍山钢铁集团）接过了“烫手的山芋”，于5月9日宣布成为攀钢系资产重组的现金选择权第三方。8月上旬，受现金选择权方案有变传言的影响，攀钢系3家上市公司股价突然大幅度下跌。8月15日，攀钢系3家上市公司同时发布公告称，鞍山钢铁集团通过二级市场买入本公司股票达到5%。公告指出：“鞍山钢铁集团买入股票的目的是降低3家公司社会公众股东行使现金选择权所需成本，鞍山钢铁集团在未来12个月内不排除在合适的市场时机下通过深圳证券交易所继续增持3家公司的股份。”公告当日攀钢系3家上市公司股票跳空高开并收于涨停，公告后的5个交易日3家公司股价累计涨幅均超过20%。9月10日，攀钢系3家上市公司再度发布公告称，鞍山钢铁集团通过二级市场买入本公司股票达到10%。公告当日3家公司股价高开低走，仅上涨1%左右。实施吸收合并前，鞍山钢铁集团持有攀钢钢钒、攀渝钛业和长城股份的股票分别占各自总股本的11.57%、13.82%与13.49%。

---

[1] 攀渝钛业换股比例的计算：14.14÷9.59×（1+20.79%）=1.78；长城股份换股比例的计算：6.50÷9.59×（1+20.79%）=0.82。

始于2007年4月的美国金融危机于2008年9月升级为全球金融海啸，我国经济开始受到全面的冲击。我国GDP增速2007年第三季度为11.5%，2008年第三季度降至9.0%。CPI涨幅在2008年2月创下8.7%的11年新高后迅速走低。为了刺激经济的增长，2008年9月我国央行货币政策突然由“稳健”转向“宽松”。攀钢钢钒2007年年报称：“2007年我国钢铁工业在经历快速增长后正在进入结构调整优化和平稳较快发展的新阶段。”2008年年报则写道：“2008年受全球金融危机影响，中国经济下行压力巨大，钢铁产品出口严重受阻，下游房地产、汽车等行业需求低迷，钢材价格深度暴跌，钢铁行业遭遇市场‘寒冬’，钢铁企业盈利能力普遍下降。”沪深两市全部钢铁行业上市公司2007年的平均净资产收益率为16.52%，2008年降至5.75%，降幅达65.20%。深证成指于2007年10月10日触及19600.03点的历史最高点位后快速下挫，2008年10月28日跌至5577.23点，跌幅高达71.54%；其间深圳市场股票平均市盈率从73.47倍骤降至14.33倍，下降幅度为80.50%。

2008年10月24日，攀钢钢钒发布第二次现金选择权公告称，鞍山钢铁集团将向攀钢系3家上市公司放弃现金选择权的股东追加提供一次现金选择权。公告当日攀钢系3家上市公司股票跳空高开并收于涨停，公告后8个交易日3家公司股价累计涨幅均超过14%。11月5日，攀钢钢钒公布了第二次现金选择权方案，原攀钢钢钒股东获得的第二次现金选择权行权价格的定价依据为在第一次现金选择权行权价格的基础上加上参照同期固定收益产品的市场收益率所确定的资金时间价值；原攀渝钛业和长城股份股东换股后获得的第二次现金选择权行权价格则是在原攀钢钢钒股东获得的第二次现金选择权行权价格的基础上扣除换股溢价。因此，在第一次现金选择权申报期截止日未全部行权的攀钢钢钒股东获得的第二次现金选择权行权价格为10.55元，数量等于其所持有且未于第一次现金选择权申报期内申报行使现金选择权的攀钢钢钒股票的数量；在第一次现金选择权申报期截止日未全部申报现金选择权的攀渝钛业和长城股份股东所持有的股票转换为攀钢钢钒股票，并获得第二次现金选择权，行权价格为8.73元[①]，数量等于其换股后所持有的攀钢钢钒股票数量。同时，攀钢集团承诺，攀钢钢钒2008和2009年度各现金分红每股0.12元。第二次现金选择权采取权利锁定股东账户的方式，即现金选择权不可以转让，股票可以转让。第二次现金选择权的申报期为第一次现金选择权申报期截止日后

① 由于攀渝钛业、长城股份的股东换股时享受了20.79%的溢价，因此用攀渝钛业、长城股份股票换股形成的攀钢钢钒股票现金选择权行权价格为：10.55÷(1+20.79%)=8.73元。

两年。

2008年12月25日,攀钢系资产重组获证监会批准,资产重组所需的所有表决与审批程序得以完成。2009年3月31日,攀钢钢钒确定现金选择权申报时间表,第一次现金选择权申报期为2009年4月9日至23日,第二次现金选择权申报期为2011年4月25日至29日。第一次现金选择权申报期截止前,工商银行、建设银行、中国银行、光大银行和中信银行分别推出利用攀钢钢钒第二次现金选择权进行套利的理财产品,委托中海信托、中国对外经贸信托、中诚信托、中信信托和金港信托买入并持有攀钢钢钒股票,通过行使第二次现金选择权获利。上述理财产品的规模合计约95亿元。上汽财务公司及其一致行动人上汽集团合计买入2.22亿股攀钢钢钒,私募基金"中信信托—套利通2号"和海通证券各买入超过1亿股攀钢钢钒,投资策略同样为通过行使第二次现金选择权获利,上述4家机构合计投入套利资金约40亿元。

在第一次现金选择权申报期内3家公司股票不停牌,申报期截止后3家公司股票将停牌至完成吸收合并。申报期截止日攀钢钢钒、攀渝钛业和长城股份分别收于9.70、15.29和7.05元,高于各自现金选择权行权价格1.15%、8.13%和8.46%[①]。第一次现金选择权申报期内,共有263万股攀钢钢钒和0.77万股攀渝钛业申报行权,分别仅占两家公司有现金选择权股份的0.1071%和0.0023%,没有长城股份的股东申报行权。2009年4月27日,鞍山钢铁集团向未行权的原攀钢钢钒、攀渝钛业和长城股份股东分别派发19.92亿、2.03亿和1.95亿份第二次现金选择权。同年5月6日,攀钢钢钒完成对攀渝钛业和长城股份的换股吸收合并,即日起攀钢钢钒股票恢复交易,复牌后7个交易日累计跌幅高达14.64%。

2009年8月12日,攀钢钢钒向攀钢集团及其关联方定向增发的股份上市,标志着攀钢集团整体上市全面收官。然而资产重组的实际效果与重组公告中的预测大相径庭,资产重组前的2007年、2008年攀钢钢钒的每股收益分别为0.31和−0.14元,资产重组后的2009年每股收益却为−0.27元,每股收益不升反降[②]。2010年4月28日,攀钢钢钒因连续两年亏损,股票交易被实施退市

---

① 由于第二次现金选择权80%左右来自原攀钢钢钒股票,投资者预期重组后的攀钢钢钒股价在第二次现金选择权行权时不会跌破较高的行权价格10.55元,而用攀渝钛业和长城股份换股可以获得20.79%的溢价,买进攀渝钛业或长城股份有可能获得比攀钢钢钒更高的收益。

② 资产重组并没有改变原攀钢钢钒股东的持股数量,因此资产重组前后的每股收益具有可比性。

风险警示[①]。

三、第二次资产重组与现金选择权的实施

2009年以后，国际金融危机开始缓解，欧美等发达经济体央行纷纷推行量化宽松政策，但经济复苏举步维艰。我国经济在央行宽松货币政策、4万亿元政府投资以及国际热钱流入的影响下率先复苏，GDP增速从2009年第一季度的6.1%回升至2010年第一季度的11.9%。2010年年初，为了应对信贷规模的过快增长，我国央行货币政策重新由"宽松"转向"稳健"，2010年第一季度后GDP增速又开始回落。攀钢钢钒2009年年报指出："2009年是钢铁行业21世纪以来最为困难的一年。"攀钢钢钒在2010年年报中提到："2010年我国钢铁行业总体呈产能过剩、成本上升、钢材价格低位震荡态势，形势依然严峻复杂。"受国际金融危机的影响，沪深两市全部钢铁行业上市公司的平均净资产收益率2009年进一步降至2.40%，2010年回升至6.57%。深证成指2008年10月触底5577.23点后大幅反弹，2009年12月8日涨至14096.87点。此后深证成指再度回落，2010年7月2日跌至8945.20点，深证成指继续反弹的希望已十分渺茫。

2010年7月28日，攀钢集团与鞍山钢铁集团宣布联合重组，新设鞍钢集团公司(以下简称鞍钢集团)，攀钢集团与鞍山钢铁集团均为鞍钢集团的全资子公司。2010年11月2日，攀钢钢钒发布公告称，因鞍钢集团筹划与攀钢钢钒有关的重大事项，攀钢钢钒股票于即日起停牌。2010年12月16日，攀钢钢钒发布资产置换董事会决议公告，攀钢钢钒将以公司的钢铁冶炼资产与鞍山钢铁集团的铁矿石采选资产进行置换。置入、置出资产价值总额均超过100亿元。

置入的鞍千矿业的铁矿保有储量11.50亿吨，可采储量4亿吨，卡拉拉铁矿的磁铁矿资源量25.18亿吨，磁铁矿储量9.775亿吨。资产置换后，攀钢钢钒将形成990万吨精铁矿的生产能力，远期公司年产能将提升至4810万吨。同时鞍钢集团承诺在资产置换完成后5年内将探明铁矿储量77.2亿吨、年产精铁矿1300万吨的剩余铁矿石采选业务注入攀钢钢钒，在资产置换完成后6个月内，将鞍山钢铁集团现有的铁矿石采选业务交由攀钢钢钒进行托管，直至不存在同业竞争为止。置出的钢铁资产2008年度和2009年度的净利润分别

① 攀钢钢钒因被实施退市风险警示，股票简称变更为"*ST钢钒"。后又因公司更名，股票简称再次变更为"*ST钒钛"。2011年3月25日，攀钢钢钒因2010年扭亏为盈被撤销退市风险警示，股票简称又变更为"攀钢钒钛"。为避免混淆，本文全部使用一开始的股票简称"攀钢钢钒"。

为－32.98亿元和－15.79亿元；置入的鞍千矿业同期的净利润分别为5.67亿元和4.85亿元，预计2010年和2011年净利润5.7亿元和8.5亿元。另一项置入资产卡拉拉铁矿一期项目预计将于2011年投产、2012年达产，达产后年产量1100万吨。资产置换前攀钢钢钒超过80%的营业收入来自钢铁业务，资产置换后40%以上的营业收入来自矿产业务，近40%的营业收入来自钒钛业务。

攀钢钢钒复牌后15个交易日股价累计上涨39.76%，收于12.62元，明显高于第二次现金选择权较高的行权价格。利用现金选择权进行套利的机构投资者开始套现离场。截至2011年上半年末，工商银行、建设银行、中国银行、光大银行和中信银行的理财产品总共套现约60亿元，上汽财务公司、上汽集团、中信信托—套利通2号和海通证券总共套现约35亿元。第二次现金选择权申报期开始前，昆仑信托等8家机构自愿放弃第二次现金选择权，向原攀钢钢钒、攀渝钛业和长城股份股东派发的第二次现金选择权分别有42.93%、38.58%和0.05%被注销，价值总计97亿元。2011年4月29日，第二次现金选择权申报截止，最终仅有1.55万份向原攀钢钢钒股东派发的现金选择权被行使，原攀渝钛业和长城股份股东均未申报行权①，行权压力成功化解。

第二次现金选择权申报期截止后攀钢钢钒股价持续下跌，于2011年5月26日跌破第二次现金选择权较高行权价格。5月27日，鞍山钢铁集团宣布，将在12个月内在攀钢钢钒股价低于10.55元的情况下，增持不超过2%的攀钢钢钒股票。耐人寻味的是，触发增持的价格恰好等于第二次现金选择权的较高行权价格，当日鞍山钢铁集团即增持了0.025%的攀钢钢钒股票。

2011年12月27日，攀钢钢钒的资产置换获得证监会批准，资产置换所需的所有表决与审批程序完成。2011年12月31日，攀钢钢钒的资产置换完成交割，标志着资产置换彻底完成。2012年6月28日，攀钢钢钒与鞍钢集团签署《托管协议》，履行了在过渡期内通过由攀钢钢钒托管鞍钢集团旗下铁矿石采选资产的方式避免同业竞争的承诺。

2012年6月9日，攀钢钢钒公告称公司拟以每股7.42元向不超过10名特定对象非公开发行不超过17亿元A股，募集资金不超过120亿元，用于收购鞍山钢铁集团下属的齐大山铁矿和齐大山选矿厂整体资产和业务。拟收购资产评估价值约为178亿元，具有年产铁矿石1556万吨、铁精矿560万吨的生产能力，2011年净利润18.64亿元。同年8月10日，攀钢钢钒公告称鞍山钢铁集团

① 原攀渝钛业和长城股份股东的行权价格为8.73元，大幅度低于第二次现金选择权申报期截止日攀钢钢钒的收盘价13.24元，因此原攀渝钛业和长城股份股东均未申报行权。

拟出资不超过30亿元认购公司增发的股份，并确保在增发完成后鞍钢集团控制攀钢钢钒的股权比例不低于51%，鞍山钢铁集团本次认购的股份自发行结束之日起36个月内不得转让，同时将拟收购资产的价值调低至130亿元。

攀钢钢钒2012年的财务数据反映了资产置换后的经营状况，2011年的财务数据反映了资产置换前的经营状况。以2011年年末总股本计算的攀钢钢钒2011年、2012年每股收益分别为0.0003元和0.1035元，2012年净利润大幅增长35042%。资产置换后攀钢钢钒的盈利能力大幅提高。

攀钢钢钒在两次重大资产重组中两次实施现金选择权，2007年7月16日至2011年5月30日攀钢系3家上市公司股价与深证成指波动的比较以及攀钢钢钒股票成交量变化如图1所示。可以看到，在垂线A与B之间以及垂线B与C之间，第一次现金选择权和第二次现金选择权都对股价产生了显著的影响。

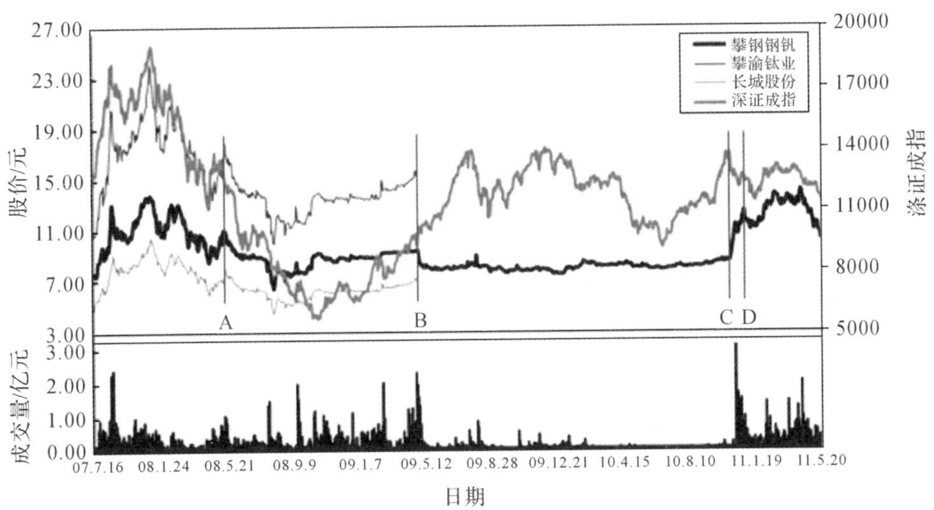

图1 攀钢系3家上市公司股价与深证成指波动比较以及攀钢钢钒股票成交量

四、结束语

攀钢钢钒在经历了现金选择权之痛后，从原先的主营钢铁兼营钒钛的大型钢铁生产企业转型为专注于矿产开发及钒钛综合利用的资源型企业。在已有的现金选择权案例中攀钢钢钒是最为复杂的案例，整个案例过程中包含了两次重大资产重组和两次现金选择权实施。攀钢钢钒案例第一次吸收合并重组失败，第二次资产置换重组成功；第一次现金选择权面临巨大的行权压力，第二次现金选择权则几乎没有被行使。整个过程历时超过4年，期间国际金融危机爆发、国内宏观经济与政策变动、钢铁行业动荡、股票市场剧烈波动。作为一种中小投资者利益保护机制，现金选择权制度是我国证券市场独有的创新，攀钢钢钒案例能够为我们分析现金选择权制度的作用机理提供正反两种情境下的证据。

附录

现金选择权制度简介

作为一种中小投资者利益保护机制，现金选择权制度是我国证券市场独有的创新。现金选择权是指当上市公司拟实施资产重组、合并、分立等重大事项时相关股东按照事先约定的价格在规定期限内将其所持有的上市公司股份出售给第三方或上市公司的权利。资产重组方案由上市公司的大股东通过其所控制的董事会提出，对资产重组方案有异议的股东一般为中小投资者。中小投资者如果有异议却无法在股东大会上否决资产重组方案，应该为异议股东提供退出渠道。

2004 年 4 月，第一百货吸收合并华联商厦，在资产重组方案中首次设置了现金选择权，标志着我国现金选择权制度的诞生。截至 2011 年 8 月底，我国上市公司已经在 48 次资产重组中设置了现金选择权，其中 45 次为上市公司作为重组主体的吸收合并。①

已有案例的现金选择权的行权价格一般为上市公司资产重组首次董事会决议公告日前若干个交易日的股票交易均价。现金选择权的行权期限，即从行权价格定价区间起始日至现金选择权申报期起始日的时间间隔，平均长达 1 年零 4 个月。现金选择权的授予对象一般为除上市公司实际控制人及其关联方外的股东，少数案例中现金选择权仅授予在股东大会上对资产重组议案投反对票的股东。在已有的 48 个案例中，除了 2 个案例的现金选择权由作为吸收合并方的上市公司提供外，其余都由第三方提供。现金选择权的第三方由上市公司实际控制人或其关联方担任，或者由其他的企业或机构担任。

资产重组由上市公司的大股东（或潜在大股东）策划和实施，大股东有可能利用重组谋取私利使上市公司的基本面恶化，即重组失败；也有可能通过重组使上市公司的基本面得到实质性的改善，即重组成功。在重组失败的情况下，

① 其余 3 次使用现金选择权的重组案例为：太平洋证券借壳云大科技；东方电气集团要约收购东方锅炉；东北高速分立为龙江交通和吉林高速两家上市公司。

现金选择权为中小投资者提供了选择现金避免损失的机会，大股东则须因中小投资者行权而付出代价。因此，行权压力促使大股东推出真正能够提升上市公司价值的重组。在已有的案例中，绝大多数重组成功，即使重组失败，现金选择权行权压力也会迫使大股东再次重组，重组后上市公司基本面得到较大的甚至很大的改善，股票价格大幅度高于行权价格，现金选择权有效地发挥了中小投资者利益保护的作用。

我国《公司法》《上市公司章程指引》以及《到境外上市公司章程必备条款》规定，对股东大会做出的公司合并、分立等决议持异议的公司股东可要求公司收购其股份。股份回购为异议股东提供了退出渠道，但回购给上市公司带来的资金压力较大，拟进行资产重组的上市公司一般自身经营状况较差，不具备大量回购股份的条件，因此上市公司在资产重组中很少采用股份回购来保护异议股东的利益。《上市公司收购管理办法》规定，要约收购中以依法可以转让的证券支付收购价款的，应当同时提供现金方式供被收购公司股东选择。上述法律及行政法规赋予了异议股东在特定情况下以变现方式实现退出的权利，为现金选择权制度的设立提供了法律基础。

TEACHING NOTE

案例使用说明

一、教学目的与用途

（1）本案例可作为MBA、EMBA学员“企业并购”“投资银行管理”“公司理财”“财务管理”“投资学”等课程的教学案例，也可作为商科本科生相关课程的教学案例。

（2）本案例是一篇描述攀钢钢钒的重大资产重组过程中现金选择权如何发挥作用的教学案例，其教学目的在于使学生了解作为中小投资者利益保护机制的现金选择权设计以及现金选择权对并购公司大股东、现金选择权第三方、套利交易者、中小投资者等利益主体的影响。

（3）现金选择权制度是中国证券市场特有的创新，这是一个可用于理论构建的案例。学生可以通过本案例的学习，了解如何通过纵向的、情境化的分析构建新的理论。

二、启发思考题

（1）现金选择权的主要条款有哪些？应该如何设计？

(2)现金选择权如何影响标的股票的市场价格？

(3)现金选择权通过什么途径发挥中小投资者利益保护作用？

(4)现金选择权的行权期限与第三方承担的风险存在什么样的关系？

(5)现金选择权在什么情况下成为投机者的套利工具？

三、分析思路

1.对第一次现金选择权方案的分析

通过分析媒体对攀钢系3家上市公司的报道和公告，发现投资者对攀钢系资产整合存在预期，进一步计算攀钢系3家上市公司在第一次资产重组公告前的超额收益率以及将3家公司公告前一交易日的估值水平与同行业平均水平比较，得出攀钢系3家上市公司资产重组公告前的股价已包含重组预期的结论。第一次现金选择权的行权价格以重组公告前的交易均价为基准的做法合理，但行权价偏高。计算第一次现金选择权的行权期限，分析期限内宏观经济、钢铁行业和股票市场的变化，得出第三方承担了过多风险的结论。分析第一次现金选择权授予对象，发现现金选择权不仅仅授予异议股东会引发针对现金选择权的套利行为，使有损上市公司利益的资产重组方案得以通过。通过计算攀钢系3家上市公司第一次资产重组公告前的估值和重组后存续公司的股权结构，得出换股比例损害了攀钢钢钒股东利益的结论。

2.对第二次现金选择权方案的分析

计算攀钢钢钒第二次现金选择权作为固定收益证券的收益率并比较第二次现金选择权的行权价格对应的估值与钢铁行业的平均估值，发现行权价格脱离3家上市公司基本面，使股票演化成债券。分析第二次现金选择权的行权期限内宏观经济、钢铁行业和证券市场的变化并比较攀钢钢钒的行权价格对应的估值和钢铁行业的估值，得出第二次现金选择权的行权压力依然很大的结论。分析第二次现金选择权授予对象，现金选择权与股票分离有利于保持攀钢钢钒股票的流动性。

3.对大股东重组动机的分析

分析攀钢系3家上市公司的主营业务和经营业绩，攀钢钢钒在资产重组中向攀钢集团购买的资产的质量以及资产重组对攀钢钢钒经营业绩的影响，发现攀钢集团重组攀钢钢钒的目的是分享资本市场的估值溢价，资产重组使攀钢钢钒的股票价值受到侵蚀。分析攀钢集团和鞍山钢铁集团的联合重组与攀钢钢钒和鞍山钢铁集团的资产置换方案，以及资产置换对攀钢钢钒股票价格和经营业绩的影响，发现现金选择权的行权压力迫使大股东推出资产置换方案，资产置换显著改善了攀钢钢钒的基本面，使股价大幅上涨，行权压力解除。

4. 对第三方行为的分析

分析我国钢铁行业的竞争格局，发现鞍山钢铁集团出任第三方的目的是并购攀钢集团。通过分析攀钢系 3 家上市公司的股本结构和股价，发现尽管履行第三方义务需要的现金巨大，但鞍山钢铁集团认为行权概率不大，对出任第三方的风险缺乏审慎考虑。分析鞍山钢铁集团对攀钢系 3 家上市公司的增持行为和 3 家公司股票的市场反应，以及第二次现金选择权公告后 3 家公司的市场反应和第一次现金选择权行权结果，发现鞍山钢铁集团的增持及推出第二次现金选择权的目的是缓解第一次现金选择权的行权压力。

5. 对投资者套利交易的分析

分析攀钢钢钒 2008 年 5 月至 2009 年 6 月的连续平台走势及不同平台之间的公司信息，发现攀钢钢钒的股价取决于现金选择权行权价格、套利交易风险大小及套利资金的时间价值，攀钢钢钒的股价脱离基本面。分析审议资产重组的股东大会前的股价及股东大会对重组的表决结果，发现投资者投同意票的目的是利用现金选择权套利。分析第一次现金选择权申报期前机构买入攀钢钢钒、资产置换使攀钢钢钒股价超过第二次现金选择权行权价后机构套现、第二次现金选择权申报期开始前机构放弃现金选择权、仅有极少现金选择权被行使、攀钢钢钒换手率发生异常变化等现象，可以发现大量机构利用现金选择权进行套利。

6. 对中小投资者利益保护的分析

分析与现金选择权相关的信息对攀钢钢钒在第一次资产重组公告至资产置换公告期间异常的平台型走势的影响，以及从第一次资产重组公告到第一次现金选择权行权申报期截止日攀钢钢钒的超额收益率，可以知道，现金选择权对攀钢钢钒的股价形成支撑，保护了中小投资者的利益，但保护是阶段性的。分析攀钢钢钒股价对资产置换公告的反应、资产置换公告前后攀钢钢钒同步性的变化、第一次资产重组公告至第二次现金选择权行权申报期截止日攀钢钢钒的超额收益率，可以发现，现金选择权行权压力促使的资产置换真正实现了对投资者利益的保护。

四、理论依据

由于现金选择权制度是我国证券市场独有的创新，国外迄今还没有有关现金选择权制度的研究成果发表。在美国、英国等发达国家,保障异议股东退出权利的主要机制为异议股东股份回购请求权(appraisal rights),即当多数股东就公司的兼并或合并、资产出售、章程修改等重大变化做出决议后,少数持异议的股东有权要求公司以公允价值回购其股份,并且异议股东有权就其股份的估值请求司法鉴定。异议股东股份回购请求权在美国已有150多年的发展历史,并且各州的立法均有所差异,情况十分复杂,从而引发了学术界广泛的研究和争论。

Manning(1962)、Seligman(1984)等从触发事件、适用主体、估值方法、司法程序等方面对各州的股份回购请求权立法进行了比较和归纳,并针对一些立法缺陷提出了改进建议。由于估值的公平性是异议股东能否实现公平退出的关键因素之一,很多研究聚焦于估值方法的比较和选择(Rams,1975;Calio,1994;Hamermesh和Wachter,2005),还有学者采用实证方法检验了估值方法和估值准确性之间的关系(Chen、Yee和Yoo,2007)。股份回购请求权立法的初衷是为异议股东提供公平退出的渠道,然而,越来越多的学者发现了它的一个更为重要的作用机理——监控并约束多数股东进行有损少数股东利益的交易(Siegel,1995;Thompson,1995;Wertheimer,1998a,1998b)。他们认为股份回购请求权对少数股东的保护主要是通过这一作用机理实现的,并提出了一些立法建议以使这一作用得到更好的发挥。股份回购请求权可能难以为少数股东提供充分的保护,多数州立法允许少数股东在此种情境下请求其他救济,Lynch(1977)、Carney(1980)、Coleman(1984)、Bahls(1990)、Gardner(1992)、Miller(1999)等学者论证了这一立法原则的合理性,并提出了一些选择救济方式的标准。

尽管现金选择权制度在我国已有一定的实践,但是迄今既没有比较严谨的学术性相关研究成果也没有比较系统的总结性相关研究成果发表,能够查阅到的只是一些面向股票市场投资者的简要评论。可见,关于现金选择权制度的作用机理目前还存在很大的理论缺口。

五、案例分析

1.第一次现金选择权方案分析

(1)现金选择权行权价格分析

2007年以后,攀钢集团及其控股的3家上市公司攀钢钢钒、攀渝钛业、长城股份均多次表示了攀钢集团整体上市的意向。攀钢系3家上市公司重组后将成为一家以钢铁为主业的上市公司，应该用钢铁行业指数来计算重组公告发布前3家公司股票的累计超额收益率。以大智慧钢铁指数为基准收益率，攀钢钢钒、攀渝钛业和长城股份资产重组公告前20个交易日的累计超额收益率分别为2.61%、13.53%和23.37%[①]，表明资产重组公告前股票价格确已包含资产重组的预期。

按2007年8月10日即资产重组公告前一交易日收盘价以及2006年下半年与2007年上半年净利润之和计算的沪深两市全部钢铁行业上市公司的平均市盈率为19.70倍，全部钛白粉行业上市公司的平均市盈率为135.48倍，攀钢钢钒和攀渝钛业的市盈率分别为41.13倍和187.28倍，分别高出行业平均水平108.78%和38.23%。长城股份2006年下半年与2007年上半年净利润之和为负数，无法计算市盈率。按2007年8月10日收盘价以及2007年上半年末股东权益计算的沪深两市全部钢铁行业上市公司的平均市净率为3.55倍，长城股份的市净率为9.31倍，超过行业平均水平162.25%。

异议股东反对重组，即认为重组对公司不利，或者说不重组公司更有价值。股票市值是公司价值的体现，第一次现金选择权把重组公告前股票交易均价作为现金选择权行权价格的定价依据，可以使异议股东的利益不因重组而受损，因此第一次现金选择权行权价格的定价方法合理。但由于存在投资者过于乐观的重组预期，重组公告前3家公司的估值水平相对于重组前后的基本面都明显偏高，以至于行权价格都明显偏高。

(2)现金选择权行权期限分析

现金选择权的实施须以攀钢系资产重组通过所有表决和审批程序为前提。2008年12月25日，攀钢系资产重组获证监会批准，资产重组所需的所有表决与审批程序才得以完成。攀钢系3家上市公司股票现金选择权行权价格在资产重组方案公布时就确定，定价依据为资产重组停牌前20个交易日的交易均价。第一次现金选择权的申报期为2009年4月9日至4月23日，从行权价格定价区间起始日到现金选择权申报期起始日的时间跨度长达1年零9个月。

2008年下半年，美国金融危机升级为全球金融海啸，中国经济受到巨大冲击，钢铁行业景气度急剧下降，股票市场大幅下跌。外部环境急剧恶化，现金选择权被大量行使已无法避免。2008年10月24日，攀钢钢钒发布公告，鞍山钢铁集团将向攀钢系3家上市公司放弃现金选择权的股东追加提供一次现金选

① 前20个交易日中，长城股份7月20、23和24日连续3个交易日停牌，计算长城股份7月25日复牌当日涨跌幅时，将复牌前一交易日长城股份股价按停牌期间大智慧钢铁指数涨跌幅进行修正。本文在计算复牌日股票涨跌幅时，都采用该方法用相应的指数将复牌前一交易日股价进行修正。

择权。

第一次现金选择权推出后,全球金融危机爆发,宏观经济与政策、钢铁行业以及股票市场都发生了极为不利的变化,使第三方鞍山钢铁集团面临很大的行权压力。为此,攀钢钢钒和鞍山钢铁集团被迫匆忙推出第二次现金选择权,以延缓第一次现金选择权的行权压力。现金选择权行权期限过长,外部环境有可能发生剧烈的变化,使第三方承担过多的风险。现金选择权第三方应当承担资产重组失败的风险,但不应承担除此之外的风险。

(3)现金选择权授予对象分析

根据攀钢钢钒的资产重组公告,现金选择权授予攀钢钢钒、攀渝钛业和长城股份除攀钢集团及其关联方以外的其他所有股东。此次攀钢系的资产重组由攀钢集团筹划并发起,资产重组的目的是实现攀钢集团的整体上市,因此不授予攀钢集团及其关联方现金选择权是必然的。

现金选择权授予攀钢钢钒、攀渝钛业和长城股份除攀钢集团及其关联方以外的其他所有股东,而不是仅授予异议股东。如果除攀钢集团及其关联方以外的股东在股东大会上对资产重组方案投同意票或者投资者在股东大会通过资产重组后买入攀钢系3家上市公司股票均可获得现金选择权。股东在股东大会上对资产重组方案投同意票,然后又行使现金选择权,显然是自相矛盾的,这表明该股东是在利用现金选择权套利。假定所有被授予现金选择权的股东都利用现金选择权套利,则有损上市公司利益的重组也能在股东大会上通过。现金选择权不仅不能发挥保护异议股东利益的作用,反而会使异议股东的利益受损。股东大会通过资产重组是公开的信息,投资者在股东大会通过资产重组后买入股票,就是否同意重组而言,相当于投同意票。

《公司法》第143条规定,“公司股东对股东大会做出的公司合并、分立决议持异议,可以要求公司收购其股份”。可见,《公司法》只赋予对公司重大事项决议持异议的股东变现退出的权利。

建立现金选择权制度的目的是保护异议股东的利益,使异议股东的利益不因资产重组而受损。如果现金选择权不仅授予异议股东,投机者为实现套利在股东大会上对有损上市公司利益的重组方案投同意票,异议股东的利益反而受损。如果现金选择权仅授予异议股东,投机者为获得现金选择权必须在股东大会上对重组方案投反对票,有损上市公司利益的重组方案无法通过,异议股东的利益得到保护。

(4)行权价与换股价差异分析

根据攀钢钢钒的资产重组公告,攀钢系3家上市公司的现金选择权行权价格与各自的换股价格相同，但在确定换股比例时给予攀渝钛业和长城股份的股东 20.79%的溢价，实际上行权价格与换股价格并不相同。

攀钢钢钒的资产重组暨关联交易报告书称，此次吸收合并的换股溢价水平的确定参照了重组前两年内国内股票市场其他以股票为支付方式的吸收合并与要约收购中被收购方股东获得的溢价水平，并且考虑了攀渝钛业和长城股份的经营状况与盈利能力以及两家公司在攀钢集团未来整体战略规划中的地位。报告书所参照的案例均为母子公司之间的资产重组，而攀钢钢钒吸收合并攀渝钛业和长城股份属于同一控制下的资产重组，其他理由的表述则比较笼统。因此，报告书并没有给出 20.79%换股溢价水平的确切依据。

资产重组公告前，攀钢钢钒、攀渝钛业和长城股份的市净率分别为 3.79 倍、9.05 倍和 9.31 倍，攀渝钛业和长城股份的市净率分别高于攀钢钢钒 138.79%和 145.65%。资产重组公告前攀钢钢钒的经营业绩尚可，而攀渝钛业和长城股份的经营业绩较差。因此，资产重组对攀渝钛业和长城股份基本面的改善明显优于攀钢钢钒。资产重组公告前 20 个交易日攀渝钛业和长城股份的累计超额收益率明显高于攀钢钢钒，反映了投资者对两家公司基本面改善的预期。因此，与攀钢钢钒相比攀渝钛业和长城股份资产重组公告前的股价更高于合理估值水平，给予两家公司股东 20.79%的换股溢价并不合理。

如果不考虑攀钢钢钒认股权证行权，给予攀渝钛业和长城股份股东 20.79%的换股溢价使资产重组完成后攀钢钢钒的每股净资产和每股收益均下降 3.46%，原攀钢钢钒股东在存续公司的持股比例从 66.55%下降至 64.25%。因此，换股溢价对攀渝钛业和长城股份股东有利，但使原攀钢钢钒股东的利益受损，并不是对中小投资者利益的整体保护。

《证券法》第 50 条规定，股本总额超过人民币 4 亿元的上市公司，如果社会公众持股的比例低于 10%，则股权分布不再具备上市条件。如果不考虑认股权证行权，攀钢钢钒资产重组后总股本将达 47.60 亿股。如果攀渝钛业和长城股份有现金选择权的股东都行使现金选择权，则攀钢钢钒至少需要有 31.92%的有现金选择权的股东放弃行权，才能使重组后的攀钢钢钒避免退市。攀钢钢钒的《资产重组暨关联交易报告书》坦言，给予两家公司股东换股溢价是为了“鼓励两家公司的股东参与换股”。

与攀钢钢钒相比攀渝钛业和长城股份资产重组公告前的股价更高于合理估值水平，给予两家公司股东 20.79%的换股溢价并不合理。攀渝钛业和长城股份股东为了获得换股溢价必须放弃行权，重组方案给予两家公司股东换股溢价是为了避免攀钢集团整体上市演变成整体退市。

2. 第二次现金选择权方案分析

(1)现金选择权行权价格分析

根据第二次现金选择权公告,原攀钢钢钒股东获得的第二次现金选择权行权价格的定价依据为在第一次现金选择权行权价格的基础上加上参照同期固定收益产品的市场收益率所确定的资金时间价值;原攀渝钛业和长城股份股东换股后获得的第二次现金选择权行权价格则是在原攀钢钢钒股东获得的第二次现金选择权行权价格的基础上扣除换股溢价。如果原攀渝钛业和长城股份股东行使第二次现金选择权,则等于没有参与重组,理应不享受换股溢价。

按照第二次现金选择权的行权价格、吸收合并的换股比例以及攀钢集团的分红承诺,假定投资者在第二次现金选择权公告日买入攀钢钢钒、攀渝钛业或长城股份股票,不申报行使第一次现金选择权,持股至第二次现金选择权申报期行权卖出,分别可以获得 6.57%、6.83%或 6.95%的复合年收益率[①]。由于两年后的行权价格已经确定,此时的攀钢系 3 家上市公司股票与债券相当。当时两年期定期存款的利率为 4.14%,交易所分离纯债市场中的宝钢、武钢、马钢债的二级市场收益率分别为 4.43%、5.03%和 4.85%,作为债券买进攀钢系 3 家上市公司股票然后行权卖出的收益率明显较高。

第二次现金选择权行权价格比第一次现金选择权有 10.01%的溢价,使得按第二次现金选择权行权价格计算的估值水平进一步提高。按 2008 年 11 月 5 日即第二次现金选择权方案公告日收盘价以及 2007 年第四季度与 2008 年前三季度净利润之和计算的沪深两市全部钢铁行业上市公司的平均市盈率为 5.57 倍,而按第二次现金选择权行权价格 10.55 元和 8.73 元计算的攀钢钢钒的市盈率分别为 38.53 倍和 31.88 倍,分别高出行业平均水平 591.74%和 472.35%。按 2008 年 11 月 5 日收盘价以及 2008 年第三季度末股东权益计算的沪深两市全部钢铁行业上市公司的平均市净率为 0.87 倍,而按第二次现金选择权行权价格 10.55 元和 8.73 元计算的攀钢钢钒的市净率分别为 3.11 倍和 2.57 倍,分别超过行业平均水平 257.47%和 195.40%。可见,攀钢钢钒第二次现金选择权的行权价格严重偏离公司基本面。

第二次现金选择权行权价格参照固定收益产品的市场收益率定价使攀钢系 3 家上市公司股票演化为债券,并且收益率明显偏高,行权价格严重偏离公

---

① 按照攀钢钢钒、攀渝钛业和长城股份股票 2008 年 11 月 5 日各自的收盘价 9.50 元、13.99 元和 6.43 元买入攀钢钢钒、攀渝钛业和长城股份股票的复合年收益率分别为 $\sqrt{(10.55+0.12+0.12)\div 9.50}-1=$ 6.5%、$\sqrt{1.78\times(8.73+0.12+0.12)\div 13.99}-1=6.83\%$ 和 $\sqrt{0.82\times(8.73+0.12+0.12)\div 6.43}-1=6.95\%$。

司基本面。第二次现金选择权能够有效化解第一次现金选择权的行权压力，但只是缓兵之计，第二次现金选择权的行权压力更大。

(2)现金选择权行权期限分析

2009 年 3 月 31 日，攀钢钢钒发布公告确定第二次现金选择权的申报期为 2011 年 4 月 25 日至 29 日。从第二次现金选择权方案公告日至现金选择权申报期起始日的时间跨度长达两年半。第二次现金选择权方案推出时，宏观经济环境、钢铁行业与股票市场均处于谷底，攀钢钢钒和鞍山钢铁集团寄希望于外部环境有可能发生积极的变化，对第二次现金选择权设置了更长的行权期限。

尽管第二次现金选择权方案推出后我国的宏观经济、钢铁行业和证券市场出现一定程度的复苏，但现金选择权被大量行使仍然无法避免。2010 年 11 月 2 日，攀钢钢钒发布公告，鞍钢集团筹划与攀钢钢钒有关的重大事项，攀钢钢钒股票于即日起停牌。2010 年 12 月 16 日，攀钢钢钒发布公告称，公司将与鞍钢集团进行资产置换。

按 2010 年 11 月 1 日收盘价以及 2009 年第四季度与 2010 年前三季度净利润之和计算的沪深两市全部钢铁行业上市公司的平均市盈率为 21.84 倍，而按第二次现金选择权行权价格 10.55 元与 8.73 元计算的攀钢钢钒的市盈率分别为 104.18 倍与 86.21 倍，分别高于行业平均水平 377.01%和 294.73%。按 2010 年 11 月 1 日收盘价以及 2010 年第三季度末股东权益计算的沪深两市全部钢铁行业上市公司的平均市净率为 1.50 倍，而按第二次现金选择权行权价格 10.55 元与 8.73 元计算的攀钢钢钒的市净率分别为 3.89 倍与 3.22 倍，分别高于行业平均水平 159.33%和 114.67%。可见，经过两年漫长的等待，第二次现金选择权行权价格所对应的估值水平仍明显偏高，巨大的行权压力促使鞍钢集团决定推出资产置换方案。

第二次现金选择权推出后，宏观经济与政策、钢铁行业以及股票市场都出现了不同程度的攀钢钢钒和鞍山钢铁集团所期待的有利变化，但仍不能有效化解行权压力。攀钢钢钒和鞍山钢铁集团试图通过延长行权期限来等待外部环境转机的愿望落空，必须通过其他途径来化解行权压力。

(3)现金选择权授予对象分析

根据第二次现金选择权公告，第二次现金选择权的授予对象为在第一次现金选择权申报期内未申报行使现金选择权的有第一次现金选择权的股东。第二次现金选择权补充公告中进一步规定第二次现金选择权不得转让。可见，除了申报第一次现金选择权的股东，第二次现金选择权的授予对象与第一次现金选择权相同，同样也没有仅限于异议股东。

第二次现金选择权补充公告规定，第二次现金选择权锁定股东账户。在第二次现金选择权行权期限内无论该投资者如何买卖攀钢钢钒股票，其所持有的现金选择权不受影响，只要在申报期内持有攀钢钢钒股票即可行权。将第二次现金选择权与股票分离有利于保持攀钢钢钒股票的流动性，投资者既可以持有攀钢钢钒股票到期行权，也可以先卖出攀钢钢钒股票然后买回股票行权。

3. 大股东重组动机分析

(1)攀钢集团重组攀钢钢钒

攀钢集团控股的攀钢钢钒、攀渝钛业和长城股份3家上市公司之间存在一定程度的同业竞争和关联交易，因此攀钢集团希望以攀钢钢钒为资本运作平台，进行业务和资产整合，实现集团主营业务的整体上市。2007年11月5日，攀钢系3家上市公司同时发布资产重组董事会决议公告，攀钢钢钒将以换股方式吸收合并攀渝钛业与长城股份，并向攀钢集团及其关联方发行股份购买钢铁等经营性资产，从而实现攀钢集团的整体上市。

作为被攀钢钢钒吸收合并的两家公司，攀渝钛业曾因连续4年亏损被暂停上市两年，长城股份曾因连续2年亏损被实施退市风险警示。2007年攀钢钢钒的净资产收益率为10.11%，而攀渝钛业和长城股份的净资产收益率分别为3.19%和5.05%；2008年攀钢钢钒的净资产收益率为－4.41%，而攀渝钛业和长城股份的净资产收益率分别为－31.75%和－97.80%。

攀钢钢钒向攀钢集团及关联方购买的资产构成非常复杂，仅原攀钢集团控股的子公司就多达34家。这34家公司中，有8家2006年出现亏损，合计亏损0.77亿元，占攀钢钢钒2006年净利润的8.38%；有8家公司2007年出现亏损，合计亏损1.86亿元，占攀钢钢钒2007年净利润的19.56%。部分公司亏损状况较为严重，如攀渝钛业2006年与2007年分别亏损0.04亿元和0.25亿元，成都板材2006年与2007年分别亏损0.59亿元和1.06亿元。2007年仅有攀钢矿业和攀钢经贸两家公司净利润超过7000万元，这两家公司2007年净利润合计达5.01亿元，占34家公司净利润总和的78.90%。

资产重组前的2007年、2008年攀钢钢钒的每股收益分别为0.31元和－0.14元，资产重组后的2009年每股收益却为－0.27元，每股收益不升反降。将同期按资产重组前后口径计算的每股收益相比能更直接反映重组效果。攀钢钢钒2008年重组前和按照重组后口径调整的每股收益分别为－0.14元和－0.33元，进一步表明资产重组反而使攀钢钢钒的每股收益下降。资产重组前的2007年、2008年钢铁行业平均净资产收益率分别为16.52%和5.75%，攀钢钢钒的净资产收益率分别为10.11%和－4.41%，分别低于行业平均水平6.41

和10.16个百分点。资产重组后的2009年钢铁行业平均净资产收益率为2.40%,攀钢钢钒的净资产收益率为-9.90%,低于行业平均水平12.30个百分点。资产重组后攀钢钢钒的净资产收益率低于行业平均水平的幅度进一步拉大。

攀钢集团重组攀钢钢钒的目的在于通过整体上市在更大规模上分享资本市场估值溢价和融资便利的好处。由于被吸收合并的两家公司的盈利能力明显低于攀钢钢钒,向攀钢集团及关联方购买的资产总体质量也不如攀钢钢钒,资产重组使攀钢钢钒的财务绩效明显下降,攀钢钢钒股票的价值受到侵蚀,现金选择权将被大量行权。

(2)鞍钢集团重组攀钢钢钒

2010年7月28日,攀钢集团与鞍山钢铁集团宣布联合重组,新设鞍钢集团,攀钢集团与鞍山钢铁集团均为鞍钢集团的全资子公司。由此,鞍钢集团取代攀钢集团成为攀钢钢钒的实际控制人。2010年12月16日,攀钢钢钒发布董事会决议公告,将以公司的钢铁冶炼资产与鞍山钢铁集团的铁矿石采选资产置换。资产置换明显增加了攀钢钢钒的资源储量与矿石产量,显著提升了攀钢钢钒的盈利能力,并确立了攀钢钢钒作为鞍钢集团旗下铁矿石业务整合平台的地位。攀钢钢钒将从原先的以钢铁为主,兼营钒钛的大型钢铁生产企业转型为专注于矿产开发及钒钛综合利用的资源型企业。资产置换公告发布后,攀钢钢钒股价连续5个交易日涨停,收报11.52元,一举超越第二次现金选择权较高行权价格9.19%。

攀钢钢钒的财务数据也反映了资产置换的效果。攀钢钢钒2012年的财务数据反映了资产置换后的经营状况,2011年的财务数据反映了资产置换前的经营状况。按2011年年末总股本计算,攀钢钢钒2011年、2012年每股收益分别为0.0003元和0.1035元,2012年净利润大幅增长35042%,而攀钢钢钒2011年、2012年扣除非经常性损益后的每股收益分别为-0.2459元和0.0995元。资产置换前攀钢钢钒的主营业务大幅亏损,资产置换后攀钢钢钒立即扭亏为盈。2011年、2012年钢铁行业上市公司平均净资产收益率分别为3.69%和-1.82%。2012年钢铁行业景气度骤然下降,出现全行业亏损,而攀钢钢钒通过资产置换却实现了盈利能力大幅改善,可见资产置换根本性地改善了攀钢钢钒的基本面。

攀钢集团重组攀钢钢钒失败不仅使鞍山钢铁集团面临巨大的行权压力也使攀钢钢钒面临退市的风险,为此新任大股东鞍钢集团推出攀钢钢钒的二次重组。资产置换使攀钢钢钒的资产、业务和盈利水平都发生重大的变化,攀钢钢钒的基本面得到实质性的改善。公司基本面是决定股价的最重要的因素,攀钢钢钒基本面的实质性改善推动股价脱离现金选择权行权价格的支撑,从而有效化解了行权压力。现金选择权促使大股东推出能够真正提升公司价值的重组。

4.第三方行为分析

(1)鞍山钢铁集团出任第三方

我国钢铁行业产能过剩,政府有关部门对钢铁企业新建项目的控制非常严格,并购成为钢铁企业做大做强的唯一途径。国务院国资委曾提出,中央企业应进入行业前三名,否则将被整合。攀钢集团的规模与同为央企的宝钢集团、武钢集团和鞍山钢铁集团相比差距较大,很有可能被整合。央企之间的整合不会遇到中央与地方之间的利益分配障碍,而且整合攀钢集团有助于拓展西南市场、获取铁矿石资源和发展钒钛产业。因此,宝钢集团、武钢集团和鞍山钢铁集团均希望整合攀钢集团。在此背景下鞍山钢铁集团出任攀钢系资产重组的现金选择权第三方。

根据公布资产重组方案时的股本和股权结构,攀钢钢钒、攀渝钛业和长城股份分别有14.91亿、1.40亿和3.40亿股股份拥有现金选择权,如果这些股份均行使现金选择权,则第三方需要向3家公司的行权股东分别支付142.99亿、19.75亿和22.10亿元的现金,总计184.84亿元。此外,攀钢钢钒在2006年发行了分离交易可转债,形成了8亿份认股权证。2007年和2008年年底前,分别有1.86亿和6.13亿份权证行权,行权比例为1∶1.209,使攀钢钢钒的股本增加9.67亿股。如果这一部分攀钢钢钒股票全部行使现金选择权,则第三方需要再支付92.71亿元的现金。鞍山钢铁集团履行第三方义务所需支付的现金最多可达277.55亿元,显然鞍山钢铁集团并不希望现金选择权被大量行权。2008年年初,攀钢集团与鞍山钢铁集团洽谈现金选择权第三方事宜时,攀钢钢钒的股价在14元附近,超过当时的现金选择权行权价格40%以上。以当时的情况看,鞍山钢铁集团因履行第三方义务支付大量现金的可能性很小,然而行权期限过长以及外部环境剧变使鞍山钢铁集团面临很大的行权压力。

鞍山钢铁集团为了在整合攀钢集团的竞争中占得先机出任现金选择权第三方,没有审慎考虑履行第三方义务所面临的风险。鞍山钢铁集团履行第三方义务最多可能支付的现金巨大,并不希望现金选择权被大量行权。

(2)鞍山钢铁集团试图避免行权

2008年8月15日,攀钢系3家上市公司同时发布公告称,2008年5月至8月鞍山钢铁集团通过证券交易所集中竞价交易持有本公司股份达到5%。2008年9月10日,攀钢系3家上市公司再次同时发布公告称,鞍山钢铁集团通过证券交易所集中竞价交易持有本公司股份达到10%。实施吸收合并前鞍山钢铁集团在二级市场买入3家公司股票共耗资约48亿元。第一次增持公告后的5个交易日3家公司股价累计涨幅均超过20%,此后在低于各自现金选择权行权价格17%的位置横盘整理。第二次增持公告后3家公司走势几乎未受影响。

2008年10月24日,攀钢钢钒发布公告,鞍山钢铁集团将向攀钢系3家上市公司放弃现金选择权的股东追加提供一次现金选择权。公告后8个交易日3家公司股价累计涨幅均超过14%,此后在低于各自现金选择权行权价格5%的位置横盘整理。第一次现金选择权于2009年4月9日至23日进行申报,攀钢钢钒和攀渝钛业分别仅有0.1071%和0.0023%的有现金选择权股份申报行权,没有长城股份的股东申报行权。

鞍山钢铁集团第一次增持市场效应明显,第二次增持市场反应平静,攀钢系3家上市公司股价依然明显低于行权价格,二级市场增持不能化解行权压力。推出第二次现金选择权市场效果明显,有效延缓了第一次现金选择权行权压力。然而第二次现金选择权的数量几乎没有减少,并且第二次现金选择权的行权价格更高,鞍山钢铁集团亟须寻求另外的途径来化解行权压力。

5.投机者套利交易分析

(1)套利交易的市场数据分析

两次现金选择权行权申报前攀钢钢钒股价都低于相应的行权价格,投机者利用现金选择权进行套利交易十分活跃。套利交易者只要低于行权价格买入攀钢钢钒股票然后行权卖出就可以获得一定的收益,显然套利交易的风险与现金选择权方案的不确定性正相关。2008年5月12日至2009年6月15日攀钢钢钒股价与深证成指波动的比较如图2所示。垂线b前,市场传言现金选择权方案有变,利用现金选择权套利的风险大大增加,导致攀钢钢钒股价一度暴跌。随着鞍山钢铁集团举牌攀钢钢钒、攀钢钢钒发布第二次现金选择权公告、攀钢钢钒发布实施第一次现金选择权公告,现金选择权方案的不确定性逐步降低,套利交易者愿意按更高的价格买入攀钢钢钒股票,使攀钢钢钒股价在垂线b和b′、c和c′、d和d′之间形成3个逐步上行的平台。

dd′平台是最为特殊的一个平台,攀钢钢钒股价呈略微向上倾斜的直线型走势,波动幅度极小。进入dd′平台,现金选择权方案的实施已明确,套利已无任何风险,套利资金的时间价值推动攀钢钢钒股价缓慢、稳步上升。攀钢钢钒股票完全演化为固定收益证券,股票价格脱离公司基本面。垂线d′处第一次现金选择权行权申报期截止,垂线d′后投资者买入攀钢钢钒股票不再有现金选择权,无法进行套利,攀钢钢钒股价大幅下跌,出现自然除权的走势。

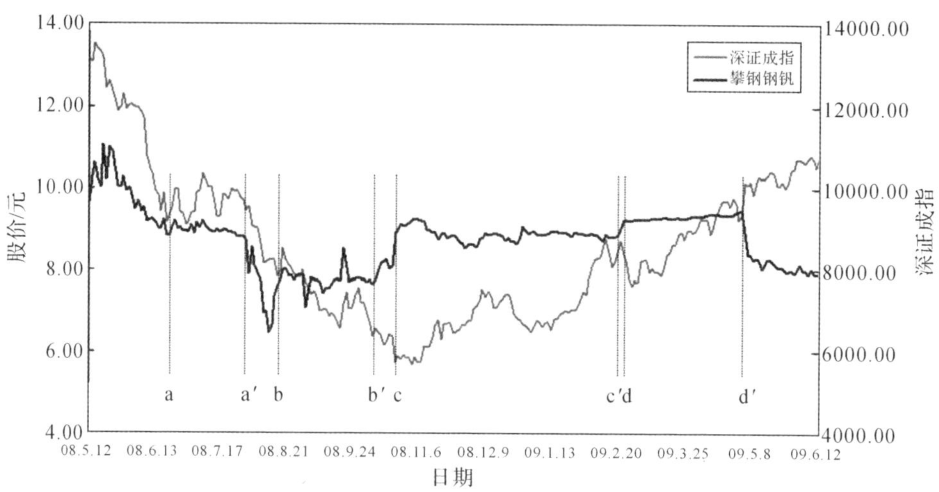

图2　攀钢钢钒股价与深证成指波动比较

如案例正文中的图1所示，垂线B和C之间，即第一次现金选择权申报截止到攀钢钢钒发布资产置换公告之间，攀钢钢钒股价在第二次现金选择权较低行权价格下方5%左右宽幅横盘整理，也与套利交易有关。一方面，投资者预期第二次现金选择权行权申报时攀钢钢钒股价会超过第二次现金选择权较高行权价格，以及取得第二次现金选择权的套利交易者如果已卖出攀钢钢钒股票则需要买回股票行权，因而攀钢钢钒股价下跌有支撑；另一方面，大量套利资金买入攀钢钢钒股票取得第二次现金选择权后干脆锁仓等待行权，使攀钢钢钒股票抛盘大大减少。

套利交易导致攀钢钢钒股价在现金选择权行权申报前呈现平台形的异常走势，攀钢钢钒股价的高低取决于现金选择权行权价格和套利交易风险的高低以及套利资金的时间价值，攀钢钢钒股价脱离公司基本面。

(2)套利交易的行为主体分析

攀钢系3家上市公司股东大会审议资产重组议案前一交易日攀钢钢钒、攀渝钛业和长城股份的股价分别低于各自现金选择权行权价格7.61%、0.14%和1.85%，然而在3家公司股东大会上所有相关议案均获得99.30%以上参与表决的社会公众股份的同意票。可见，投机者在股东大会投同意票并非看好资产重组，而是为了利用现金选择权套利。

第一次现金选择权申报期截止前，大量机构投资者利用攀钢钢钒的第二次现金选择权进行套利，套利资金规模合计135亿元，持有攀钢钢钒股票超过社会公众股的70%。以上仅为根据攀钢钢钒公开披露的信息以及相关银行发布的理财产品说明书统计的数据，实际套利资金的规模更大。

资产置换公告后，攀钢钢钒股价超过第二次现金选择权较高行权价格，套利机构大量卖出攀钢钢钒股票套现，根据攀钢钢钒十大股东的变化，套现规模约为100亿元。第二次现金选择权申报期开始前，8家机构自愿放弃第二次现金选择权，价值97亿元的第二次现金选择权被机构注销。最终仅有1.55万份向原攀钢钢钒股东派发的现金选择权被行使，原攀渝钛业和长城股份股东均放弃行权。

如案例正文中的图1所示，垂线B和C之间，攀钢钢钒股票成交量与前后相比明显减少，这一现象可以从换手率数据上得到印证。第二次现金选择权公告日至垂线B的121个交易日和垂线C后的121个交易日，攀钢钢钒的日均换手率分别为2.1074%和1.8122%，而垂线B和C之间攀钢钢钒的日均换手率仅为0.3561%。可见，套利机构在第二次现金选择权公告后大量买入攀钢钢钒股票，买入股票后大多选择锁仓等待行权，攀钢钢钒股价上涨后大量套现离场。

投机者为实现套利对并不看好的资产重组议案投同意票，在第一次现金选择权申报截止前大量买入攀钢钢钒股票，然后锁仓等待行权卖出，资产置换公告后大举套现。重组失败使现金选择权成为投机者的套利工具。

6.中小投资者利益保护分析

(1)现金选择权对股价的支撑作用

如图2所示，总体上看，深证成指呈现V字形的走势，攀钢钢钒股价却呈现多平台逐步上行的走势。垂线a前，深证成指快速下跌，受现金选择权行权价格支撑的攀钢钢钒股价下跌速度明显小于深证成指。此后攀钢钢钒股价在现金选择权行权价格下方3%左右横盘整理，形成aa′平台。垂线a′和b之间，受到现金选择权方案有变的传言影响，攀钢钢钒股价一度出现“断崖式”下跌；鞍山钢铁集团随即举牌攀钢钢钒，表明现金选择权方案不会变，攀钢钢钒股价逆势呈“井喷式”上涨。此后深证成指继续下跌，受现金选择权行权价格支撑攀钢钢钒股价则在行权价格下方17%左右横盘整理，形成bb′平台。

垂线b′后，深证成指继续下跌，攀钢钢钒股价低于现金选择权行权价格的幅度反而收窄至12%左右。垂线c处，攀钢钢钒发布第二次现金选择权公告，攀钢钢钒股价跳空逆势上涨，之后攀钢钢钒股价在现金选择权行权价格下方5%左右横盘整理，形成cc′平台，并不随深证成指的上升而上升。

垂线d处，攀钢钢钒发布将实施第一次现金选择权的公告，攀钢钢钒股价一举突破cc′平台，仅低于现金选择权行权价格1%左右。之后尽管深证成指震荡上行，攀钢钢钒股价却持续窄幅横盘整理，并逐步与行权价格趋于一致，形成

dd′平台。

从第一次现金选择权实施完毕时攀钢钢钒股价来看，攀钢钢钒资产重组首次公告日前第二个交易日[①]至第一次现金选择权行权申报期截止日，即2007年8月9日至2009年4月23日，攀钢钢钒的购买持有收益率为－3.48%，而同期深证成指下跌43.88%、大智慧钢铁指数下跌53.66%，超额收益率分别为40.40%和50.18%。

现金选择权行权价格对攀钢钢钒股价的支撑在第一次现金选择权申报截止到攀钢钢钒发布资产置换公告之间也有类似的情况。如案例正文中的图1所示，垂线B和C之间，深证成指波动剧烈，但攀钢钢钒股价长期在第二次现金选择权较低行权价格下方5%左右宽幅横盘整理。

如图2所示，垂线d′后，第一次现金选择权行权申报期截止后攀钢钢钒股票停牌至完成吸收合并，由于现金选择权行权价格对攀钢钢钒股价的支撑作用消失，攀钢钢钒股价大幅度下跌。将复牌前一交易日攀钢钢钒股价按停牌期间深证成指涨跌幅进行修正，复牌后7个交易日攀钢钢钒股价累计跌幅高达19.68%，而同期深证成指却上涨3.06%。

在第一次现金选择权实施过程中，深证成指曾深度下跌，但攀钢钢钒股价并不下跌；之后深证成指开始回升，但攀钢钢钒股价并不同步上升。随着第一次现金选择权方案不确定性的降低和申报期的临近，攀钢钢钒股价受现金选择权行权价格的支撑逐步向行权价格回归。持有攀钢钢钒股票至第一次现金选择权申报期截止日能够获得明显的超额收益率。现金选择权行权价格对攀钢钢钒股价的支撑，在攀钢钢钒资产置换公告前也有类似的情况。第一次现金选择权申报期截止后，现金选择权行权价格的支撑作用消失，攀钢钢钒股价随即暴跌，中小投资者利益仍有可能受损。因此，在重组失败的情况下现金选择权对中小投资者利益的保护仅是阶段性的。

(2)重组成功真正实现投资者利益保护

如案例正文中的图1所示，垂线C和D之间，攀钢钢钒发布资产置换公告并复牌，复牌后攀钢钢钒股价连续5个交易日涨停，经过短暂回调后继续强劲上涨至12.62元。以深证成指为基准收益率，资产置换公告后15个交易日攀钢钢钒股票的累计超额收益率为43.65%。

垂线C前，即资产置换公告前，攀钢钢钒股价主要受现金选择权行权价格

① 由于资产重组消息提前泄露，攀钢钢钒资产重组首次公告日前一交易日股价明显异动，因此计算攀钢钢钒的购买持有收益率时以公告日前第二个交易日收盘价为基准。

的支撑，股价与深证成指不同步；垂线C和D之间，攀钢钢钒股价受资产置换消息刺激异常上升；垂线D后，攀钢钢钒股价受自身基本面的支撑，股价与深证成指同步。本文借鉴 Morck、Yeung 和 Yu(2000)的方法来度量攀钢钢钒股价与深证成指的同步性。构建模型：

$$R_{i,t}=\beta_0+\beta_1 R_{m,t}+\varepsilon_{i,t}$$

其中：$R_{i,t}$为第t日攀钢钢钒股票的收益率；$R_{m,t}$为第t日深证成指的收益率。

代入数据进行回归，计算模型的拟合优度R_i^2、R_i^2越高则攀钢钢钒股价与深证成指的同步性越高。本文选取垂线D后至第二次现金选择权申报期截止日70个交易日以及垂线C前70个交易日分别计算R_i^2，结果为0.254和0.028。垂线D后攀钢钢钒股价与深证成指的同步性明显提高，表明攀钢钢钒股价受自身基本面的支撑。

从第二次现金选择权实施完毕时攀钢钢钒股价来看，攀钢钢钒资产重组首次公告日前第二个交易日至第二次现金选择权行权申报期截止日，即2007年8月9日至2011年4月29日，攀钢钢钒的购买持有收益率为31.74%，而同期深证成指下跌26.18%、大智慧钢铁指数下跌40.71%，超额收益率分别为57.92%和72.45%。资产重组公告前买入攀钢钢钒股票并持有至第二次现金选择权申报期截止日能够获得比持有至第一次现金选择权申报期截止日更高的超额收益率。

资产置换公告后，攀钢钢钒股价受自身基本面的支撑，一举超越较高行权价格，恢复与深证成指的同步波动，持有攀钢钢钒股票至第二次现金选择权申报期截止日能够获得更高的超额收益率，第二次重组成功真正实现了中小投资者利益保护。

7. 结论

本案例根据在国际金融危机爆发、国内宏观经济与政策变动、钢铁行业动荡、股票市场剧烈波动、上市公司整体上市、钢铁产业整合等背景下攀钢钢钒在两次重大资产重组中两次实施现金选择权的情境化研究，回答了以下四个问题：现金选择权如何影响标的股票的市场价格？现金选择权通过什么途径发挥中小投资者利益保护作用？现金选择权的行权期限与第三方承担的风险存在什么样的关系？现金选择权在什么情况下成为投机者的套利工具？进而构建了完全原创的现金选择权制度作用机理理论，主要归纳为以下四点。

第一，现金选择权的峡谷桥效应(gorge bridge effect)。如图2所示，在深证成指呈现V字形走势的同时，攀钢钢钒股价却总体上呈现平台型的走势。深证成指下跌，攀钢钢钒股价并不同步下跌；深证成指回升，攀钢钢钒股价并不同步上升。正如峡谷上架起了一座桥，攀钢钢钒股价不经过峡谷底而从桥面上通过，本文形象地称之为“峡谷桥效应”。存在现金选择权的情况下，标的股票的市场价格由现金选择权行权价格与股票市场估值中的较高者决定。现金选择权行权价格事先敲定，一般不会变化；股票市场估值则随公司基本面和市场估值水平的变化而变化。当市场估值低于行权价格时，股票价格取决于行权价格，峡谷桥效应显现；当市场估值高于行权价格时，股票价格取决于市场估值，峡谷桥效应消失。

第二，现金选择权的增进重组效应（restructuring promoting effect）。本文的研究发现，如果重组失败，行权价格对股价的支撑只是阶段性的，一旦现金选择权到期，股价就会下跌，中小投资者利益仍然受损；如果重组成功，股价由公司基本面支撑，中小投资者利益才能得到长期的保护。在重组失败的情况下，中小投资者都会通过行权来保护自己的利益，第三方会面临巨大的行权压力，上市公司有可能退市，所以大股东不会贸然推出一个最终会失败的重组方案。因此，现金选择权对中小投资者利益保护是通过增进重组即促使重组真正提升公司价值来实现的，其作用机理与国外的股份回购请求权有相似之处。

第三，现金选择权的风险开放效应（risk opening effect）。上市公司重组中设置了现金选择权，使拥有现金选择权的股东可在存续公司股票和现金之间进行选择，而这一选择是滞后一段时间进行的，即存在行权期限。现金选择权的行权价格事先敲定，行权期限内宏观经济与政策、行业以及股票市场都有可能发生剧变，第三方除了承担公司重组失败的风险外还承担了外部环境不利变化的风险，使第三方暴露于更多的风险之下，本文称之为现金选择权的风险开放效应。

第四，现金选择权的债券化效应（bondilization effect）。如果重组失败，股票市价有可能低于现金选择权行权价格，投机者将通过买入股票然后行权来进行套利。套利交易导致股票市价在现金选择权到期前呈现平台形的异常走势，股票价格的高低取决于现金选择权行权价格和套利交易风险的高低以及套利资金的时间价值，而与公司基本面无关。在现金选择权方案完全确定的情况下，股票价格仅与资金的时间价值有关，使股票完全演化为固定收益证券，即现金选择权的债券化效应。

在构建现金选择权制度作用机理理论的基础上，本案例进一步提出现金选择权制度作用机理模型（model of cash option system functioning mechanism，简称COFM模型），如图3所示。现金选择权方案的主要条款包括行权价格、行权期限和授予对象，现金选择权的作用包括峡谷桥效应、增进重组效应、风险开放效应和债券化效应，现金选择权的作用对象包括大股东、第三方、投机者和中小投资者。行权价格的高低主要影响峡谷桥效应、增进重组效应和债券化效应的发挥，行权价格越高相关的效应越强；行权期限的长短主要影响风险开放效应的发挥，行权期限越长风险开放效应越强；授予对象是否限定为异议股东主要影响增进重组效应和债券化效应的发挥，授予对象限定为异议股东有利于促进重组成功和抑制投机。峡谷桥效应使重组公司股价在现金选择权申报期截止日前获得支撑，中小投资者利益得到阶段性的保护；增进重组效应促使大股东推出能够真正提升公司价值的重组方案，中小投资者利益得到长期的保护；风险开放效应使第三方暴露于外部环境不利变化的风险之下；债券化效应为投机者提供套利交易机会。

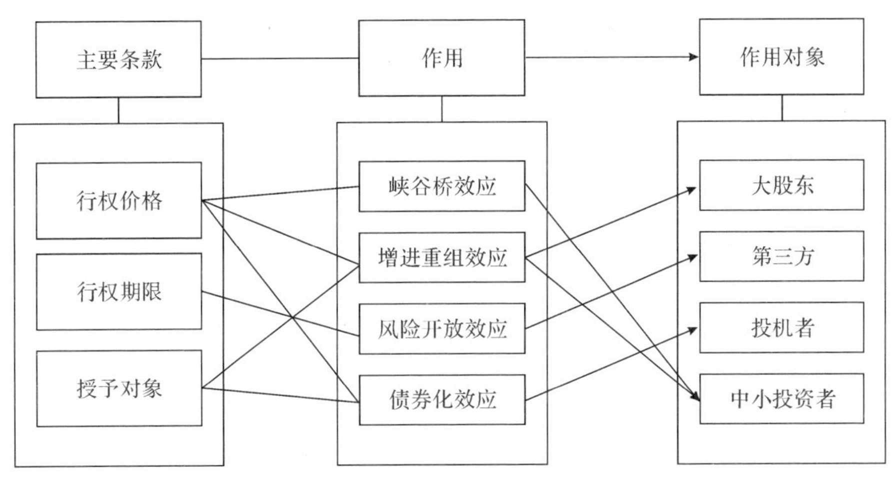

图 3　现金选择权制度作用机理模型

注：条款与效应之间的相关性用线条表示，效应的作用对象用箭头线表示

六、关键要点

(1)现金选择权对标的股票价格的影响，即峡谷桥效应。在存在现金选择权的情况下，标的股票的市场价格由现金选择权行权价格与股票市场估值中的较高者决定。当市场估值低于行权价格时，股票价格取决于行权价格；当市场估值高于行权价格时，股票价格取决于市场估值。

(2)现金选择权对资产重组的影响，即增进重组效应。如果重组失败，行权价格对股价的支撑只是阶段性的，如果重组成功，中小投资者利益能得到长期的保护。在重组失败的情况下，中小投资者都会通过行权来保护自己的利益，大股东不会贸然推出一个最终会失败的重组方案。

(3)现金选择权对第三方的影响，即风险开放效应。拥有现金选择权的股东在存续公司股票和现金之间进行选择是滞后一段时间进行的。行权期限内宏观经济与政策、行业以及股票市场都有可能发生剧变，第三方除了承担公司重组失败的风险外还承担了外部环境不利变化的风险。

(4)现金选择权对套利交易者的影响，即债券化效应。如果重组失败，投机者可能通过买入股票然后行权来进行套利。套利交易导致股票市价在现金选择权到期前呈现平台型的异常走势，股票价格的高低取决于现金选择权行权价格和套利交易风险的高低以及套利资金的时间价值，而与公司基本面无关。

七、建议课堂计划

本案例可以作为专门的案例讨论课来进行。以下是按照时间进度提供的课堂计划建议，仅供参考。

整个案例课的课堂时间控制在 3 节课(135 分钟)。

1. 课前计划

提前 2 周发放案例，提出启发思考题，请学生在课前完成阅读和初步思考，并挑选基础较好的学生组成案例报告小组。

2. 课中计划

首先由案例报告小组以 PPT 形式报告案例的具体过程，其余学生和教师对案例过程中的细节问题进行简要的讨论，使全体学生对案例内容能够全面、准确地理解(30 分钟)，然后针对现金选择权的主要问题，逐一由教师引导全体学生讨论并进行归纳总结(共 105 分钟)。

讨论 1：两次现金选择权方案分析(20 分钟)。

讨论 2：大股东重组动机分析(15 分钟)。

讨论 3：第三方行为分析(10 分钟)。

讨论 4：投机者套利交易分析(15 分钟)。

讨论 5：中小投资者利益保护分析(15 分钟)。

总结：引导学生对讨论进行总结，解答前面的 5 道启发思考题(30 分钟)。

3. 课后计划

在课堂讨论的基础上，学生分组完成针对 5 道启发思考题的分析报告。如果学生较多，建议另外增加新近的现金选择权案例，针对启发思考题请学生分组撰写分析报告，以控制小组人数不超过 5 人。

八、参考文献

[1] 徐淑英,张志学.管理问题与理论建立:开展中国本土管理研究的策略[J].南大商学评论,2005(7).

[2] 攀钢钢钒重大事项停牌公告,2007年8月13日。

[3] 攀钢钢钒第五届董事会第四次会议决议公告,2007年11月5日。

[4] 攀钢钢钒关于鞍山钢铁集团担任公司本次重大资产重组现金选择权第三方的公告,2008年5月9日。

[5] 攀钢钢钒发行股份购买资产、换股吸收合并暨关联交易报告书,2008年5月17日。

[6] 攀钢钢钒简式权益变动报告书,2008年8月15日。

[7] 攀钢钢钒关于鞍山钢铁集团持股情况的公告,2008年8月15日。

[8] 攀钢钢钒简式权益变动报告书,2008年9月10日。

[9] 攀钢钢钒关于鞍山钢铁集团持股情况的公告,2008年9月10日。

[10] 攀钢钢钒第五届董事会第二十二次会议决议公告,2008年10月24日。

[11] 关于鞍山钢铁集团确定第二次现金选择权行权价格及攀钢集团现金分红承诺的公告,2008年11月5日。

[12] 攀钢钢钒发行股份购买资产、换股吸收合并暨关联交易报告书,2008年12月26日。

[13] 攀钢钢钒关于发行股份购买资产、换股吸收合并暨关联交易获得证监会核准的公告,2008年12月26日。

[14] 攀钢钢钒关于换股吸收合并攀渝钛业、长城股份的实施公告,2009年3月31日。

[15] 攀钢钢钒简史权益变动公告书,2009年4月16日。

[16] 攀钢钢钒关于中海信托持股情况的公告,2009年4月16日。

[17] 攀钢钢钒简史权益变动公告书,2009年4月28日。

[18] 攀钢钢钒关于上汽财务、上汽集团持股情况的公告,2009年4月28日。

[19] 关于公司换股吸收合并攀渝钛业和长城股份之现金选择权申报结果及过户公告,2009年4月28日。

[20] 攀钢钢钒2008年年报,2009年4月28日。

[21] 攀渝钛业2008年年报,2009年4月28日。

[22] 长城股份2008年年报,2009年4月28日。

[23] 攀钢钢钒发行股份购买资产、换股吸收合并暨关联交易之实施情况报告

书，2009年8月4日。
[24] 攀钢钢钒发行股份购买资产实施情况报告暨新增股份上市公告书，2009年8月11日。
[25] 攀钢钢钒2009年年报，2010年4月27日。
[26] 攀钢钢钒实施退市风险警示公告，2010年4月27日。
[27] 攀钢钢钒名称、证券简称变更公告，2010年4月30日。
[28] 攀钢钢钒关于鞍钢集团注册成立的提示性公告，2010年7月31日。
[29] 攀钢钢钒重大事项停牌公告，2010年11月2日。
[30] 攀钢钢钒重大资产置换暨关联交易预案，2010年12月16日。
[31] 攀钢钢钒简史权益变动公告书，2011年1月7日。
[32] 攀钢钢钒股东减持股份公告，2011年1月7日。
[33] 攀钢钢钒重大资产置换暨关联交易报告书，2011年1月31日。
[34] 攀钢钢钒2010年年报，2011年3月4日。
[35] 攀钢钢钒收到部分攀钢AGP1、AGP2持有人注销其所持权利申请的公告，2011年3月22日。
[36] 攀钢钢钒收到部分攀钢AGP1持有人注销其所持权利申请的公告，2011年4月20日。
[37] 攀钢钢钒关于第二次现金选择权申报结果及过户公告，2011年5月6日。
[38] 攀钢钢钒关于重大资产重组获得证监会核准的公告，2011年12月27日。
[39] 攀钢钢钒重大资产置换暨关联交易报告书，2011年12月28日。
[40] 攀钢钢钒2011年年报，2012年4月27日。
[41] 攀钢钢钒2012年年报，2012年4月26日。
[42] 攀钢钢钒2012年度非公开发行A股股票预案，2012年6月9日。
[43] 攀钢钢钒2012年度非公开发行A股股票预案，2012年8月10日。
[44] 攀钢钢钒重大资产置换暨关联交易实施情况报告书，2012年12月11日。
[45] Bahls S C. Resolving shareholder dissension: Selection of the appropriate equitable remedy [J]. The Journal of Corporation Law, 1990, 15(2): 285－338.
[46] Calio J E. New appraisals of old problems: Reflections on the delaware appraisal proceeding [J]. American Business Law Journal, 2007, 32(1): 1－72.
[47] Carney W J. Fundamental corporate changes, minority shareholders, and business purposes [J]. American Bar Foundation Research Journal,

1980, 5(1):69－132.

[48] Chen F, Yee K K, Yoo Y K. Did adoption of forward－Looking valuation methods improve valuation accuracy in shareholder litigation? [J]. Journal of Accounting, Auditing and Finance, 2006, 22(4):573－598.

[49] Coleman J M. The appraisal remedy in corporate freeze-outs: Questions of valuation and exclusivity [J]. Southwestern Law Journal, 1984, 38(2):775－798.

[50] Edmondson A C, Mcmanus S E. Methodological fit in management field research [J]. Academy of Management Review, 2007, 32(4): 1155－1179.

[51] Eisenhardt K M, Graebner M E. Theory building from cases: opportunities and challenges [J]. The Academy of Management Review, 2007, 32(4):1155－1179.

[52] Hamermesh L A, Wachter M L. The fair value of cornfields in delaware appraisal law [J]. Social Science Electronic Publishing, 2005, 31(1):119－166.

[53] Gardner S D. A step forward: Exclusivity of the statutory appraisal remedy for minority shareholders dissenting from going-private merger transactions [J]. Ohio State Law Journal, 1992, 53(1):239－264.

[54] Lynch C J. A concern for the interest of minority shareholders under modern corporation laws [J]. The Journal of Corporate Law, 1977(3): 19－59.

[55] Manning B. The shareholder's appraisal remedy: An essay for frank coker [J]. The Yale Law Journal, 1962, 72(2):223－265.

[56] Miles M B, Huberman A M. Qualitative Data Analysis [M]. New York: Sage Press, 1984.

[57] Miller S K. How should U. K. and U. S. minority shareholder remedies for unfairly prejudicial or oppressive conduct be reformed? [J]. American Business Law Journal, 1999(36):579－632.

[58] Morck R, Yeung B, Yu W. The information content of stock markets: Why do emerging markets have synchronous stock price movements? [J]. Journal of Financial Economics, 2000, 58(1－2):215－260.

[59] Rams E M. Judicial valuation of dissenting shareholder interests [J]. The Appraisal Journal, 1975, 43(1):105—118.

[60] Seligman J. Reappraising the appraisal remedy [J]. The George Washington Law Review, 1984, 52(4—5):829—871.

[61] Siegel M. Back to the future: Appraisal rights in the twenty-first century [J]. Harvard Journal on Legislation, 1995, 32(1):79—143.

[62] Strauss A L. Qualitative Analysis for Social Scientists [M]. Cambridge, UK: Cambridge University Press, 1987.

[63] Thompson R B. Exit, liquidity, and majority rule: Appraisal's role in corporate law [J]. The Georgetown Law Journal, 1995, 84(1):1—60.

[64] Wertheimer B M, The purpose of the shareholders' appraisal remedy [J]. Tennessee Law Review, 1998, 65(3):661—690.

[65] Wertheimer B M. The shareholders' appraisal remedy and how courts determine fair value [J]. Duke Law Journal, 1998, 47(4):613—715.

[66] Yin R K, Case Study Research: Design and Methods[M]. 3rd edition. New York: Sage Press, 2003.

全流程并联交互创新生态圈：海尔转型路向何方？[①]

摘　要：海尔集团作为全球白色家电的领导企业，近年来积极开展“互联网＋”转型，以应对“互联网＋”时代的颠覆性变革。海尔近年来对外构建开放式创新生态圈连接全球优质资源，对内鼓励小微内部创业，打造创客孵化平台，海尔正在以前所未有的力度从传统家电企业转型为平台型企业，并取得了一些阶段性成果。但海尔这条转型之路究竟是否走得通？方向是否正确？应该如何有效应对管理转型过程的失控和原有竞争优势的丧失等风险？本案例通过介绍海尔转型升级的背景和创新生态圈建设的过程、特色、遇到的困难与困惑等，为传统企业转型升级提供借鉴与思路。

关键词：创新生态圈；创客；开放式创新；内部创业；无边界组织

2015 年 12 月 26 日，在海尔集团，海尔的“精神教父”、首席执行官张瑞敏缓缓走上台，对所有前来参加 31 周年“创业创新加速会”的高管说，“海尔在前两个十年，基本上是量的增长；但到第三个十年，我们有了质变。从‘企业’到‘平

---

①本案例由浙江大学管理学院的郑刚、郭艳婷、郑青青、王颂撰写，作者拥有著作权中的署名权、修改权、改编权。未经允许，本案例的所有部分都不能以任何方式与手段擅自复制或传播。

本案例授权中国管理案例共享中心使用，中国管理案例共享中心享有复制权、修改权、发表权、发行权、信息网络传播权、改编权、汇编权和翻译权。本书经中国管理案例共享中心同意授权引用本案例。

本案例于 2017 年 11 月收录，文中叙述保留收录时的时间点。

由于企业保密的要求，在本案例中对有关名称、数据等做了必要的掩饰性处理。

本案例只供课堂讨论之用，并无意暗示或说明某种管理行为是否有效。

台’，从‘顾客’到‘用户’，我们的恐惧、荣誉、利益都取决于用户。出路绝了，却非绝无出路。大企业转型的出路，在全世界都是没有的，所以‘出路绝了’。我们说的‘却非绝无出路’，就是我们一定要走在前面，我们一定要成为引领者，换句话说，我们要么死亡，要么成为第一，成为引领者！”

岁月在他的脸上悄悄地留下了痕迹，这已经是张瑞敏在海尔度过的第32个年头。1984年，张瑞敏被派到濒临倒闭的青岛电冰箱总厂当厂长。当时的中国制造业正在实施引进战略，通过从欧美及日本等发达国家大规模地进口生产线的方法来改造落后的轻工业。“日事日毕，日清日高。”经过数十年的艰苦奋斗，经历了质量、渠道等方面的众多挑战后，张瑞敏领导的海尔集团已成为“中国制造”由小到大、由弱趋强的最佳标本，在全球家电市场占有一席之地。就在所有人都以为可以喘一口气时，“互联网＋”变革时代的到来彻底破坏了家电行业的游戏规则，海尔也因此“壮士断腕”，率先进入网络化战略阶段，大刀阔斧地开展互联网转型。

转型之初，公司内部躁动不安，员工们纷纷议论表示不解：“我们好不容易坐稳全球白电第一品牌的交椅，为什么突然要转变身份，成为平台企业？万一失败了怎么办？”这些躁动不安的声音很快传到了张瑞敏的耳朵里。应该如何解决员工们的困惑他思考了良久。凌晨2点，张瑞敏亲笔写下了《致创客的一封信》。文章甫出，立即成为海尔员工论坛最火的帖子。张瑞敏在这封信中回顾了海尔过往的峥嵘三十年，传达了海尔希望成为“时代的企业”的决心。

一、转型背景

海尔曾经经历过许多风浪，在每一个大浪淘沙的时间节点，它似乎都找到了相对正确的解决方案。但是这一次，它的对手完全不同了，互联网破坏了传统家电行业的生态圈。2014年上半年中国主要家电产品线上销售量占比已经超过该门类整体销售量的10％，而2015年，中国家电网购市场的零售额占整体家电市场的比例达到15％，规模突破3000亿元。海尔面对的已经不是家电下乡政策补贴时代的竞争状况，也不是和几个传统的竞争对手比拼项目标的，那些新来的对手并不在乎你曾经花了多少年时间在制造冰箱这件事上。新的制造商完全无须经历转型，它们从一开始就诞生在重新建构的销售体系里。它们在互联网上诞生、曝光、销售，比起传统的家电厂商，它们更加灵活，也更加熟悉新的游戏规则。而传统的大型家电企业却要拆解自己，试图去适应新规则，手中的话语权也被大大削弱。

再者，2014年我国传统家电市场增速缓慢，甚至出现负增长，而高端家电行业却实现了逆势上扬。我国家电市场正进入消费转型升级的关键阶段,而生活方式和品质的提升使家电产品向高端化、智能化、健康化发展,高端家电产业正逐步由“增长量变”发展到“增长质变”。市场调查机构 HIS 预测,未来 5 年全球智能家电市场的年均增长率将达 134%,到 2020 年洗衣机、洗碗机、空调等白色智能家电的全球产量将增至 2.23 亿台;若加入机器人吸尘器等小家电,这一数额可能将达 7 亿台。而在智能化的新设备面前,传统家电厂商和新的厂商们几乎站在同一起跑线上,谁更能“跑马圈地”尚无定数。

传统优势被大大削弱,新的优势尚未完全形成——这是摆在海尔面前的一道坎。在这个风口浪尖上,年近 70、早已功成名就的张瑞敏在使命感与责任感的驱动下再次站了出来,甚至甘愿承受失败风险,执意发起一场惊天动地的模式变革。

二、全流程并联交互创新生态圈

“所谓平台,就是快速汇集资源的生态圈,是一个‘生生不息’的系统。用最快的速度把各种资源汇集到一起,只有互联网时代才能做到。所以,必须确保我们的组织保持对外部资源的开放。”张瑞敏如是说。

在互联网时代,没有流量就难以产生销量、难以提升用户体验,从而无法形成黏性。为了进行用户“引流”,海尔不仅主动参与外部平台,还在 2013 年 10 月推出了海尔开放创新平台(Haier Open Partnership Ecosystem,简称 HOPE)。平台由三大板块构成(见图 1)。在社区交互板块,通过社区运营吸引大批用户参与交互,积累了一定的用户流量后,采用先进的大数据、爬虫、深度学习等智能技术,全面了解用户在家电使用过程中的各种差异化需求,让全球的用户和资源在平台上零距离交互,提升资源配置效率。平台后台数据可以根据全球技术热力图和用户痛点热力图进行叠加匹配,迅速识别出用户的痛点以及在全球有哪些资源能够满足该需求(技术匹配),然后把这些方案反馈回来,用创意方案与用户交互创新(创意转化),快速产生可迭代的最小可行性产品解决方案。为了满足各类需求,在 2014 年 6 月的改版升级中,HOPE 平台已转变为集洗护、用水、空气、美食、健康、安全、娱乐七大功能的全开放、全透明智慧生活生态圈,接洽和整合了包括风险投资者、技术中介/技术咨询公司、大学研发人员、初创公司、极客和公司资源网络等各类社会资源。

为了向平台和生态圈提供一流资源,海尔协同了全球五大研发中心(见表 1),通过内部 1150 名接口人,紧密对接美国、欧洲、日本、澳洲、中国等 10 万多家一流资源、120 多万名科学家和工程师。

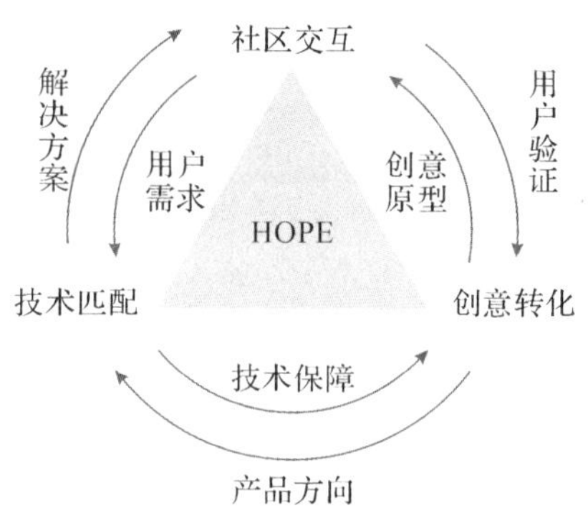

图1　HOPE平台三大板块内容及关联

表1　海尔五大研发中心建设与主要业务领域

国家或地区	建设方式	主要领域
日本	2011年100%收购三洋白电。2014年在日本东京、熊谷市新设白电研发中心，研发人员增至300人左右	白电研发、高端洗衣机、高端冰箱
新西兰	2012年100%收购斐雪派克	洗碗机、洗衣机，全球最大高端厨电研发基地
美国	2015年7月在埃文斯维尔市自建研发中心，70人左右。（设计中心在洛杉矶、营销中心在纽约、生产中心在南卡州。）2016年收购通用电气（GE）的家电业务	商用空调
欧洲	2012年在德国纽伦堡自建研发中心，30人左右（生产中心在意大利和波兰，设计中心在意大利米兰、法国里昂和荷兰阿姆斯特丹，营销中心在法国巴黎）	综合
中国青岛	国内总部	亚洲最大空调产品研发基地

全球联动的研发资源和全开放、全透明的开放式创新平台“倒逼”海尔形成了“全流程并联交互创新生态圈”（见表2）。

表 2　转型前后的海尔研发体系/模型

	传统的海尔开发：开放的创新体系	转型的海尔开发：并联交互创新体系
特点	1. 吸引全球创意及解决方案，漏出突破性创新技术 2. 吸引全球一流资源，开发出超前产品 3. 由于缺乏全流程用户交互，不能保证产品效果达到最佳用户体验	1. 创新交易平台，聚集投资者、创业者等一流资源 2. 让用户自愿参与交互并实现自我价值，形成自运转、自优化、自交互的海尔创新生态系统 3. 交互产生满足个性化需求的引领方案 4. 全球一流资源并联开发出引领市场的 A1 级产品
图示		
转变	从线性串联的生产流程，到以用户为核心的动态并联体系 从以企业、产品为主导的模式，到以用户、体验为主导的模式	

这一生态圈具备以下几个特点。首先是并联。传统制造企业的流程是串联的，战略部首先确定要做什么事情，然后依次进行研发、制造、销售等，大部分环节都不直接接触市场。把串联改为并联后，所有资源都在组织中进行并联开发，所有环节都被用户交互"照亮"，都能"听得到炮火"。如此一来，无论做产品、营销还是研发，都有了更强的市场意识，对市场形成共识能够促进沟通，提高产品的可持续创新性。其次是用户与交互。在工业时代，顾客被动接受厂商所生产的产品，企业通过广告等营销方式影响顾客的购买意愿。而互联网时代的并联交互生态圈从"企业驱动"转变为"用户驱动"，旨在创造全流程用户最佳体验，不仅包括从设计到售后的过程，还包括将用户对产品的不满意转化、迭代到下一代产品中，周而复始，不断升级。最后，生态圈还是开放与合作的。过去企业的内外部边界非常清楚，但对于生态圈而言，谁能满足用户需求、为用户创造价值，谁就可以进来。例如，海尔与陶氏化学公司、英国利兹大学等共建专利池，共同纳入的专利数量达到 100 件以上，联合运营获取专利授权收入。再如，

一些模块商参与前端设计，享有优先供货权或分享超利。这种模式比传统的模式可提高整体产品研发效率30%，新产品开发时间缩短70%。

在伙伴接入方面，海尔通过搭建持续的用户交互平台，聚集大量用户资源，吸引各种资源方进入。这些资源 一方面为整个生态圈提供资源，另一方面在这一平台上实现了创业。例如，社区洗小微是在海尔创业平台上孵化出来的创业小微，目前主要为大学生提供智慧洗衣解决方案。学生可以通过海尔洗衣App查询和筛选出校园内最近的空闲洗衣机，用手机一键预约下单，并借助手机完成支付。衣物洗涤结束后，系统会发送短信至用户手机提醒取回衣物，省去了排队等候、找零等麻烦。这一解决高校洗衣体验差问题的创新解决方案让曾经的竞争对手主动伸出橄榄枝，与海尔变成合作伙伴。2015年8月社区洗小微中标北大新宿舍楼的洗衣房。开学后，学生纷纷要求更换老宿舍楼洗衣机。在招标中的竞争对手——清泉学生连锁洗衣房主动来找社区洗小微CEO，希望与其进行合作，将北大校内的洗衣机全部换成社区洗小微的智能洗衣机；同时，将其管理的清华、人大两所高校的洗衣房也迭代成智能洗衣机。与此同时，社区洗搭建的智能洗衣平台上聚集的资源方也纷至沓来：针对学生提出的“希望洗衣机能自动添加洗衣液”的需求，宝洁提出与小微合作，开发适合高校的商用洗衣配方；移动、联通等通信企业找到小微，希望在“海尔洗衣”App上进行手机号码、通信套餐、合约机的推广；分众传媒希望在洗衣机上方放置电子显示屏等。

可以发现，这一创新体系在实现和引领用户全流程最佳体验的基础上，基于海尔大数据平台对产业链上利益各方开放合作，为生态圈伙伴创造最大价值。

三、“创客”的海尔

现在的海尔只有“平台主”“小微主”和“创客”三类人。原各事业部、各产品线负责人，均转型为各自产品线的平台主，任务是给生态圈“浇水施肥”，为各自的平台催生出更多小微公司。小微主即一个独立核算的创业团队，拥有集团让渡的“三权”——经营权、用人权、分配权，海尔根据创业项目的特点采取不同的孵化和投资模式（见表3）。小微公司则以实现用户最佳体验为主要目标，关注平台生态圈中的利益攸关方，员工由“在册”拓展到“在线”，组成创业团队，完成从企业投资到风投孵化的转变。因此，只要在海尔生态圈里，利用海尔提供的创新机会的人都可以算海尔“创客”。

表3　海尔小微孵化/投资模式

孵化模式	项目特点与投资方式	实例
集团内部孵化	与集团主业强相关:企业占大股+引入风投+员工跟投成立创业公司	雷神游戏本
	与集团主业弱相关:企业占小股+引入风投+员工跟投成立创业公司	小帅影院(iSee mini)
脱离母体孵化	创业团队脱离企业,自筹资金,借助企业资源自行孵化,达标后企业承诺回购	有住网(互联网装修的开创者)
众筹创业发展	合作伙伴参与众筹,既是股东,又是社区经营者,众筹股份达标后可转化为上市公司股份	和阿里共投快递柜
轻资产小微创业模式	企业轻资产模式,不投资,提供订单、结算、信息化系统	车小微
围绕创新生态圈创业模式	面向全产业链上下游的合作伙伴、用户、资源方、极客达人、技术大牛,以及在校学生,帮助其孵化创意,转化科技成果	免清洗洗衣机

海尔创客孵化平台的愿景是:促使创意/资源自主漏出,采用众包模式将有效的创意/资源筛选出来,利用众创模式转化为有用户基础的可孵化项目,随之通过众投支持设立新兴小微公司,再通过众筹逐渐扩大业务,成为成熟小微公司,最终走向众利模式的自运转生态圈。

为了实现这一设想,海尔专门搭建了创客孵化平台为创客提供多方面支持。该平台主要包括五大服务内容。一是创业教育平台,即创建海尔创客学院,与北大、清华、山大、麻省理工等一流院校共同发起创客训练营、创新创业联盟,用于创客培训。二是创客实验平台,即开放加工实验资源,建立集研发设计、检验、技术优化、产品中试等于一体的开放式创客工厂,为创业者提供中试生产线、3D打印设备及各种研发资源服务。三是融资融商平台,即:设立创客基金和创业种子基金,为创新创业提供资金保障和投融资咨询服务;建立线上线下的众筹、众包服务。四是孵化加速平台,即配置孵化服务和创业导师人才队伍,提供从创业培训到企业注册、人员招聘、财务管理、市场拓展等全流程、一站式服务。五是资源对接平台(海创汇),即帮助创业项目与政府园区、加工制造、销售渠道、VC(风险)投资等其他所需资源进行互动沟通。

截至2015年年底,海尔集团已支持内部创业人员成立200余家小微公司。创业项目涉及家电、可穿戴智能设备等产品类别,以及物流、商务、文化等服务领域。另外,海尔创业平台已经诞生470个项目,汇聚1328家风险投资机构,吸引4000多家生态资源,孵化和孕育着2000多家创客小微公司。

在海尔孵化的众多小微中,雷神游戏本(简称雷神)一直作为内部样本,该项目在短短3年时间内发展迅速(见图2),被许多人视为"第二个小米"。从2013年7月到12月,仅用5个月时间,一款全新游戏笔记本电脑(简称游戏本)品牌"雷神"横空出世,首发500台售罄后,3万人预定;第二批3000台,20分钟即被抢购一空。2015年5月参与产品众筹与股权众筹,创造了中国产品众筹的新纪录,投资过陌陌、锤子科技的紫辉创投买下雷神1000万股权。截至2016年4月,雷神在京东、天猫、校园分期等渠道游戏本销量中排名第一,成为互联网游戏本第一品牌。

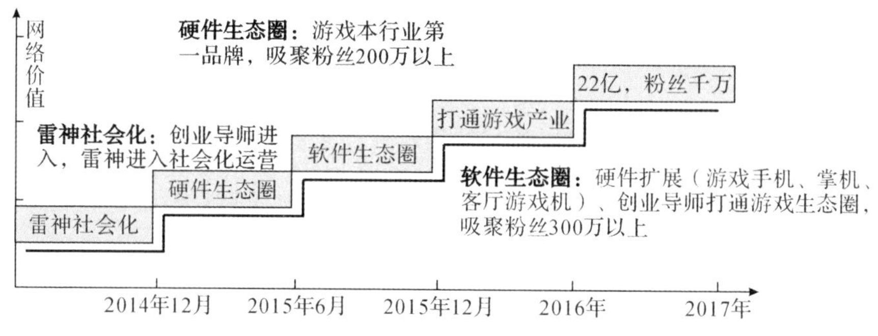

图2 雷神项目发展阶段与产生的网络价值

雷神小微团队最早组建于3个85后员工之手,其中项目发起人李宁原本是海尔笔记本利共体的电商渠道总监。2013年7月,李宁在京东商城偶得的一组数据中发现,当PC、笔记本电脑销量都在下滑时,游戏本销量却逐月上升,且游戏本领域也尚未出现占据垄断地位的品牌,进入门槛不算太高。看到这个机会,李宁拉上了对整个上游环境很熟悉的李艳兵以及善于跟用户沟通的李欣,迅速形成三人作战小团队,目标"打造一款明星级产品"。

海尔"无交互不分享"、让用户需求"倒逼"产品创新的理念激发了3个创客,他们想到了通过电商渠道中的顾客评价找突破口。李宁和李艳兵在电商网站中搜集了关于各种类型游戏本的3万余条差评,一一记录下来,最后将差评结果归纳为散热慢、易死机、蓝屏、键长短等13条问题。"这就是我们的突破口,用户抱怨就是做好产品的最大机会。"在整个项目中,从品牌名字、产品配置,甚至定价,都是和粉丝交互出来的。短短3年内,雷神已经积累了500万名粉丝,这些粉丝通过QQ群、微信、微博等渠道,为雷神游戏本的研发提出了很多宝贵意见。"雷神在成长过程中始终重视用户体验,以拥抱互联网的开放态度打磨硬件,建立完善的粉丝交互平台,积极吸纳粉丝意见,让玩家、发烧友深度参与到游戏本的开发迭代中去”,雷神科技 CEO 路凯林说道。

虽然雷神孵化于海尔内部,但是它的产品和市场打法有自己的特色。上游生产交给优质的笔记本代工厂商,物流、售后等下游共享海尔平台,拥有自主的财务权、用人权、决策权。雷神的例子表明,海尔小微有能力利用互联网思维打造一款行业爆品,聚集足够多的用户流量,达到一定的市场规模,并通过持续与用户互动,不断推出迭代创新的产品和服务。

四、转型还在路上

“这是一项试验吗?”

“是的。我们面临很多风险。”

“这是一场赌博吗?”

张瑞敏笑了笑,然后陷入了又一次长时间的沉默。

海尔互联网转型成功了吗?一批创新产品的出现让人眼前一亮,比如天樽空调、雷神游戏本、透明冰箱、无尾厨电、免清洗洗衣机等,产品逐渐向高端化转型,毛利率也在逐年增长。创客小微的涌现更是备受推崇,雷神游戏本、巨商汇、水盒子等,均有令人印象深刻的成长表现。然而,与同行企业格力、美的的横向对比显示,近几年海尔主要产品的市场占有率明显下降,形势不容乐观。2010 年,海尔集团实现的营收和净利润分别是 1357 亿元和 62 亿元。当年,美的集团营收突破 1000 亿元,净利润 31.27 亿元;格力电器实现营业总收入 608.07 亿元,净利润 42.76 亿元。可到了 2013 年,海尔集团实现总营收约 1800 亿元,但净利润却仅有 61 亿元,被老对手格力(净利润 108 亿元)和美的(净利润 73 亿元)反超。一时间,“海尔不行了”的言论甚嚣尘上。

从技术角度来看,互联网转型后的海尔在考核时更注重用户指标,比如流量、黏度、留存率、活跃用户数量等。但这些来自互联网的数据对一个传统企业来说无疑是陌生的。海尔用“U+”来整合所有资源的设计,实操中也会遇到困难,因为不同的小微公司在商业逻辑上很不一致,打通底层数据并不容易。无论是脸书(Facebook)还是阿里巴巴,都曾经历或正在经历数据底层架构无法打通的时期。如果海尔按照平台化方式运作,打通也需要一定时间。在这段时间里,海尔需要承受 1+1 可能小于 1 的风险。

在组织内部,更大的问题和挑战也随着变革升级逐渐显露出来。从 2012 年开始,海尔连续出现大量减员的情况,从最高峰时的 11 万人减少到 6 万人左右。并非每一个人都适合创业,这是海尔模式变革伴随人员大量流失的重要原因之一。被裁掉的人员很大一部分是对接上级和基层员工的中层,这些中层小部分彻底离职，更多的人是被下派到各个小微公司。海尔希望以这种管控与激励并进的方式来让整个公司变得更具活力、更互联网化。从考核模式来看，现在的海尔已经在相当大的范围内实现了财务方面的改制，但在薪酬福利、行为规范、企业文化等方面，这些小微公司依然遵循着多年来海尔所形成的规范，留下的老员工很可能仍受限于旧的传统思维。

天樽小微的独立"挣扎"就是一个典型的例子。从产品创新的角度来看，天樽无疑是海尔空气生态圈最具"亮点"的产品项目之一。上市之初，用户喜欢，对手追捧，广告投放到了央视。正因如此，为了能让天樽持续发展，最终引领引爆用户，从2014年下半年开始，集团就多次指明战略方向——让天樽成立小微，独立发展。但这一战略，在天樽身上却迟迟得不到落地。

一年后，当王友宁再面对这个问题时，他不禁一声叹息：还是传统观念在作祟啊！"当时想的是，天樽就两款产品，如果独立出来做样板，每天显示，数字却那么小……既担心这样会把天樽给考核死了，也觉得这样自己面子上会过不去。"因为该做的平台、机制与体系没做，总是把目光放在了短期的数字上，压力一大，就觉得传统方式见效快，而新模式见效慢，于是在具体操作过程中，用模式的新瓶装着传统的旧酒，结果就是一方面自己跑去给小微打工了，小微不独立，另一方面，自己追求的数字也没做好。如果一年前能够坚定承接集团战略，让天樽独立，那么现在天樽的市场一定会更加广阔。

企业家是一种稀缺资源，大多数人没有意愿和能力做CEO，而且海尔长期强调执行力文化，组织管理严密，并不是一个产生企业家的理想土壤。原有的大量中层尚不能完全互联网化，他们的思想禁锢在过去的成功中，很难接受这种转型文化，这种情况常常导致人心惶惶，人们要么担心被裁掉，要么担心业绩完不成。就算上面大胆放权，下面的人也接不住，落地可能非常困难。

如何保障在海尔平台上涌现出的众多企业家呢？海尔激活个体潜能的核心逻辑是——"既然不能把员工变成CEO，那就把CEO变成员工。"把公司打造成一个创业和创新的平台，让所有想成为CEO的创业者汇聚在海尔这个平台上，是海尔这几年一直的做法。目前在海尔孵化平台的小微企业负责人中，大多数是外来的创业者，他们怀着不同的目的聚集到这个平台上。但是，这些新进入的在线人员能否适应海尔制造业的工作氛围，不被业绩捆绑，长久看来还是个未知数。

彭盾就是海尔平台上众多创业合伙人之一，即"在线员工"。对于关注硬件项目开发的他来说，海尔平台最吸引人的地方在于帮助创业者实现从0到1的跨越。硬件开发上存在很多伪需求，年轻的创业团队很难把握细节。硬件不同于软件,不仅迭代速度慢、重构成本较高,还要面对很多技术限制,由此容易造成供应链上的问题。依据他的创业经验,如果没有强大的模具和供应链支撑的话,所有的想法都是飘在空中的。而在中国自主家电品牌中,只有海尔能够提供这么丰富的产业线来承接这些创意,拥有模块化的模具和制造,以及管控严格的供应链和品牌。

此外,对于小小的创业团队来说,强大的线下销售体系对他们的销售额是最有帮助的。在中国家电销售中,二级到五级市场大概涵盖市场的70%,而海尔生根细化的销售体系可以深入到农村五级市场的专卖店,这在国内是其他企业难以抗衡的,这也是当初彭盾选择与海尔创客平台合作的要点之一。至于未来小微企业会不会被海尔锁定,导致发展受限的问题,彭盾的想法是,这取决于合伙人如何衡量小微的成功。“现在市场上要做10亿独角兽公司很难,上百亿的更是凤毛麟角。我觉得只要能把想法实现,做出1个亿的产品销售,对于一个创业企业来说就是蛮成功了。对于创业者来说,在这个平台上你不能空谈,你要首先解决你的温饱问题。”

一些声音认为,将海尔整体分割成碎片化的小微并放弃传统企业的权力手段,这一大胆试验有可能走向失控,失去持续竞争力。具体来说,尽管这些新机制和平台为“互联网化”的海尔提供了灵活行动的基础,但从管理角度来看,灵活性与可控度是相悖的。无疑,市场和技术都是创新的动力,当小微如雨后春笋般成长起来时,很多人可能会不禁困惑,技术发展的前驱性是否会随着海尔平台化转型而逐渐丧失其作用?如何防止研发“碎片化”,保持对中长期基础研究和战略产品的超前投入?如果没有处理好这种平衡,海尔可能出现推动力换挡的“失速期”,陷入“前不着村,后不着店”的尴尬境地。另外,还可能丧失超越当前市场需求的勇气和能力。

对此,海尔将考核方式由两个硬性指标(收入目标、超前项目数量)转变为两个基本条件:第一,所有小微企业自挣自花,在产品线上赚取开发费或超利,养活部门人员;第二,为了平衡短期产品线项目和中长期项目的投入,还设置了一个综合系数,整个部门所有项目的整体系数不能低于1。但受制于业绩压力考核,小微的整体状态可用“冰火两重天”来形容。主打游戏本的雷神算是海尔小微里面格外优秀的,还有更多的小微一直处于亏损状态。有的研发人员也只能硬着头皮完成相应的迭代任务,为了冲业绩而想各种办法。这很容易造成研发与市场脱离。几位海尔专卖店负责人也表示,海尔一线的销售人员不仅要在市场上真刀真枪地与对手拼,还要应付集团的各种转型、流程变化,很辛苦。网络化转型强调与用户的沟通,因此停掉了很多广告,经销商做起来并不容易,造成销量下滑。

五、未来路在何方

海尔已经是中国家电行业老大多年,但作为海尔集团掌舵人的张瑞敏并没有打算“歇一歇”。相反,在并未遭遇巨大困境的背景下,张瑞敏主动发起一场堪称“天翻地覆”的巨变,将海尔既有的经营模式与组织结构全部打碎,打造全流程并联交互创新生态圈,欲架构出一个全新的海尔。

不忘初心,方得始终。海尔通过互联网转型希望变成一个生态系统,每个小微好比是一棵树,很多树在一起就变成了森林。在这个森林里,可能今天有活的,明天有死的,但总体上看,这个森林是“生生不息”的。张瑞敏这位“布道者”能否再创神话,把海尔从一条命延续到千百条命?

变革中的海尔将在很长一段时间内处于高风险期。海尔的互联网转型方向究竟是否正确?如何打破老员工的思维惯性和惰性,去积极主动应对变革?在生态圈中平台型企业如何避免失控和失去原有竞争优势等风险?这些环环相扣的难题是海尔现在和未来一段时间不得不应对的。

附录1　海尔集团2010—2015年营业额、利润与全球市场份额

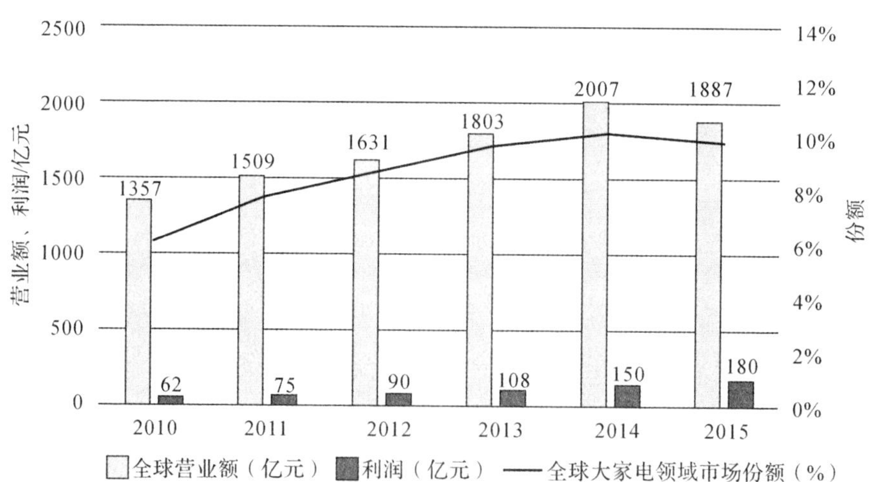

来源:作者依据海尔集团网站及公开资料整理

附录 2　海尔集团五大战略发展阶段

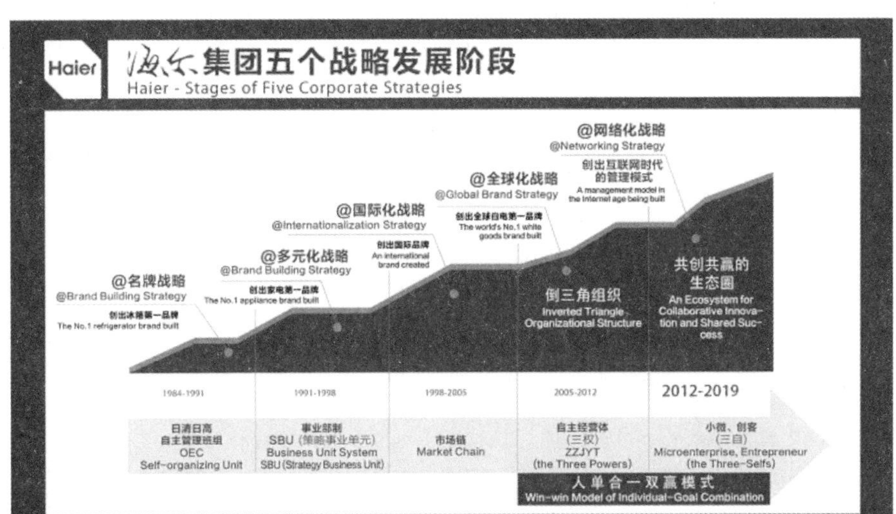

来源:海尔集团网站

附录 3　海尔创新生态系统建设大事记

2011 年	
7 月 7 日	在中国国际消费电子博览会上展示全球首个家电"云"服务解决方案
9 月	"以开放式研发平台建设为核心的创新体系建设"项目荣获企业技术创新工程国家科技进步二等奖,是自设立该奖项以来唯一获此殊荣的家电企业
2012 年	
12 月	全面启动网络化战略
2013 年	
10 月	海尔开放创新平台(HOPE)正式上线
12 月 9 日	与阿里巴巴集团联合宣布达成战略合作,联手打造全新的家电及大件商品的物流配送、安装服务等整套体系及标准,该体系将对全社会开放

续表

2014年	
3月	发布全球首个智慧生活开放平台“U+”
10月	联合教育部信息管理中心共同发起全国性高校创客征集项目，计划在全国30多所高校挂牌“创客实验室”
12月30日	与恒大集团签订战略合作协议，为住户提供全流程个性化生活解决方案
2015年	
3月25日	发布“U+”开放平台构建下的洗护、用水、空气、美食、健康、安全、娱乐七大智慧生态圈及每个生态圈里的多个“网器”新品
8月11日	发布全球首个智能互联工厂，实现个性化定制的可视化
11月	与青岛高新区共建服务机器人创客孵化平台，以海尔创客工厂为依托，利用海尔模具为软硬件开发基础，为平台上的创客提供技术支持和装备支撑
2016年	
1月15日	宣布将通过54亿美元的交易整合通用电气旗下的家电业务，共同在工业互联网、医疗、先进制造领域提升双方企业竞争力
1月23日	集团召开生态圈共创共赢模式创新交互大会，张瑞敏做“为创建互联网企业而求索”主题演讲
3月5日	日日顺智慧物流生态圈的启动
3月10日	发布支持大规模定制的互联网架构软件服务平台COSMO，成为家电智能制造体系中首个与用户零距离的互联工厂云平台，提供全流程可视体验
4月19日	海尔海创汇“创业+”孵化基地（青岛）投入运营，吸引了海尔投资孵化平台、德国史太白、硅谷Plug & Play等国内外资源参与

来源：作者依据海尔集团网站资料整理

附录4 基于智慧互联工厂的"U+"智慧生活平台示意图

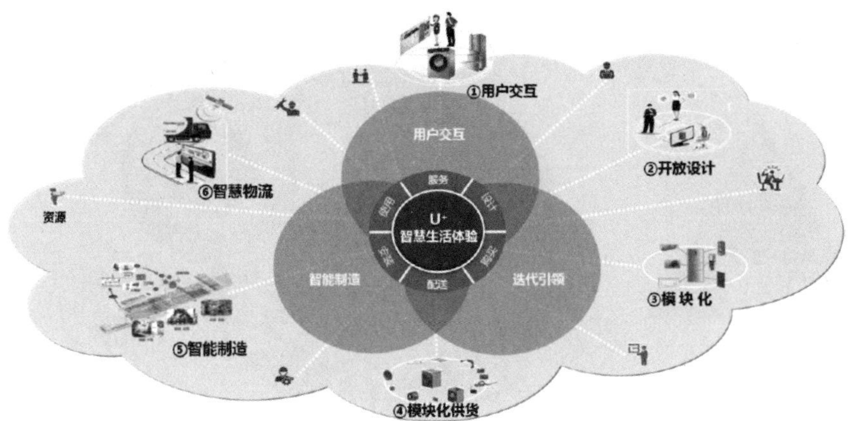

来源:青岛海尔2015年年报

附录5 七大智慧生活生态圈资源方示意图

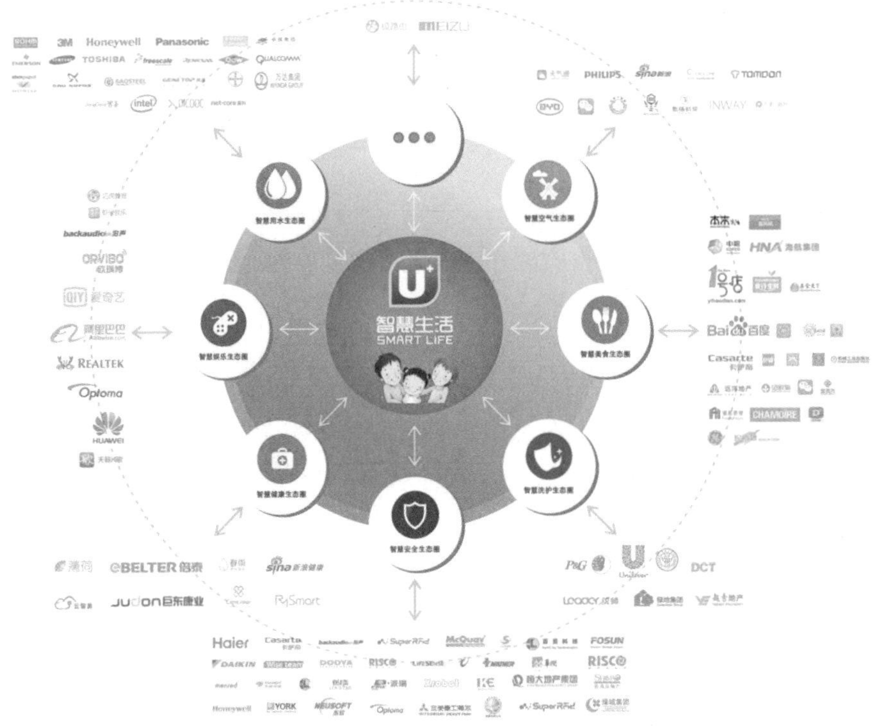

来源:青岛海尔2015年年报

附录 6 海尔创客与并联平台生态圈协作示意图

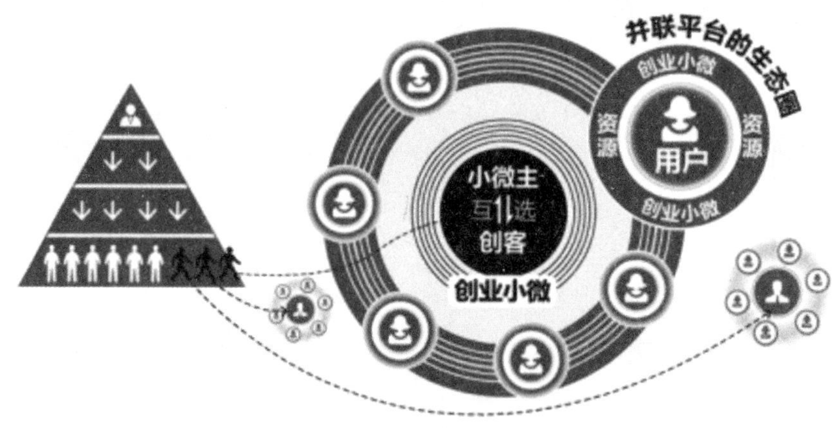

来源:海尔集团网站

附录 7 海尔小微公司机制

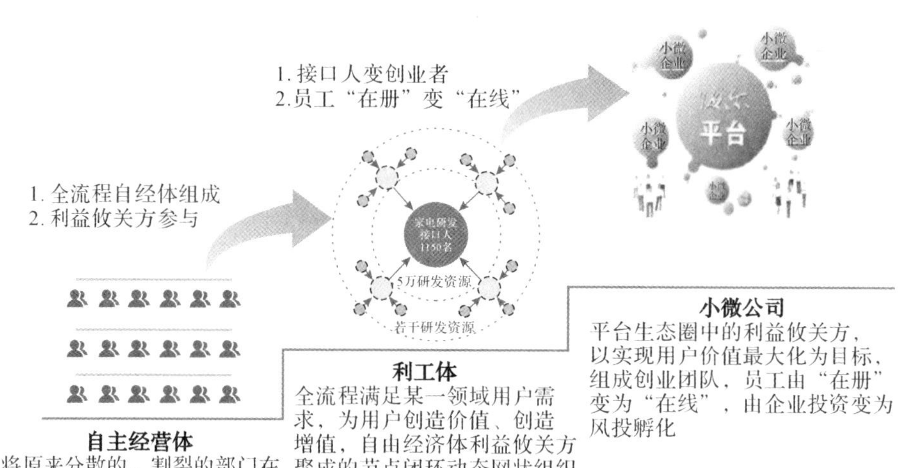

来源:内部资料

附录 8　互联网时代家电行业主要变化

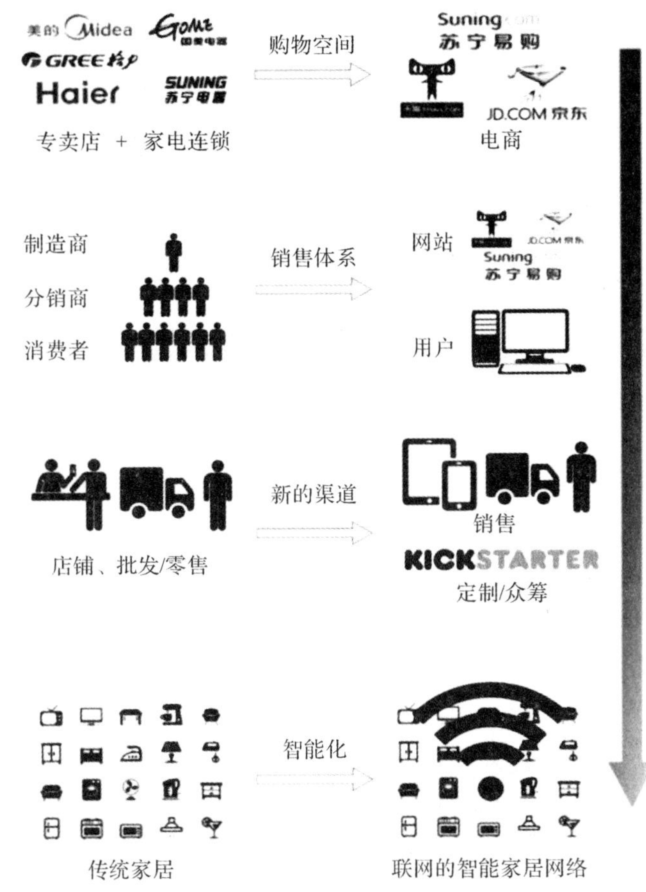

来源:http://www.ceconlinebbs.com/FORUM_POST_900001_900003_1090202_0.HTM? code=shareto&site=wechat&source=sina

附录 9　海尔 U+生态圈宣传片

海尔 U+生态圈宣传片—原创—高清正版视频在线观看—爱奇艺 http://www.iqiyi.com/w_19rspv6j05.html

TEACHING NOTE

案例使用说明

一、教学目的与用途

(1)本案例主要适用于MBA“创新与变革管理”“战略管理”“公司创业”等课程的开放式创新、创新生态系统、平台战略、公司内部创业等章节的教学,也适用于研究生、企业管理人员的工商管理类别的相关教学与培训。

(2)本案例的教学目的是通过组织学生对该案例的分析和讨论,提升学生对“互联网+”变革时代传统制造企业如何转型升级,利用平台化战略构建创新生态圈,重塑可持续竞争优势这一问题的认识。通过分析讨论,学生可以更好地理解和掌握创新管理、战略管理、公司内部创业中的相关理论与概念,如创新生态系统理论、平台战略理论等。

二、启发思考题

(1)在“互联网+”变革时代,海尔为什么在原有发展模式并没有明显下滑迹象的时候,主动自我革命,构建全流程并联交互创新生态圈?如何打破老员工的思维惯性和惰性,去积极主动应对变革?

(2)依据海尔创新生态圈的特点,你认为海尔在其中的角色和作用是什么?如何协调好海尔与生态圈中各利益相关者的关系?

(3)海尔构建的“全流程并联交互创新生态圈”可能存在哪些潜在风险?在生态圈中作为平台型企业如何避免失控和失去原有竞争优势等风险?

(4)海尔采用“小微化”“创客化”的机制激发生态圈活力,但要如何解决可能的研发“碎片化”与大公司应保持相对稳定的中长期基础研究力量之间的矛盾?

三、分析思路

教师可以根据自己的教学目标灵活使用本案例。以下提出分析思路仅供参考。

针对思考题(1),案例正文的第二、第三部分分别从外部创新生态圈和内部创业介绍了海尔平台化转型过程中如何进行资源整合导入和新项目孵化,为了让学生更深入思考这一过程中可能面对的困难,明确互联网时代背景下海尔变革的紧迫性和必要性,首先可以引导其探讨海尔“为什么”要进行平台化转型的动因。依据张瑞敏的公开发言，海尔转型的思想支柱是“没有成功的企业，只有时代的企业”。一方面，从公司创业理论（见第四部分理论依据）和英国伟大的管理思想大师查尔斯·汉迪的“第二曲线”理论来看，公司变革存续与时代背景有重要联系。“成功就是当第一条曲线达到顶峰之前，就开始第二条曲线，让财务、人力等好的资源都支持第二条曲线。”张瑞敏也表示过，如果等企业开始走下坡路再关注第二条曲线就会非常困难，因此海尔率先试水互联网转型。另一方面，从现实中反观，互联网时代的驱动力变了，相应的管理哲学也被颠覆。改革开放初期，由于劳动力成本低，以加工为主的中国制造迅速发展起来。工业时代的原动力是规模经济和范围经济。规模经济就是扩大生产规模、降低生产成本，把企业做大；范围经济就是扩展经营范围、增加产品种类，把企业做强。但在互联网时代，驱动力变成了平台。例如电商就是平台经济，其快速发展给实体店带来了很大冲击。实体工业如 3D 打印，可能会对传统的生产流水线产生重大影响。

基于以上种种，海尔采取了平台化转型战略，建设创新生态圈以适应互联网时代的变革。

其次，总结文中海尔“如何”转型的做法可以发现，海尔是从“自成体系”的经营实体转变为商业生态体系中的一个圈。建议引导学生比较分析其背后的管理理论差异，可以参考传统的企业管理理论与近年来兴起的创新生态系统理论，辩证思考两种理论/模式之间的关系。

在某种程度上，二者并不是非此即彼的二分选择，这两种模式可能适用于管理生命周期的不同阶段。企业管理的系统性理论可以指导企业扩大已有产品的生产规模和营收，强调产品质量和运营效率，就如“农场”的作用一般。而创新生态系统理论则常运用在产品定义前、产生营收前，甚至企业或团队形成前，更像是能够产生新物种的“雨林”。与“农场”相比，创新生态系统的混沌性更高，更可能产生颠覆性创新。

以上动因和理论的梳理有助于学生理解海尔如何打造跨边界的创新生态系统，即 2013 年提出的“三无”——企业无边界、管理无领导、供应链无尺度，2014 年升级的“三化”——企业平台化、员工创客化、用户个性化。

其一，从“企业无边界”到“企业平台化”，说明海尔已不再扮演“产品中心”的角色，而是转变为“资源中心”，通过拆掉供应端、用户与资源中间的“隔热墙”，通过充分交互产生满足用户需求的创意和成果，通过并联交互模式实现技术创新。

其二，从“管理无领导”到“员工创客化”，是因为随着企业的发展壮大，科层制组织架构出现了“流程长、决策慢、创造力差”等弊端。“无领导”管理模式是为了以“自组织”的方式激发每个员工的潜能，让“张瑞敏制造”变为“制造张瑞敏”，使每个人成为创新主体，最终目标是实现所有人自主经营。

其三，从“供应链无尺度”到“用户个性化”，意味着海尔正在将传统的线性供应链转变为“按需设计”“按需制造”“按需配送”的现代供应链。因为在互联网时代，只有给予用户全流程最佳体验，才能更好地满足用户多样化、个性化、层次化的需求和参与感，增加用户黏性。

从内部来看，开放联通的创新生态圈也为创客平台提供了无障碍的资源进入管道，便于第一时间发现并持续捕捉到潜在的产业颠覆机会（杀手级 A1 产品），同时承接新产业的快速孵化，最终打通形成众包、众创、众投的平台架构。

转型后的海尔已经成为一个平台企业，始终处在混沌、动态的生态系统中，因此，组织和资源边界变得模糊。

针对思考题(2)，学生需要总结海尔在生态圈中的角色定位。依据思考题(1)分析中“雨林”的比喻，可以在生物学中找到一个词来类比海尔的作用，即“基石物种”（此处可引申为“基石组织”）。在创新生态系统中，基石组织一般都具有较强的整合力和影响力，扮演着重要的支持枢纽作用。它们促进了生态系统中的合作关系，降低了沟通成本和可能的摩擦，产生了有价值的互动和协同。具体来说，基石组织通过以下方式降低创新生态圈中的交易成本：

- 通过打破传统的等级关系，超越社交圈界限，帮助有想法、才能、知识、资金或者机会的人们建立联系。

- 通过各种方式来促进个体之间的协作，让人们可以更有效地为创新项目工作。

- 成为高质量关系的过滤器，因为他们提供的关系质量高，他们可以维持可信度关系网枢纽的角色。

- 推广宣传对创新有利的行为。

在目前生态圈的发展阶段，海尔与其中利益相关者的关系主要体现在利益协调和共享方面。海尔采取“网络协同的非线性管理”，例如和陶氏化学、英国利兹大学等通过共建全球运营专利池和技术标准创立了生态圈的利益绑定机制；采用让模块商参与前端设计，从而使其享有优先供货权或分享超利的互惠方式；通过收购、投资等方式与技术创业企业合作，帮助其分担运营费用，加速技术产业化等。

针对思考题(3)，学生需要以生态圈为基本单元，思考海尔在圈内和圈外可能面临的各种风险，分析风险的来源，并提出针对性的解决方案。

在创新生态圈中,海尔的确存在失控和失去原有竞争优势等风险。例如,在生态圈内,崩溃性风险、传染性风险、不可抗力风险、断续性风险、过时风险和拒绝风险等可能造成系统功能紊乱与崩溃。前三种风险及其应对原则是结构性方面的,可用来指导系统的设计,这些原则也普遍存在于自然界中。后三种风险及其应对原则主要是管理上的,用来指导管理认知的理解和应用。具体见表 4。

表 4　创新生态圈内可能存在的风险与应对原则

风险	应对的原则:结构性原则
崩溃性风险:行业内部或外部的变革使企业的商业模式淘汰过时	异质性。人才、创意、创新和行动的多样化
传染性风险:在经济或业务生态系统中某个部分的风险快速扩散至其他组成部分	模块化。在商业系统之间保持松散的连接或设置屏障
不可抗力风险:罕见但严重的风险,例如自然灾害、恐怖主义和政治动荡	冗余。商业系统中不同组成部分保持备份,形成产能缓冲
断续性风险:商业环境突然发生难以预料的变化	接受意外,但要降低不确定性。收集信号,发现变化的规律,设想合理的结果,并提前采取行动
过时风险:客户需求、竞争创新或环境发生变化,企业无法适应	建立反馈循环和自适应机制。监控变化,鼓励多样化、实验、创新和加速迭代
拒绝风险:商业生态系统中的其他参与者拒绝与公司合作	建立信任和互惠。企业的行为要有利于系统中的其他参与者建立互惠的机制

来源:Reeves M, Levin S, Ueda D. 企业战略生物学[J]. 哈佛商业评论(中文版), 2016(1): 74—92.

此外,生态圈与生态圈之间的竞争也可能带来重大威胁。传统企业通常面对高度同质的竞争者,在垂直价值链上争抢下游客源,竞争的形态比较单一。平台企业发展出独特的创新生态圈,瓦解了这种线性竞争关系,潜在的敌人也往往从无法预料的方向出现。以目前尚在起步阶段的智能家居市场为例,至少存在两方力量的相互抗衡。

一是家电企业。在传统家电基础上融入智能化功能,构建智慧生活生态圈。例如,海尔推出"U+"智慧生活平台,通过开放的接口协议让不同品牌、不同种类的家电产品接入平台,实现系统级别的交互,可以为用户提供不同的智慧生活解决方案。此外,美的 M-Smart 智慧家居战略,以传感、大数据、智能控制技术为手段,通过与阿里、华为等合作伙伴的强强联手,力求打造全品类白色家电产品互联互通。二是一些互联网企业不断延伸产业链布局，搭建统一平台，构建生态圈。例如以京东微联、阿里小智、小米生态圈等为代表的电商导向型企业，往往在传统业务基础上借助控制模块和超级App模式，引流消费用户，主要定位于后装用户市场。还有一些用户/内容导向型企业，如QQ物联、微信开放平台、乐视超级应用乐居家等。乐视拥有云平台服务、内容资源库、硬件终端以及应用等其他企业没有的优势资源，能与合作设备商的产品及业务线产生天然的联系，在“平台＋内容＋终端＋应用”的乐视生态基础上，带来更多的用户、内容及服务资源。此外，来自其他生态圈的组织也层出不穷。华为HiLink计划打造以连接为核心的智能家居生态，将“人、车、家”的三位一体作为其整个布局的终极目标。360将云服务技术、大数据平台技术、在线营销平台、App开发能力、开放芯片组等资源等进行全面垂直整合，推出一个开放完整的智能家居生态系统和360智连模块。

为了提出应对生态圈竞争的策略，有必要引导学生比较两方共同的思路和各自的优势。表5选择小米作为互联网厂商阵营的代表进行分析。

表5　海尔与小米的智慧家居生态圈建设思路与优势比较

	海尔	小米
共同的思路		
打造聚合平台	为了避免“传感器＋芯片＋App”模式造成不同品牌产品之间互不兼容的影响，提升便捷性和用户体验，二者都力图打造一个开放、成熟的商业生态系统，涵盖芯片、模组、电控、厂商、开发者、投资者、电子商务、云服务平台和跨平台合作等所有与智能家居有关的行业内容和相关企业	
全开放	在聚合平台中，开放的协议和接口有助于合作伙伴的产品迅速升级为智慧家电，实现品牌的互联互通、数据共享，并且节约成本，缩短开发周期。目前海尔“U＋”平台已经开放了云服务数据、智能硬件、App等接口给合作伙伴。而以开放精神、极客精神著称的小米也表示，将在智能家居平台中实现云服务和协议的开放，鼓励开发者参与，实现产品的快速更新	
提供芯片支持	智能家居在家电市场仍属于小众产品，产品销量难以达到百万级别，导致家电厂商找芯片厂商定制芯片时要付出高昂的成本。作为智能平台的牵头者，海尔和小米都表示会提供智能硬件和芯片给合作伙伴，通过平台效应和品牌效应降低芯片成本，中小厂商能够通过植入硬件的方式便捷地开发出智能家居产品，扭转智能家电价格普遍偏高的局面	

续表

	海尔	小米
不一样的优势		
1	品牌声誉:作为资质较老、资金充足、产品丰富的传统硬件厂商,海尔在家电行业具有很强的影响力和较为庞大的用户群。它更愿意通过品牌整合效应吸引消费者,让传统家庭通过对电器的更新换代来完成智慧家庭的组建	基于互联网思维的用户基础:MIUI是小米进入智能家居领域的撒手锏,未来如果其向合作伙伴统一开放MIUI的接口,基于其可观的用户规模,会有大批的传统家电厂商愿意加入到MIUI的阵容中来,最便捷地让自家产品具有互联网思维
2	先发优势:海尔"U+"平台已经进入公测阶段,显然要比小米走得更早、更快	基于互联网思维的产品基础:现阶段,小米路由器和小米手机组合后的超强实用性,已经让用户看到智慧家庭的雏形。随着小米手环、小米平板、小米电视等一系列产品的研发升级,以MIUI为操作系统的智能家居阵营将更加庞大和丰富
3	销售渠道:目前海尔已经拥有3000家一、二级市场社区店,8000多家县级专卖店,以及2.24万家乡镇专卖店。实体店的设立可以使得消费者在海尔专卖店中实际感受智能家居的魅力	

来源:作者依据网络资料整理

目前,海尔已经采取了多项战略布局,以扩大其生态圈在智慧家具市场的影响力和优势。例如,2014年9月,海尔推出了主要针对80后、90后客户的在线装修平台"有住网",打出了599元/平方米的口号,成立三个月就有超过3000套房子的家装业务预约。同时,有住网还为万科、恒大、龙湖等各大地产商提供装修解决方案,并提供低利率分期贷款服务。再如,海尔推出了与供应商交互的平台"云莱网",定位于智慧家居OTO平台和丰富的供应商交互平台,致力于为业主提供一站式集成家居解决方案和为大客户提供战略集采服务。云莱网与有住网形成战略互补,一个提供装修物资,一个提供装修服务。海尔"日日顺"则为业主打造了一个家居网上商城,业主可以通过商城采购海尔智能家居、家电等产品。此外,海尔集团还与国内地产龙头企业恒大集团达成战略合作,有机会把海尔智慧家庭拓展到恒大旗下社区,让战略布局真正落地。

针对思考题(4)，案例部分已经介绍了海尔如何设计考核指标以防止平台转型带来的研发“碎片化”问题，实现中长期可持续竞争优势（见正文第四部分）。为了激发学生对该问题的进一步思考，教师可以引导其在组织层面，从组织设计的角度提出更好的方案。组织二元性理论对于该问题的分析具有一定价值，可以从结构和功能等方面提供一定的思路。

例如，对于集团的中央研究院和业务部门可以采用不同的转型方式。一方面，集团中央研究院可以继续以研发超前项目和战略产品为主要职能，采用内部市场化的方式对预研创新项目进行内部招投标，走技术驱动创新发展之路，支持和保障集团旗下各业务部门的技术需求。另一方面，各业务部门可以更加贴近市场与用户需求，整合社会资源，走市场驱动创新发展之路，以用户为起点逆向打通生产、销售、物流、售后等全流程信息，创造最佳消费体验。由此实现在调动小微积极性和灵活性的同时，保证整体发展的稳定性与可控性。

四、理论依据及启示

1. 创新生态系统理论

美国经济学家 James F. Moore 1993 年在《哈佛商业评论》上发表文章《掠食者与猎物:新的竞争生态》，从企业生态观视角正式提出了“商业生态系统”(business ecosystem)的概念（见图3)。企业不再是孤军奋战的经营体，而是商业生态系统有机体的一部分。同时，每个商业生态系统之间还可能发生交互和共演，并嵌入于更广泛的经济生态系统(economic ecosystem)中。这种变化影响着企业经营管理的方方面面。例如，通信技术的发展为商业生态系统的形成提供了技术条件，而消费者需求驱动经济(demand-driven economy)则加速了这一过程。再如，商业生态系统打破了传统的行业界线，使不同行业的企业走到了一起，从而增加了共创共赢的市场机会。此外，超分工整合(super disintegration)的发展促使企业更关注自己的生态位，以及如何从利用和超出组织边界资源中获益。

2006 年，Adner 在商业生态系统的基础上进一步提出“创新生态系统(innovative ecosystem)”的概念，认为创新生态系统本质上是指一种协同机制，这种机制能够通过人力、设备、资金、知识、技能、关系、品牌等资源的开放共享降低研发成本，分散市场风险，实现网络效应和规模效益。一个创新生态系统可以为商业运作中的创新提供引导，也将商业战略由简单的联合工作向协同、系统的合作转变，从产品竞争向平台竞争转变，从企业独立的发展向

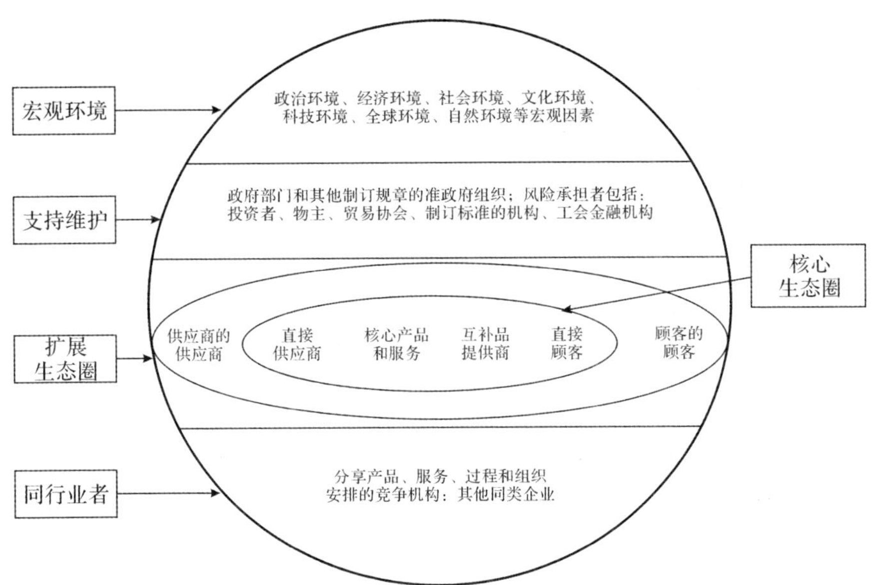

图 3 商业生态系统示意

来源:Moore J F. The Death of Competition: Leadership and Strategy in the Age of Business Ecosystem [M]. New York: Harper Collins Publishers, 1996.

共同演化转变,从而为管理战略的制定提供依据。此时,竞争已不再局限于企业与企业间,而是同时存在于生态系统之间,组织竞争优势还依赖于外部环境的变化和生态系统成员的共同参与。

我国学者陈劲等人梳理了企业创新生态系统的演化阶段及属性,区别了第三代高度基于战略管理导向的创新体系和第四代企业创新生态体系(见图4和表6)。第三代体系强调创新战略在企业战略中的核心作用,及其与企业领导治理决策系统的紧密关系,认为企业战略的主导性有效实现了创新所需的各项管理职能(包含研发、制造、设计、营销等)相关协调匹配关系的顶层设计,完善公司创新战略对于公司战略与竞争优势提升的嵌入关系。而第四代创新生态体系则进一步打破企业边界,整合了与企业创新活动相关的利益主体的资源,实现偏利共生、协同共演,从而促进生态系统价值的优化与健康的演进。

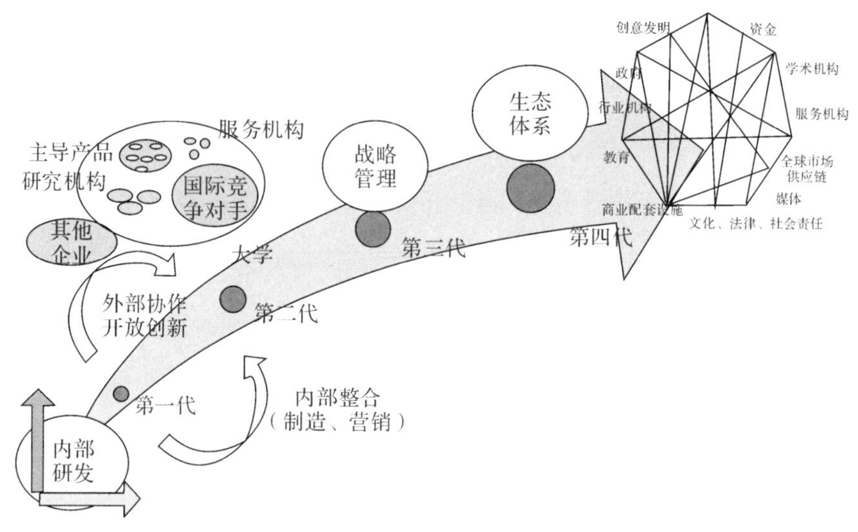

图4　企业技术创新体系演化示意

来源：陈劲，黄淑芳．企业技术创新体系演化研究［J］．管理工程学报，2014,28(4)：219－227.

表6　各代企业创新体系的特点

代际	名称	特点
第一代（20世纪50年代—60年代中期）	以研发为中心的创新体系	内部、自主
第二代（20世纪60年代中期—80年代中期）	基于协同/整合的创新体系	互动、开放
第三代（20世纪80年代中期—90年代）	高度基于战略管理导向的创新体系	战略、治理
第四代（20世纪90年代—至今）	创新生态体系	生态、核心

来源：陈劲，黄淑芳．企业技术创新体系演化研究［J］．管理工程学报，2014,28(4)：219－227.

与较为规则的网络不同，企业生态系统具有复杂性、动态性和交叉性等特征。《硅谷生态圈：创新的雨林法则》一书指出，如果传统创新网络的创新主体之间有$(n-1)/2$个协作节点，那么创新生态网络各创新主体之间就有可能产生$n(n-1)/2$个协作节点（见图5a），因此创新生态系统的网络节点比传统创新的网络连接节点多了n倍。交易越多意味着整个系统产生的经济效应可能越大。

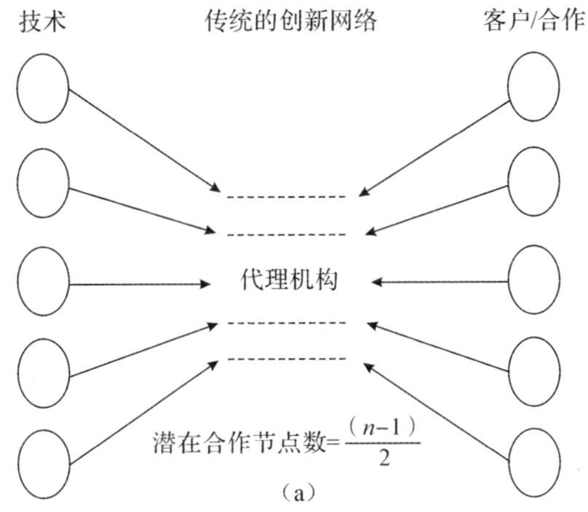

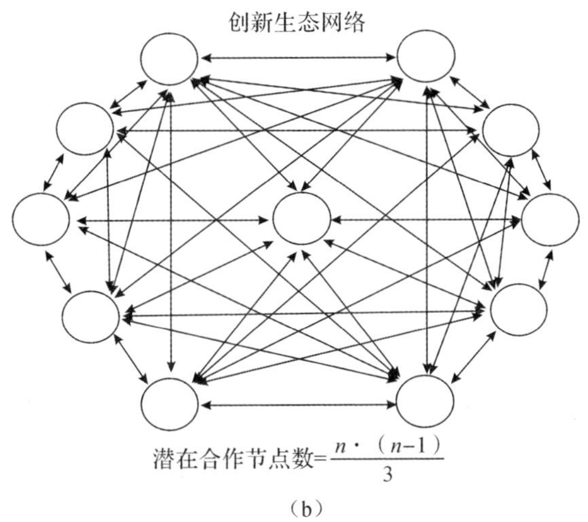

图5　传统创新合作与创新生态网络合作节点

来源:维克多·W.黄,格雷格·霍格维茨. 硅谷生态圈:创新的雨林法则[M]. 诸葛越,等,译.北京:机械工业出版社,2015.

2. 公司内部创业理论

公司创业是指企业层面的创业行为(Burgelman, 1983; Zahra, 1993),是指组织内部的个体或群体通过与组织联合来创建新的业务机构、推动组织内部战略更新和创新的过程。公司创业对于企业的生存和发展具有极其重要的意义(Sharma & Chrisman, 1999)。公司创业(corporate entrepreneurship)也被称作"内企业家精神"(intrapreneurship)、"内部企业家精神"(internal entrepreneurship）、“公司风险活动”（corporate venturing）、“创业导向”（entrepreneurial orientation）等。

张武保、任荣伟（2011）提出公司内部创业的层次、结构与内容逻辑，将其划分为公司内新创事业和公司外衍生创业两个集合（见图 6）。

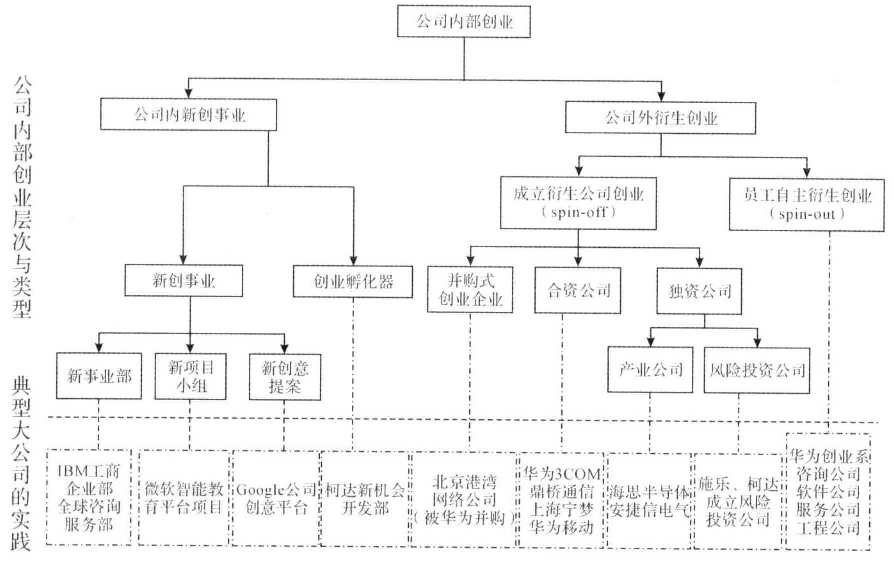

图 6　公司内部创业的层次、结构与内容逻辑

来源：张武保，任荣伟. 借以内部创业战略提升企业竞争力：行为与绩效——中国华为公司内部创业行动案例研究[J]. 华南理工大学学报（社会科学版），2011(4)：24—32.

郑馨（2014）按照公司参与程度和控制权程度的高低，总结出内部创新的四种模式：内部创新提案、新项目小组或新事业部、创业孵化器或创业基金以及衍生裂变新创企业（见图 7）。衍生裂变创业是现有企业将某一业务部门分拆出去创立新企业，或员工离职创办新企业。国内出现的“华为系”“阿里系”，以及美国硅谷的“硅谷族谱”等，都由母体企业不断衍生裂变形成。衍生裂变的新创企业通常和原有企业保持千丝万缕的联系，比如资源的传承、业务上的往来。衍生创业者会选择成为大企业上游原材料的供应商、下游的销售商或服务商，或作为母体企业的竞争者从事类似或相同业务。

衍生裂变创业的优点在于，它既避免了由母体企业对业务的完全控制而可能导致的低效率，又避免了由独立创业而带来的完全市场交易中的高风险。这种模式一方面有利于大企业持续不断地孕育更多的创业精神，解决内部创新动力不足的问题，另一方面也为自我驱动力强、有创新基因的员工提供自由空间

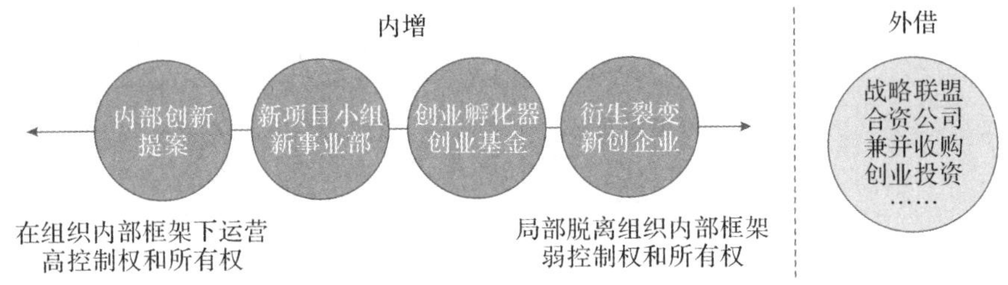

图 7　内部创业的模式

来源：郑馨．大象如何跳舞？——传统企业的内部创业与突破[J]．清华管理评论，2014(12)．

和强有力的激励，避免了高管流失。

衍生裂变创业的可能风险是，大企业会成为新创企业的摇篮和黄埔军校，如果完全失去对衍生企业的所有权和控制权，衍生企业很有可能成长为兼具创造力和破坏力的力量，甚至威胁到原有大企业的利益。例如，2000 年左右，华为曾鼓励内部创业。李一男离开华为，独自创建了港湾网络，带走了不少顶尖研发和销售人员。港湾科技后来发展成为华为企业级数据通信市场的主要竞争对手。这一事件以华为实施狙击，最终收购港湾网络收尾，被视为华为衍生裂变创业的滑铁卢之役。

内部创业最核心的本质是激发创新、提升企业竞争能力。硅谷精益创业教父史蒂夫·布兰克在《如何在公司内部创业》一文中指出，大公司应该效仿“精益创业”的形式，鼓励员工在内部创业以激发活力，但是怎样与现有架构无缝衔接，却不是一件容易的事。公司创业需要克服组织惯性和官僚化的侵蚀，解决新旧业务活动之间的种种冲突，善于从多个创业机会中选择适合成为未来战略内容的发展方向。这需要在战略和架构层面和公司高层（董事会、CEO、高管）达成共识，获取母公司高层权威人物的稳定支持，将自己的业务流程隔离和保护起来，以避免受到母公司既得利益集团的毁灭性打击。对于大多数企业而言，只有当公司遭遇发展困境时才会去考虑内部创新、创业的问题，但是优秀的企业却会在遭遇瓶颈前就开始行动。高水平的内部创业机制能较好地适应竞争环境的要求并创新一种竞争战略模式。

3．组织创新与无边界组织理论

创新的效率与其组织形式显著相关。在企业创新过程中，主要的组织形式有现行组织模式、并行和交叉组织模式、小组制组织模式、矩阵组织模式。近年来随着互联网与移动互联网的兴起，也出现了虚拟组织、网络型组织、无边界组织等新型组织形式。企业究竟采取何种组织形式,应该因地制宜、因时制宜,适应不同的发展阶段、规模,一切从实际出发,而不应盲目照搬别人的模式。

无边界组织是相对于有边界组织而言的。有边界组织要保留边界,完全是为了保证组织的稳定与秩序。但无边界组织也需要稳定和呈现度,所以它绝不是要完全否定企业组织必有的控制手段,包括工作分析、岗位定级、职责权力等等的设定,只是不能把它们僵死化。

美国通用电气公司前任董事会主席杰克·韦尔奇(Jack Welch)首先使用了无边界组织这一术语。韦尔奇力求取消公司内部的横向和纵向边界,并打破公司与客户和供应商之间存在的外部边界障碍。

在今天动态的外部环境下,组织为了更有效地运营,就必须保持灵活性和非结构化。为此,无边界组织力图取消指挥链,保持合适的管理幅度,以授权的团队取代部门。那么如何实现无边界的组织设计呢?管理者可以通过跨职能团队以及围绕工作流程而不是职能部门组织相关的工作活动等方式,以取消组织的横向边界;通过运用跨层级团队或参与式决策等手段,取消组织的纵向边界,使组织结构扁平化;通过与供应商建立战略联盟等,取消组织的外部边界。

五、关键要点

(1)海尔实施全流程并联交互创新生态圈、向平台型企业转型的动因。

(2)海尔在这一创新生态圈(创新生态系统)中的自身定位、角色、创新模式和组织管理的特色。

(3)海尔小微化、创客化内部创业模式的优缺点,思考如何在控制风险最小化的同时发挥其价值创造优势,及其对海尔长期竞争优势构建的作用。

六、建议课堂计划

本案例可对应于"创新与变革管理"课程中的开放式创新、创新生态系统等章节,以案例讨论课的形式进行。以下提供两节课(90 分钟)的课堂计划建议,供参考。

1. 课前计划

提前 2 周发放案例,提出课后启发思考题,请学生在课前完成阅读和初步思考,并要求在本案例课上课前提交个人对案例思考题的书面思考结果。

2. 课中计划

首先由学生按事先分组进行讨论交流(15 分钟)。通过相互交流,让小组同学扩展自己的思维,达成一定的共识,为后续讨论奠定良好的基础。然后由教师引导全班进行案例分析。教师通过逐一提出下述问题引导讨论:

(1)请围绕整个案例,回答分析“互联网+”变革时代,家电行业发生了什么样的改变?存在哪些机遇和挑战?海尔为什么在原有发展模式并没有明显下滑迹象的时候,主动自我革命,构建全流程并联交互创新生态圈?(15 分钟)

(2)依据海尔创新生态圈的特点,你认为海尔在其中的角色和作用是什么?如何协调好海尔与生态圈中各利益相关者的关系?(15 分钟)

(3)基于生态圈的运作模式可能会对海尔的核心竞争力带来哪些可能的风险?为什么会出现这些风险?如果你是张瑞敏,你会怎样对互联网时代的环境进行扫描,识别风险信号?该如何设计以预防风险、控制风险造成的危害?(15 分钟)

(4)海尔采用小微化、创客化的机制激发生态圈活力,但要如何解决可能的研发碎片化和大公司应保持相对稳定的中长期基础研究力量的矛盾?(15 分钟)

教师可将学生对这些问题的发言要点列在黑板上,为后续将这些内容串在一起进行总结和讲解奠定基础。

接下来由教师对讨论结果进行归纳总结。根据黑板上列出的讨论结果,总结企业互联网时代转型的基本思路、对创新网络的影响、对决策方式和运作风险的影响以及对技术竞争力和市场竞争力的影响。最后说明海尔目前的发展思路和情况,鼓励学生思考造成案例讨论选择与现实发展的异同的原因。(15 分钟)

3. 课后计划

若有必要,请学生采用报告形式给出更加具体的解决方案,包括具体的职责分工,为后续章节内容做好铺垫。

七、主要参考文献

[1] 维克多·W. 黄,格雷格·霍格维茨. 硅谷生态圈:创新的雨林法则[M]. 诸葛越,等译. 北京:机械工业出版社,2015.

[2] Moore J F. The Death of Competition: Leadership and Strategy in the Age of Business Ecosystem [M]. New York: Harper Collins Publishers, 1997.

[3] Reeves M, Levin S, Ueda D. 企业战略生物学[J]. 安健,译. 哈佛商业评论(中文版),2016(1):74-92.

[4] 陈劲,黄淑芳. 企业技术创新体系演化研究[J]. 管理工程学报,2014,28(4):219-227.

海蓝进出口公司酒店业态及连锁经营扩张方式的选择[①]

摘　要：本案例描述了海蓝进出口公司在确立酒店业务板块集团化发展战略后，成立了酒店事业部，并要求事业部提出酒店集团化发展的基本方案。基于集团化发展的关键要素与公司的实际情况，事业部组织中高层管理者对酒店业态和连锁经营扩张路径选择展开了讨论，结果大家各执己见，似乎都有道理，未能达成统一意见。随着提交方案日期的接近，酒店事业部总经理高立德还是难以抉择，一筹莫展。

关键词：酒店业态；连锁经营；观点交锋

国庆节前夕，节日的临近总是让人兴奋和激动的，可是，刚放下儿子催促一起去看电影的电话的海蓝进出口公司酒店事业部总经理高立德却心事重重，眉头紧皱，丝毫没有马上要与家人一起享受天伦之乐的喜悦。原来，海蓝进出口公司为了加快酒店产业的发展，决定走集团化发展之路。公司为此成立了酒店事业部，任命他为酒店事业部总经理。公司董事会要求酒店事业部在一个月内向公司提交酒店集团化发展方案。为此，他召集相关人员对酒店业态以及连锁

---

①本案例由浙江大学管理学院的邹益民、孙凤撰写，作者拥有著作权中的署名权、修改权、改编权。未经允许，本案例的所有部分都不能以任何方式与手段擅自复制或传播。

本案例于 2014 年 5 月收录，文中叙述保留收录时的时间点。

由于企业保密的要求，在本案例中对公司、人名、数据等做了必要的掩饰性处理。

本案例只供课堂讨论之用，并无意暗示或说明某种管理行为是否有效。

经营路径的选择进行讨论，但在讨论过程中出现了意见分歧，每种意见似乎都有一定的道理。眼下，提交方案的日期临近，多种酒店业态和连锁路径，哪一种才最符合公司目前与未来的发展目标，以保证酒店产业稳健高效地发展？高总一时感到难以抉择。在沉默的思索中他不禁又将公司在酒店产业一步一步发展的历程回忆了一遍。

一、海蓝进出口公司及酒店业务现状

1.海蓝进出口公司简介

海蓝进出口股份有限公司成立于1988年，系中国500强企业和中国出口200强企业，是一家以进出口贸易为主业的综合企业集团。公司拥有自营进出口经营权、国际货运代理经营业务权、国际工程承包劳务合作经营权。经外交部授权，公司具有向国外派遣临时出国(境)人员和邀请外国经贸人员来华审批权。公司主要经营轴承汽配、五金水暖、家电电子、纺织服装、箱包鞋帽、轻工工艺等6大类产品，业务遍及美国、欧盟、中东、中国香港等全球120多个国家和地区。公司内部全面执行ERP管理系统，以及ISO 9001、ISO 14001、OHSAS 18001整合型管理体系。公司下属20余家子公司，2个综合性工业园及10余家生产性企业。公司在上海、宁波、杭州等地设有国内分公司，并在美国、俄罗斯、越南以及我国香港地区等地设有办事处或生产企业。公司含出口贸易公司15家、2家进口贸易公司、6家境内分支机构、6家境外机构和5家非贸易类子公司。公司已连续12次进入中国进出口额最大的500家企业行列，并多次获得全国商务系统先进集体、全国外经贸质量效益型先进企业称号。

公司自20世纪80年代末成立以来，专注于进出口贸易的经营，1993年在浙江某市设立进口部，后续随着业务的拓展在国内外设立了多家分公司，在该领域获得了多项特许经营权。在房地产发展的黄金10年中，公司提前酝酿入市策略，在2004年12月成立海蓝置业有限公司，充分利用早期的地方资源优势进行了良性扩张，获得了可观的经济收益。

2.公司酒店业务的涉足

在发展住宅地产业务的同时，董事长齐正量以及其他几位高层管理者认识到高星级酒店对品牌、服务增值的巨大作用，于是在2004年7月公司召开的发展规划研讨会上，董事长齐正量和其他股东一起协商讨论确立了以进出口贸易为主业，以实业、投资与服务业多元化发展的总体思路，并马上着手组建了酒店业务部，寻找酒店项目。

2005年,公司在杭州湾新区投资建设第一家酒店,定名为海蓝大酒店。酒店一期工程总建筑面积约35000平方米,包括220间各类豪华客房、中西餐厅、齐全的宴会会议设施及一座约5000平方米的运动休闲中心等,酒店定位为互动式运动休闲主题的五星级酒店。公司从外部引进了一支专业的酒店管理人才队伍,并建立了良好的激励与约束机制。经过几年的建设,海蓝大酒店于2009年6月18开业。由于其独特鲜明的主题,酒店一经开业就脱颖而出,并在较短的时间内获得良好的收益和顾客口碑,并在2010年6月28日被成功评定为五星级酒店。这在一定程度上凸显出了管理团队酒店管理的专业水平。目前,核心管理团队和业务骨干队伍比较稳定。

3. 公司现有酒店业务

在第一家酒店开业后,公司根据发展机会,在继续寻找高星级酒店项目的同时,还拓展了经济型酒店和精品酒店。到2012年8月,海蓝进出口公司酒店业务已经运营和正在筹建的项目主要有以下三个板块。

(1)经济型酒店板块

属于经济型酒店板块的项目有5家。

1)海蓝悦居酒店担山店

该酒店物业形式为自有。该项目原计划为工业园区员工生活设施配套,后改造为经济型酒店,同时配置了少量的会议室及餐饮设施。另外,配置的休闲设施以集团公司员工内部使用为主,快餐厅主要发挥园区的职工餐厅作用。该酒店平均房价约120元(除长租客房外),客房出租率约65%。

2)海蓝悦居酒店上林坊店

该酒店为租赁经营项目。目前酒店已经开业,平均房价约180元,客房出租率约92%。

3)海蓝悦居酒店新境店

该酒店物业形式为部分自有、部分返租。目前,酒店已经开业,平均房价约125元,客房出租率约75%。

4)海蓝悦居酒店体育场店

该酒店物业形式为租赁。目前,酒店刚开业,平均房价约160元,客房出租率约25%。

5)海蓝悦居酒店东钱湖店

该酒店是海蓝置业公司开发的商住综合项目中的配套项目。拥有96间/套客房,同时配置了少量的会议室及餐饮设施。客房开业初期体验价约158元,半年后预期调整到平均房价约180元,餐饮人均消费约60元。

(2)精品酒店板块

精品酒店板块主要有以下2家酒店。

1)海蓝广场精品酒店

该酒店物业形式为自有,以客房为主体,配置了相应的餐饮包厢及少量的会议设施,定位为精品商务酒店。客房按五星级品质标准进行设计及设施配置,提升客房舒适度及性价比,定位面向中端商务客源群体,平均房价约350元。餐饮按中档豪华品质装修,主要为文化商务区写字楼群提供中档商务宴请接待,人均消费约100元。自助餐厅计划推出约人均60元的经济自助餐,主要面向文化商务区白领阶层及周边休闲、购物人群。该项目位于总公司新办公楼的2号楼内,土建已经完成,目前正在进行室内装修设计,计划2013年12月开业。

2)海蓝东部新城精品酒店

该项目作为海蓝品牌下的精品酒店项目。客房按高星级酒店品质装修,提升客房舒适度及性价比,价格约280元。同时配置1个简易餐厅及多功能厅,满足个别会议、培训团队的需求。客户定位为中端商务客户群体。目前,该项目的土建工程、室内装修设计基本完成,计划2013年10月开业。

(3)高星级酒店板块

高星级酒店板块已经在营的与正在筹建的酒店有4家。

1)杭州湾海蓝大酒店

该酒店是由公司自己投资兴建的,以运动休闲为主题,配置丰富的会议、餐饮设施的五星级酒店。目前,酒店平均房价约395元(不含早),出租率约60%,餐饮人均消费约200元。

2)海蓝温泉酒店

该酒店是以“温泉”为核心资源的度假酒店。该酒店属于租赁经营项目,拟建成以高规格、大规模室内外温泉项目为特色,同时配置丰富的客房、会议、餐饮等设施的五星级酒店。

3)商务区海蓝大酒店

该酒店属于自建酒店项目,拟建成本地首屈一指的五星级商务会议酒店。该项目建筑方案已通过评审,现在对酒店的功能布局进行优化设计,2013年8月前确定方案并开始扩充设计,年底前开始桩基工程,2016年开业。

二、公司酒店板块新战略

2012年8月,公司董事会召开会议,专门研究酒店板块未来的发展问题。

会议对公司酒店业务板块的基本情况进行了总结，认为公司酒店业务进一步的发展，已具备了以下几方面的条件。

第一，积累了较为丰富的酒店经营和管理经验。公司从2005年开始涉足酒店业到如今已经拥有了5家经济型酒店、1家在营和2家正在筹建的五星级酒店以及2家正在筹建的精品酒店。在营的经济型酒店和五星级酒店经营状况良好，产生了不错的效益。公司已经在酒店业务方面积累了较为丰富的经营和管理经验，构建了比较扎实的业务基础。

第二，酒店管理团队达到了一定的专业化水平。第一家高星级酒店筹建时，公司从外部引进了酒店中高层经理人。他们都具有较高的专业知识水平，同时具备较为丰富的酒店工作经验，自筹建第一家酒店开始便表现出了良好的职业追求精神、良好的敬业精神以及精于此道的专业水平。这是公司酒店业务发展的最为宝贵的资源。此后，公司注重酒店人才的培养，建立了比较完善的人才培养体系，并已培养出一定数量的中高层管理人才。

第三，公司实力比较雄厚，可为酒店业务发展提供强力支撑。海蓝进出口公司作为我国500强企业，实力雄厚，可以为酒店业务的发展提供财力、物力等方面的支持，同时公司涉及的多元化业务范围也能够为酒店业务与其他业务的联动发展提供条件。

同时，公司董事会也看到，酒店市场竞争日趋激烈，品牌与规模日显重要。要进一步提升酒店的竞争力，实现理想的经济效益，酒店集团化经营是必然趋势。

于是，公司决定加大力度支持酒店业务，组建酒店事业部。待发展到一定阶段，进一步组建酒店管理集团。同时，公司明确提出，酒店产业板块的基本目标是在未来10年进入中国本土酒店集团前10强，取得理想的经济效益，并能对公司的其他业务起到良好的产业互动效应。

为了有序推进酒店产业板块的集团化进程，公司董事会要求酒店事业部在10月底拿出未来酒店连锁经营发展的基本方案。

三、观点交锋

海蓝大酒店总经理高立德被任命为酒店事业部总经理。高总是酒店与旅游管理学硕士，1988年起开始酒店职业生涯，曾担任过多家单体酒店的总经理。在接到任务之后，他既为公司对他的信任和酒店集团化的梦想开始起步而感到高兴，也为未来酒店业务的稳健高效发展而感到压力。目前公司的酒店产业涉及的酒店业态既有高星级酒店，也有经济型酒店，还有精品酒店，名称和档次都不统一。因此,酒店业态的选择以及连锁路径的选择是最为关键的两个问题。

于是,高总给事业部的各位部门经理及各所属酒店总经理布置了任务,要求大家搜集关于酒店业态及连锁经营等相关资料,认真思考关于公司酒店业态选择以及酒店连锁路径选择的方案。并定于9月25日召开会议,专门研讨这一问题。

9月25日下午2点,会议准时开始。高总在简单的开场白后指出:“希望大家的方案是从我国酒店业的发展现状和公司的自身特点出发,来确定最适合我们集团化发展的酒店业态和扩张路径。”

高总一讲完,大家争先恐后地发表自己的意见。第一位发言的是悦居酒店的曾经理。他说:“我认为公司酒店业态要根据我们目前酒店产业的业务情况来加以选择。目前,公司在营的酒店包括1家五星级的海蓝大酒店以及5家悦居经济型酒店,而精品酒店都还在筹建之中。海蓝大酒店是公司的旗舰酒店,也在一定程度上形成了公司的酒店品牌,经营效益良好。同时,随着我国经济的持续增长,人民的收入也不断增加。我国2012年上半年国内生产总值为227098亿元,按可比价格计算,同比增长7.8%。其中一季度增长8.1%,二季度增长7.6%,经济增长态势良好。统计局发布的数据显示,2012年上半年我国城镇居民人均总收入13679元,其中人均可支配收入12509元,同比名义增长13.3%;2011年城镇居民人均总收入23979元,人均可支配收入中位数为19118元,比上年增长13.5%。按今天的汇率计算,我国人均可支配收入中位数超过3000美元。按照国际惯例,当人均收入超过3000美元时,消费结构会发生很大改变。这些环境条件使得大众对生活水平的要求进一步提高,增大了大众对高星级酒店的需求。而公司的经济型酒店已经在不同地方发展到了4家悦居,形成了一定的规模。所以,我认为酒店连锁发展应该选择这两种业态。”会场部分人员点头表示赞同。

“关于连锁经营路径,”曾经理接着说,“我认为,应充分发挥海蓝进出口公司子公司众多、产业众多、海蓝置业和海蓝大酒店品牌的优势以及公司在高星级酒店和经济型酒店的专业管理优势,采取特许经营的方式,以极少的投资迅速占领市场。而且,特许经营拓展方式也是国际酒店集团在中国经济型酒店领域拓展的主要方式。例如,速8在拓展中国大陆市场时,采取了按地域划分的方式,将在国际市场上应用成熟的特许经营机制,经过改良后搬到中国市场上。我们也可以借鉴这一成熟的扩张机制来进行我们酒店集团化扩张的路径。”高总边听边观察其他成员的反应,他发现似乎大部分人不太赞成曾经理的这一想法。曾经理在提出观点之后,还列出了许多采取特许经营的理由。

等曾经理的话一说完，海蓝大酒店副总经理徐毅马上发言："海蓝酒店创立时间不长，而且没有进行太多的品牌推广，如果搞特许经营可能执行起来会比较艰难，有没有人愿意加入是个很大的问题。"高总和其他一些成员觉得徐副总的看法有一定道理。高总问他有什么具体设想，徐副总继续说道："关于业态选择，我认为如果要作为一个集团发展的话，应该在档次上进行统一，而经济型酒店和高星级酒店明显不是一个档次。目前高星级酒店（海蓝大酒店）是公司的旗舰酒店，也是公司酒店产业最重要的业务，同时，随着人民生活水平的提高，也确实存在越来越大的市场需求。所以我认为公司应该着重进行高星级酒店的发展，将分散的资源进行整合，加大力度发展高星级酒店。"会议室没有人响应。"而关于连锁发展路径，我认为公司现在处于发展初期，管理模式还没有完全定型，品牌不够强大，还是选择租赁经营比较合适。"

徐毅发言一结束，海蓝广场精品酒店总经理张碧波当即提出质疑："但是采用租赁经营的方式只是短期利益的追求，以后并不能享受由于物业的增值带来的利益。"

而另一家悦居酒店的吴经理也提出了自己的意见："公司酒店产业要进行连锁发展，档次进行一定的统一是必要的。目前，公司开业的就一家五星级酒店，虽然它是公司比较重要的业务但如果选择只做高星级酒店，一方面规模比较小，根本不能和其他酒店集团竞争，另一方面现有的5家在营经济型酒店以及在建的2家精品酒店怎么办？我认为，目前，随着人们对于文化和居住体验的追求愈趋强烈，精品酒店在今后会有很大的市场，而到目前为止，精品酒店尚未出现具有绝对优势的品牌。所以，公司可以将业务范围限定在高星级酒店和精品酒店，这样，已有的几家经济型酒店如果符合条件，也可以根据需要改造成精品酒店，在建的精品酒店也可以继续发展。"对于吴经理的意见，与会的其他经济型酒店的总经理当即表示反对，认为公司在经济型酒店方面已形成了一定的规模，要进行改造升级比较困难。此外，还纷纷表示自家经济型酒店的效益还不错，发展前景光明……

关于连锁经营路径，又有人指出，公司可以采用管理合同的方式来进行扩张。经过这几年的发展，公司对高星级酒店的全盘操作已形成较为成熟的标准性业务体系，在高星级以及经济型酒店领域构建了比较扎实的业务基础，积累了丰富的管理经验，因此也可以与其他缺乏专门技术人才与管理经验的酒店签订管理合同，对其进行经营管理……

大家你一言我一语，平日里安静的会议室今天好不热闹，大家都坚持己见，认为自己的方案才是最合理的，并始终能找出别人方案的不合理性。高总看了看手表，已经 5：40 了，整个会议持续了将近 4 个小时，无奈之下，只好提出讨论暂时告一段落，宣布散会。

四、尾声

从散会之后到现在太阳下山，高总已经在办公桌前呆呆地坐了将近两个小时，反复思考着每一位成员提出的每一种业态、路径和方案，衡量着每一种方案的优点和缺点，并试图找出那个最适合公司酒店连锁经营发展的方案。办公室里什么声音都没有，显得格外安静，但高总的心却静不下来，有千千万万个声音在其中呐喊：经济型酒店、高星级酒店、精品酒店……特许经营、直接投资、租赁经营、管理合同……想着十一长假一结束便要向董事长提交决策和报告，高总又陷入苦苦的思索和焦急之中。

TEACHING NOTE 案例使用说明

一、教学目的与用途

（1）本案例主要适用于旅游管理专业本科生、研究生的“饭店管理”“旅游企业战略管理”及其相关课程的教学，同时也适用于 MBA、研究生的“战略管理”等课程的教学。

（2）本案例的主要教学目的是让学生掌握酒店行业不同业态的特点以及酒店连锁经营不同路径的优缺点、适用条件，掌握对企业自身条件分析的基本方法，并通过对公司酒店业态和连锁路径选择的讨论，提高学生运用理论知识分析与解决实际问题的能力。

二、启发思考题

（1）根据三种酒店业态的特点及该公司实际情况，你认为该公司应选择怎样的酒店业态？

（2）根据该公司选择的酒店业态，该公司现有的酒店业态如何整合？

（3）如果你是高总，你将怎样选择公司酒店连锁经营的扩张路径？为什么？

三、分析思路

教师可以根据自己的教学目标来灵活使用本案例。这里提出本案例的分析思路,仅供参考。

1. 分析总体思路

(1)通过对海蓝进出口公司各种酒店业态的特点进行分析,结合酒店行业环境和海蓝进出口公司目前酒店板块的实际情况对酒店业态进行选择。

(2)根据酒店业态的选择、公司集团化发展目标及整合的难易程度,对公司现有酒店业态进行合理的整合。

(3)通过对酒店连锁经营各种扩张路径的特点、优势和劣势的比较分析,结合公司实际情况,选择公司连锁经营的扩张路径。

2. 思考题分析

思考题(1)中对于业态的选择,主要应据于以下三个方面的分析。

(1)公司三种酒店业态的特点及发展前景

1)经济型酒店

经济型酒店投资小、见效快、经营成本低、风险小、选址灵活,同时大规模快速复制较为容易。但经济型酒店进入壁垒低、竞争激烈,同时经营效益单一,难以与公司其他业务起到良好的产业互动效应。目前,在经济型酒店市场,国际品牌已经渗透,并取得了较大的优势效应;国内品牌快速推广,如家、汉庭、锦江之星、7 天、格林豪泰等领导者已经出现,并已遥遥领先。海蓝公司要想在未来的 10 年内超越现有强势品牌,难度很大。

2)高星级酒店

高星级酒店进入门槛相对较高,具有经营收益和产权收益等多重回报效应,能够起到很好的产业互动效应。但是,高星级酒店投资较大、建设周期长、投资回收慢。目前,中国高星级酒店市场,在一线城市和比较发达的二线城市,国际酒店品牌处于绝对优势地位,占据了市场制高点;而在二线城市和三、四线城市,开元、金陵、锦江、首旅等众多的中国民族酒店品牌也已经稳稳占据了绝对优势,要想在较短的时间内超越,也绝非易事。另外,由于中国某些地方政府招商引资政策的原因,高星级酒店,尤其是五星级酒店在很多地区已经属于过度超前。

3)精品商务酒店

作为一种比较新的酒店业态,投资相对较少,客源市场相对充裕。不过,精品商务酒店的选址要求较高,由于规模与投资等原因,最佳盈利模式的确定有一定的难度。目前,在中国酒店市场上,精品商务酒店尚未出现明显具有绝对优势的领导品牌,基本处于成长阶段,具有较大的发展空间。

综上所述，海蓝进出口公司目前三种酒店业态的发展前景为：经济型酒店未来竞争将异常激烈，而且已经被有实力、品牌遥遥领先的公司占据；高星级酒店目前已经过度超前，未来市场前景也不太乐观，中国市场上同样已有强势品牌占领；精品商务酒店客源市场相对充裕，而且目前中国酒店市场上未出现领导品牌，发展前景良好。

(2)公司酒店业务发展目标

酒店业态的选择，还取决于公司酒店产业发展目标。公司酒店产业板块战略的发展目标是在未来10年进入中国本土酒店集团前10强，取得理想的经济效益，并能对公司的其他业务起到良好的产业互动效应。

(3)公司自身特点分析

以下从海蓝进出口公司所拥有的基本条件和自身存在的一定的不足两个方面对公司自身特点进行分析。

如案例中所述，该公司发展酒店业务主要具有以下条件。

第一，具有较强的经济实力。作为我国500强企业和出口200强企业，公司具备雄厚的经营实力；同时，公司主要涉及的业务范围包括进出口贸易、外贸运输、酒店、地产和家居用品等多个领域，可以实现丰富资源的联动共享。

第二，具有酒店管理基本体系。海蓝大酒店作为目前公司酒店业务的旗舰产品，对高星级酒店的全盘操作已形成较为成熟的标准性业务体系。而海蓝悦居经济型作为旗下的连锁酒店品牌，是公司酒店板块对于经济型酒店的尝试，目前总体运营比较良好。海蓝酒店通过实践经验的积累，已具备了较为完善的酒店管理基本体系。

第三，拥有比较稳定的酒店管理人员队伍。

当然，从目前情况来看，海蓝进出口公司发展酒店业务尚存在一定的不足，主要体现在以下三个方面。

第一，酒店企业经济规模不大。海蓝进出口公司酒店业务目前还未形成品牌和规模优势，仍难以突破酒店业的收益限制，总体收益水平较低；同时，在营酒店数量较少且区域布局缺陷较为明显，所有酒店均集中在一个区域，没有在全国范围内进行布点。

第二，酒店品牌的影响力较小。公司酒店品牌创立时间不长，品牌系统不够完善，同时，品牌推广力度严重不足。

第三，酒店连锁经营基础薄弱。目前，海蓝酒店的经营基本上还是属于单体经营方式，尚未形成连锁经营的基本模式；同时，酒店标准化体系有待完善；此外，连锁经营支撑体系有待强化。

根据以上三个方面的分析，海蓝进出口公司的酒店业务可考虑以“精品商务酒店业务”（即“中档有限服务酒店业务”）为发展重点；根据机会与产业互动选择高星级酒店。

对于思考题（2）中有关对公司现有的酒店业态进行整合的分析，根据前面所述的总体分析思路，可考虑采取以下两条整合措施。

（1）对在营快捷酒店进行改造或独立经营

海蓝进出口公司目前有在营的5家经济型酒店，若地理位置和硬件条件尚可，有升级改造的可能，则尽可能通过硬件和服务升级，将其改造成精品商务酒店。无法改造的快捷酒店，有两个方案可供选择：一是经营条件一般，未来没有发展潜力的快捷酒店，迅速转让，回笼资金，以集中精力、财力发展精品商务酒店连锁经营业务；二是有较好经营业绩的快捷酒店，可以考虑更名，不纳入标准化连锁体系运作，仅对其重大人事任免和财务进行直接管控，其余让其独立经营，未来可视市场条件再予以处置。

（2）对在建酒店统一建设模式

在建的几家酒店，原则上要按照五星级酒店或者精品商务酒店的模式建设。对于个别由于特定的原因，难以完全按照精品商务酒店模式经营的，须在缜密论证的基础上，确定经营项目，配置相应功能。

思考题（3）中关于该公司扩张方式的选择，主要取决于公司的目标、各种扩张方式的特点与要求。

（1）酒店集团化扩张的基本路径及特点

酒店集团是由众多酒店组织共同构建，通过产权关联、经营协作、品牌共享等方式组成的经济联合体。它的扩张方式主要有直接经营、特许经营、委托管理等形式。

1）直接经营

直接经营，即公司以产权或资金为纽带进行扩张，并直接管理各酒店的经营形态。直接经营主要包括以下四种基本方式。

一是酒店并购。并购包含兼并和收购。前者是两个以上的企业合为一体，后者是企业一方对另一方居于控制地位。采用并购方式，企业能够迅速实现生产集中和经营规模化，并对战略布局具有重要作用。但是，并购需要占用较大资金，并购酒店与公司发展酒店的标准匹配程度可能会有所差异，并购酒店原有人员的安排等均需要妥善处理。

二是自建酒店，即利用自有资金或通过融资，自行投资建造酒店。该方式的优点是完全可以按照酒店集团的要求设计与建造，并拥有完全的经营管理权。缺点是建设周期长，扩展速度慢。

三是合资酒店，指两个或两个以上不同国家或地区的投资者共同投资建成的具有法人地位的酒店。合作双方可以分担成本和风险，共同分享股权和利益。对于一些设置贸易障碍的国家来说，采取合资酒店是唯一可行的市场进入方式。然而，合资酒店存在着失去控制权的风险，同时也存在失去迅速对市场需求和劳动力需求做出反应的灵活性。

四是租赁经营，指酒店通过付出一定的租金获得酒店相当长一段时间内的所有权。采用租赁经营，管理者拥有完全的自主经营权，便于管理公司复制自己的管理模式与服务品牌。同时，阶段性地支付固定的租赁费可避免大量的初始资金投入。但是承租酒店公司要承担较大的经营风险，同时租赁经营需要一定的资金投入加以改造，而且不能享受物业的增值所带来的利益。

直接经营的优点主要在于：一是便于公司模式的高度复制；二是易于实现规模经济效应；三是利于企业的稳定发展；四是便于塑造品牌与企业形象。直接经营的弊端主要在于：一是所属酒店自主权较小，影响其活力；二是自有资本较大，制约企业快速发展；三是管理系统庞杂，管理成本较高；四是资本占用集中，存在较大财务风险。

一般来说，企业在连锁经营初期，应选择直接经营方式。因为企业一方面缺乏成熟的管理模式，另一方面也缺乏足够的品牌影响力。采用直接经营，便于建立与复制运营模式，创造自己的品牌。但如果想要把连锁经营规模做大，则一般需选择其他连锁经营方式。

2)特许经营

特许经营，即酒店管理公司（集团）将自己所拥有的品牌、经营模式等以特许经营合同的形式授予被特许者使用，并向被特许者收取相应费用的经营方式。对于特许方来说，特许经营扩张方式的优点为：一是投资成本低，扩张迅速；二是迅速提升公司品牌影响力；三是能够获取长期的经济收益，并且经济收入的安全系数较高。但是，在特许经营方式下公司对成员酒店缺乏直接经营管理权，服务质量可能失去控制，存在品牌危机风险。而对于受许人来说，则存在增加财务负担的风险。

一般来说，特许经营比较适合标准化程度较高的酒店类型，如有限服务酒店（精品酒店基本属于这一范畴）。而对于高星级的商务与度假酒店来说，酒店集团的品牌风险会比较大。

3)委托管理

委托管理又称管理合同，是酒店管理公司（集团）通过与酒店业主签署管理合同来取得管理权的扩张方式。其有三个基本要点:一是两权分离,即酒店所有权与经营权的相对分离;二是委托代理,即业主雇用管理公司作为自己的代理人,承担经营管理职责,业主享有酒店的经营业绩,支付所有的经营费用并承担可能的财务风险;三是智力资本输出,即管理方通过输出管理模式、专业技术与管理人才等方式管理酒店,并取得一定比例的管理费与相关费用。委托管理方式对于管理方来说可以较少的资本投入及风险,迅速扩张其规模;对于业主来说则可以避免经验成本,并共享集团资源。但是,对于公司来说,存在形象与品牌管理风险;对于业主来说,则存在经营与财务风险。

开展委托管理业务的前提是,管理方必须具有著名的品牌、科学的运营模式、必要的营销网络和足够的职业化酒店经理人。委托管理一般适合高星级酒店。

(2)海蓝进出口公司酒店连锁经营扩张路径选择

由于海蓝进出口公司的酒店业态选择包括了高星级酒店和商务精品酒店,因此需对这两种类型的酒店进行连锁扩张路径选择。

1)高星级酒店

海蓝公司发展五星级酒店主要不在于规模,而在于品牌与平台效应。所以,五星级酒店业务扩张的基本路径,原则上应采用自建酒店的方式。因为该方式能全方位实践公司的设计、经营、管理酒店的理念,塑造自己酒店的品牌,所有收入和利润为投资者单独拥有,还可享有物业投资增值和产业良性互动效应等利益。弊端则为投资大、资金压力或还贷压力大;建设周期较长,影响公司的扩张速度。海蓝进出口公司具备整体经营实力、资金实力较强的优势,而且希望酒店业务对公司其他产业产生良好的形象效应。同时,公司目前还缺乏委托管理与特许经营的基本条件,因此五星级酒店业务扩张方式建议应为自建酒店。为了规避风险与提高投资效益,公司可考虑采用与房地产项目联动发展的战略。

2)商务精品酒店

为了科学选择扩张方式,需要对海蓝公司的资源与能力进行动态分析。海蓝进出口公司酒店商务精品酒店近三年以及三年后的资源和能力评价和分析见表1[①]。

① 邹益民,周亚庆.饭店管理——理论、方法与案例[M],北京:高等教育出版社,2004(8):81-82.

表 1　海蓝进出口公司商务精品酒店的资源和能力评价

分类	因素	描述	商务精品酒店（近三年）	商务精品酒店（三年后）
资源	财务资源	指酒店自有或者融资取得的资产与运营资金	优	优
	高级人力资源	主要指酒店所拥有的、具有丰富实践和理论基础的高层管理人员	中	良
	客户网络资源	指经过多年积累形成的稳定的国内和国际客源基础	良	优
	品牌和声誉等无形资产	指经多年培育所形成的品牌知名度和美誉度以及良好口碑和声望	较差	优
能力	营销与市场拓展能力	主要指营销推广、开拓国际国内新市场的专业能力	优	优
	标准化运作体系	规范而成熟的标准化服务操作流程与制度管理规范	较差	优
	技术能力	主要是指运作网络预订系统、酒店 CRS 与 CDS 的连接等能力	中	优
	集中采供能力	指通过联合采购、中央配送降低成本的能力	较差	优
	人才培养能力	指通过有效的培训体系培养、复制优秀基层服务人员与中基层管理人员的能力	良	优

从表 1 可以看出，目前海蓝进出口公司酒店品牌影响力、集中采供能力、标准化运作体系等连锁经营基础较为薄弱，而在财务资源、营销与市场拓展能力等方面具有较大的优势。

在三年之后，推断公司的商务精品酒店将在品牌和声誉等无形资产、标准化运作体系等方面进行全面的提升，届时，酒店将在以上 9 项酒店关键成功要素上都具有大的优势，具备各方面的资源和能力。

综合以上分析，结合思考题(3)中对各种连锁扩张方式的条件和特点的分析，建议公司商务精品酒店的扩张路径为：近三年内选择租赁经营或者并购方式；三年后选择特许经营方式。至于为什么不选择委托管理方式，这是因为中档商务精品酒店业主一般不会选择这一方式，缺乏足够的市场基础。

公司在确定了酒店业态和酒店集团化扩张路径之后,在酒店集团化的发展过程中,需要采取一定措施克服公司自身存在的劣势。海蓝进出口公司可通过铸就名牌把公司做强——成为中国有限服务功能酒店的著名品牌;通过连锁经营把公司做大——成为中国有限服务功能酒店集团的10强;通过科学发展把公司做久——成为中国饭店业界的百年名牌企业。为此,海蓝进出口公司酒店事业部(酒店管理公司)在未来的发展过程中,应通过完善组织结构与专业管理体系,形成并完善符合自身需要的经营管理模式,提升自己的管理效率与市场驾驭力;通过资源集聚与资源有效组合,建立人力资源、酒店运营、品牌推广、采购供应等平台,打造自己的核心能力与竞争优势;通过打造专业的酒店管理品牌,得到专业人士和饭店同行的认同,有计划、有步骤地拓展业务规模,打造强大的品牌力量,实现企业成长,奠定高速稳健发展的扎实基础。

四、关键要点

(1)理论知识的掌握和运用。有效管理、SWOT分析、酒店业态、酒店集团化、连锁经营等理论知识是分析本案例的基础。

(2)充分认识目标、环境、条件与路径选择的关系。通过对企业所处的环境进行简要分析,并对企业自身条件进行充分的分析,找到企业所具备的优劣势,在此基础上来选择最适合企业连锁经营发展的业态和路径。

五、建议课堂计划

本案例可以作为专门的案例讨论课来进行。以下是按照时间进度提供的课堂计划建议,仅供参考。

整个案例课的课堂时间控制在50～60分钟(两节课,包括现场组织讨论)。

1.课前计划

提前一周发放案例,请学生在课前完成阅读和初步思考。

2.课中计划

首先,教师进行简要的课堂前言,对案例的相关内容进行说明,明确主题并对案例分析做一定的问题引导,并告知讨论完毕后的发言要求。(5分钟)

然后学生按事先分好的小组进行讨论交流。(15～20分钟)

每个小组或者随机抽取几个小组发言。(每组3～5分钟,控制在25分钟内)

引导全班进一步讨论,并进行归纳总结。(10～15分钟)

3.课后计划

若有必要,可让学生运用所学知识,对自己所在企业或者选择自己喜欢的一家多元化企业的新型业务发展战略拟定问题或者更为具体的集团化发展问题进行总结分析,在充分分析的基础上,对以往的相关选择和战略的效果进行评价,以进一步巩固其所学知识,并引导思考。

六、参考文献

[1] 邹益民,周亚庆.饭店战略管理[M].北京:旅游教育出版社,2006.
[2] 薛秀芬.中外酒店集团比较研究[M].北京:北京师范大学出版社,2011.
[3] 邹益民.现代饭店管理[M].杭州:浙江大学出版社,2006.
[4] 魏江.企业战略管理:理念、方法与案例[M].杭州:浙江大学出版社,2003.
[5] 迈克尔·波特.竞争战略[M].陈小悦,译.北京:华夏出版社,1997.

未来利群品牌应如何推广[①]

摘要:本案例以浙江中烟工业有限责任公司利群品牌为对象,描写了该品牌由于在我国政府对于烟草行业管控日益严厉的背景下,其传统品牌推广方式在实施过程中屡屡受挫,意欲通过探索口碑营销这一新的营销方式来应对其品牌营销环境的变化。在利群品牌团队计划以西安市场为试点进行初步的口碑营销推广之时,该计划却遭到了部分同事的强烈反对。品牌团队是否应该坚持口碑营销推广计划,以及口碑营销又该如何实施等问题则仍需进一步探索。

关键词:烟草广告;监管;品牌;口碑营销

2012年11月15日,时间已经是晚上9点,浙江中烟工业有限责任公司(简称中烟公司)利群品牌部经理钟浩明却独自一人留在了办公室。今天下午,利群品牌西安市场办事处的王经理打来电话,向钟经理反映了一个情况:近一个月来,西安市场办事处接到了几位当地市民的投诉电话,投诉内容基本相同,都是要求拆除位于西安市区的利群品牌广告牌。投诉者认为,这是变相鼓励人们吸烟,如果不立刻移除,将向有关部门反映。这样的投诉,钟经理已经不是第一次听说了。一方面,近年来随着人们对吸烟危害认识的加深以及禁烟意识的增

---

①本案例由浙江大学管理学院戚译、朱冬顺撰写,作者拥有著作权中的署名权、修改权、改编权。未经允许,本案例的所有部分都不能以任何方式与手段擅自复制或传播。

本案例授权浙江大学管理学院案例中心使用。浙江大学管理学院案例中心享有复制权、修改权、发表权、发行权、信息网络传播权、改编权、汇编权和翻译权。

本案例于2014年12月收录,文中叙述保留收录时的时间点。

本案例只供课堂讨论之用,并无意暗示或说明某种管理行为是否有效。

本案例不涉及对烟草制品的价值判断,只是提供了一个纯粹的非大众传播的环境去探讨口碑传播的作用和方法。

强，反对烟草广告的呼声越来越高，全国各地都出现了像西安一样的投诉情况。另一方面，国家对烟草广告的管控越来越严厉，市场部工作开展的空间也变得日益狭小。如果有朝一日，国家真的明令禁止一切形式的烟草品牌广告，他还能用什么方法来进行利群品牌的推广呢？想到这里，钟经理心中感到有些茫然。

一、公司背景

中国是世界上最大的烟草消费国，截至 2012 年，全球共有 9.67 亿烟民，而我国烟民人数目前已达到 2.81 亿，占世界吸烟人口的三分之一。在长时间、高强度的，以广告、公关、赞助等形式出现的品牌宣传中，中国的消费者逐渐接受并认同了各种烟草的品牌形象以及其所代表的特定群体（阶层）的个性、性格、思维以及生活方式，由此，烟草已经完全超越了其本身作为产品的原始功能，而深入到不同人群的特定文化中。

烟草行业一直都是中央与地方政府政策调控的重点行业，从 1997 年起，中国烟草行业便开始实行“统一领导、垂直管理和专卖专营”的专卖管理体制。国家烟草专卖局（中国烟草总公司）主管全国的烟草专卖工作及统一管理和经营。具体到各省市分销时，实行以上一级烟草专卖局（公司）与当地所在政府双重领导，烟草专卖局（公司）为主的管理体制。换句话说，我国的烟草生产厂商并不具有自己的分销渠道，所有的烟草产品生产出来以后，由国家烟草专卖局统一进行分配，再由地方各级烟草公司进行分销（如图 1 所示）。

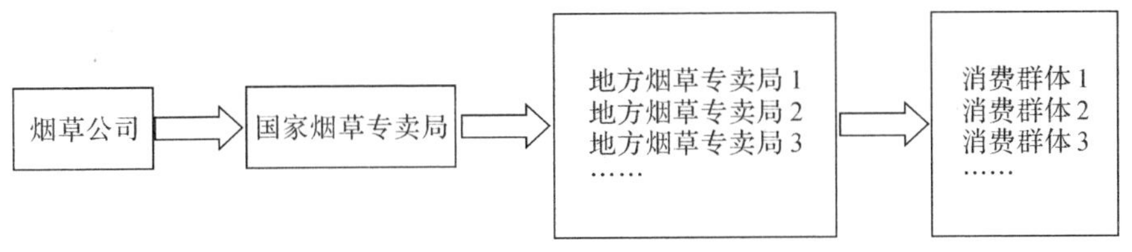

图 1　我国烟草分销体系示意

经过近 20 年的发展，中国的烟草行业取得了长足的进步，但仍有不少问题有待解决。一方面烟草行业“大而不强”，虽然中国的烟叶与卷烟产量、消费量均为世界第一，但缺乏全球性的大型跨国烟草企业，竞争力不足；另一方面，由于没有在全国范围内市场占有率占据绝对优势的名牌产品，国内烟草核心企业的竞争力也在逐渐下滑。为了应对这一问题，我国政府于 2006 年起提出了烟草行业的“大品牌、大市场、大企业”战略，旨在在全国范围内培育一批具有国际竞争力的烟草核心企业,同时建立起一批全国知名的烟草品牌。钟经理所在的中烟公司及其旗下的"利群"品牌香烟便在这样的背景下应运而生。

浙江中烟公司是全国烟草行业内第一批建立董事会制度的省级工业企业之一。2003年7月,浙江烟草实施工商分设,成立了浙江中烟工业公司。2006年9月19日,经国家烟草专卖局批准,公司和原下属杭州卷烟厂、宁波卷烟厂实行联合重组,确立了浙江中烟工业公司一个法人主体的地位。2007年11月30日,公司成立了董事会,正式更名改制为浙江中烟工业有限责任公司,企业发展步入了新的阶段。公司共有内设机构16个部门,以及杭州、宁波2家卷烟厂,拥有员工3500余人,资产总额近250亿元。

公司主推利群、大红鹰、雄狮三大品牌。2010年,公司共生产卷烟225.87万箱,实现销售收入340.45亿元,实现税利226.41亿元。公司效益总量在行业中排名第6位,单箱税利在行业中排名第3位。

在中烟公司旗下的品牌中,利群可谓是重中之重。利群品牌始创于1960年,已经拥有超过50年的历史,其"醇和、淡雅"的产品风格独树一帜,在我国享有广泛的市场认可度和良好的消费者口碑,不但被评为"中国名牌"和"中国驰名商标",还是国家商务部首批认定的"中华老字号"之一。

利群一直坚持以"平和"为品牌核心价值,成功地塑造了亲切祥和、进取、稳健的品牌形象。在产品上,利群在"口感醇和"的核心产品利益下,强调"满足、轻松与舒适"的消费体验,通过吸阻的控制技术,来达到烟气的动态平衡,使烟气浓淡适宜、恰到好处、品吸顺畅;通过叶组配方的精心调配,确保刺激性微小和余味纯净,使烟气柔雅舒适;通过不同地区的烟叶和烟叶不同部位的合理配比,调节烟碱强度,使劲头适中。"淡而有味、香而不腻"的烟草本香,带来淡淡的满足。

目前利群品牌香烟共有"休闲"(1000元/条)、"阳光"(300～1000元/条)与"原生"(小于300元/条)三大品系,用以满足不同层次的消费需求。其整体品牌定位位于一、二类烟之间,与较高端的一类烟相比,拥有较大的市场规模,而与市场规模较大的二类烟相比,利群的品牌形象更加高端(见附录1)。从2005年到2011年的6年间,利群品牌香烟的市场表现获得了迅速提升,销量连年攀升,呈现出强劲的发展态势。其年销量从32.5万箱一路攀升到142.59万箱(见附录2),市值从最初的123亿元增长至561亿元(见附录3)。在与国内其他品牌的销量与销售额比较中,利群也居于比较靠前的位置(见附录4)。

2012年,中烟公司在国家烟草专卖局的行业目标和公司发展实际的基础上明确提出了"十二五"的"3258"发展规划,即争取三年实现利群200万箱、800亿元和5%双低的营销目标，并在“十二五”期末，冲击300万箱、突破1000亿元的再提升目标。利群品牌作为中烟公司的明星名牌，被全公司上下寄予厚望，开始了一个从区域性大品牌向全国性大品牌的突破。这也对利群品牌在市场上，特别是对新兴市场上的价值感知及品牌形象实现再提升和再传播提出了新的挑战。

二、利群品牌推广之路

钟经理于2003年加入中烟公司，当时大学刚毕业的他被分配进了集团品牌部，从事利群品牌的推广工作。由于烟草产品本身的特殊性，烟草品牌的营销活动在很大程度上受到国家法律法规的约束。我国《烟草广告管理暂行办法》从1996年1月1日起正式施行，其中规定“禁止利用广播、电影、电视、期刊发布烟草广告”。2005年，中国正式加入《烟草控制框架公约》，开始全面加强对烟草广告的管控。在他的印象中，电视、报纸以及杂志这些传统强势广告媒介从来都不是烟草行业的营销人所能考虑的，而对于烟草产品本身特性、优势的直接宣传也是法律明令禁止的。

虽然有诸多限制，但在钟经理从事利群品牌工作的近10年时间里，利群的品牌推广之路倒也走得顺风顺水。这主要是因为广大的烟草企业早已总结出一套“在法律允许的范围内”进行品牌传播的策略，也就是俗称的烟草“擦边广告”。

所谓烟草“擦边广告”主要有以下三种类型。

(1)通过冠名举办赛事、出资举办活动以及赞助公益事业，进行企业形象宣传。例如利群品牌旗下就有“利群阳光·助学行动”。该活动始于2001年，由利群品牌联合搜狐教育、《都市快报》等省市主流媒体联合发起，通过捐资助学的方式，帮助品学兼优、生活贫困的高考生，实现他们的求学理想。截至2013年，“利群阳光·助学行动”已经覆盖包括浙江、江西、山东、重庆在内的17个省市，累计资助考生超过12200人。经过12年的发展，“利群阳光”这个以“利群”冠名的公益助学品牌也已经从当初的默默无闻成长为闻名全国的知名公益品牌，是中国烟草公益助学领域做得最为成功的标杆案例之一。

(2)纯粹的品牌形象传播，这是许多烟草品牌都会使用的方式。比如“芙蓉王”的“传递价值，成就你我”，“白沙”的“鹤舞白沙，我心飞翔”，“黄山”的“一品黄山，天高云淡”等。而每当人们谈起利群品牌，必然会想起那段耳熟能详的广告词：“人生就像一场旅行，不必在乎目的地，在乎的是沿途的风景以及看风景时的心情。利群，让心灵去旅行！”此条电视广告从2006年起就在各大电视台频繁播出，其中传达的生活态度引起了许多人的共鸣，在网络上激发了广泛的讨论，甚至有网名以此主题为利群品牌创作了歌曲。另外，利群品牌的另一句广告语“永远利益群众”，由于其本身朗朗上口，同时又巧妙地融合了品牌名称与品牌价值观，也是非常深入人心。

(3)生产除烟草外的其他产品，或者注册同名文化传播公司、实业公司。利群品牌旗下就有利群文化传播有限公司、杭州利群阳光文化传播有限公司等企业。设立这些企业并不为盈利，而是由于这些公司生产经营的并非烟草，在进行品牌传播活动时便可以不受烟草广告管控的约束，选择范围更广。以杭州利群阳光文化传播有限公司为例，该公司于2003年12月12日在杭州工商局登记注册，注册资本50万元，虽然公司成立至今已经有11个年头，但目前在职员工也仅有5人。

虽然这些营销方式介于“灰色地带”，但这已经成为各大烟草企业习以为常的品牌传播方式了。利群香烟的销售量也是随着品牌传播力度的增大节节攀升，成为中烟公司旗下的第一品牌。

三、危机显现

2010年，钟浩明被提升为公司总部利群品牌部经理，主管全国市场利群品牌的品牌建设与传播工作。在钟经理出任品牌部经理的几年里，利群香烟以其高性价比的优势，在全国各个市场上都表现出了强劲的发展势头，品牌知名度得到了迅速的提升。与此同时，国家对于烟草品牌广告的管制也越来越严厉，大有全面禁绝之势。2010年是中国加入《烟草控制框架公约》(简称《公约》)的第5个年头，《公约》规定其缔约方必须在5年内全面禁止一切形式的烟草广告。然而中国交出的答卷并不令人满意，当时到访的世界卫生组织官员对此给出的评语是“如果以百分制来衡量，中国目前最多只能得到30分”。

另外，随着大众对烟草危害认识的加深以及网络媒体的发展，网上对于全面控烟的呼声一浪高过一浪。甚至有网民引用《公约》英文原版，指责有关部门在解释《公约》中条款时故意为烟草行业留有余地，将原本的“全面禁止烟草广告”翻译为“广泛禁止烟草广告”，将目前中国控烟不力的原因归于监管部门不作为。

近年来，钟经理可以明显感觉到形势的变化，接到市民关于利群广告的投诉越来越多，频率也越来越高，几处利群品牌的广告牌被迫移除。监管部门对利群广告和品牌推广活动的审查越来越严格，以往递交一次材料就能获批的活动，现在要反反复复好多次，有的则一直无法实施。

在过去这些年遇到的品牌推广危机中，让钟经理记忆最深刻的便是发生在2011年5月31日的那次“利群广告牌被烧事件”。5月31日为世界无烟日，与往年一样，全国不少城市都会有市民举行游行，呼吁民众减少吸烟。然而当天在长沙的游行活动中，发生了令人意想不到的事件。在游行至一处利群品牌的户外广告牌时，队伍中的一小部分人突然情绪激动，竟然放火点燃了广告牌，以表达对烟草品牌鼓励人们吸烟行为的不满。当时现场极为混乱。由于广告牌位于闹市区，附近交通也一度处于瘫痪状态。这件事引起了轩然大波，政府出动了公安、消防等多个部门200余名警力到达现场维持秩序。该事件同时还被国内多家媒体报道，对利群品牌造成了极为负面的影响。为了尽可能地降低这次危机对利群品牌造成的影响，钟经理所在的品牌团队熬夜加班，四处奔波了近一周的时间，才慢慢地将网络上关于这个事件的负面报道压了下去。时至今日，钟经理想起这件事情来依然心有余悸。

以上的这些事件虽然给利群品牌推广造成了不少困难，但却并不是钟经理最担心的。最让他忧心忡忡的，是目前国家正在广泛征集《广告法》的修改意见，极有可能在不远的将来通过立法的形式全面禁止一切烟草广告。真的到了那一天，利群品牌的出路又在哪里?

为了应对未来宣传的变化，钟经理早在2012年年初就率领其团队开始了对利群品牌新营销方式的探索。他觉得如果利群品牌能够抢时间，赶在广告和传统推广之窗完全关闭之前超前研究出一套基于理论研究与实务操作可能性的营销传播方法，并开始试水于市场，这将无疑是获得了行业竞争的利器，并将产生一招领先招招领先的效应。按照原定的计划，钟经理打算利用三到五年的时间，先通过大量营销理论研究与市场数据分析，进行新营销战略的整体规划与完善，再在全国范围内选取几个市场进行试水，根据实际效果改进之后再向全国推广。

然而，在听取完西安市场王经理对于投诉事件的报告后，钟经理突然觉得，环境的变化可能要比他想象的快得多，已经没有时间让他按部就班地来实施之前的计划了。与其坐以待毙，还不如以这次西安市场的“广告牌投诉事件”为契机，将西安市场作为试点，将前期的理论研究成果与实务操作相结合，进一步探索新营销方式的可操作性及其市场效果。2012年年底，钟经理在集团品牌部门组建了一个特别小组，在其带领下，正式进驻西安市场。

西安市场是利群品牌典型的外围开发市场，具有较强的市场潜力，也是利群品牌的战略重点之一。在深入了解西安的烟草消费市场后，利群品牌团队发现浙江人(尤其是浙商)是西安市场上利群香烟的最主要消费群体。目前在西安的浙江人已达30万左右，兴办各类企业5000多家，他们活跃在西安工商各界，为当地的经济发展做出了贡献。其中，在实业界和商界等各类浙商企业的高管对利群品牌认可度高、消费高、人脉关系强、推荐力度大，在西安市场上的影响十分广泛。钟经理认为，如果能够充分利用好浙商的影响力，以品牌口碑来带动品牌形象和影响力的提升，将为利群品牌未来的营销活动找到一条新的出路。

在利群品牌团队积极探索利群品牌未来营销出路的同时，2013年年初，西安市烟草专卖局商业公司（以下简称市局公司）推出了“一店一特色、一品一方法”活动。该活动是西安市局公司所推出的“1＋1”终端品牌培育模式。这种模式将终端特色与品牌特色有机融合，工、商、零三方密切协作，共同制订有针对性的品牌培育方案，以提升烟草品牌显著度和传播品牌价值。具体地说，“一店一特色”就是专卖局以市场份额为依据把西安市场所有终端资源配置给在销的24个行业重点品牌。每一品牌被要求在分配到的所有零售终端上与终端合作一起进行特色化建设；“一品一方法”则是每一品牌根据自身定位和西安市场的卷烟消费特点，工商协同制定并实施有针对性的差异化品牌培育策略与创新性营销方案。

钟经理觉得，利用西安市局公司推出这一活动的机会，正好可以开始着手改变利群品牌现有的营销模式，将以浙商为核心的口碑营销作为未来品牌推广的重点。于是，他召集了品牌和营销部联席会议，听取各部门对提案的意见。钟经理原以为口碑营销的提案将会赢得各部门的一致认同，没想到会议当天，有部分同事对该提案提出了自己的不同意见。

有部分同事指出，任何品牌传播策略的变革最终影响的都是销售，把口碑传播作为日后营销策略的重点是不可取的，原因是操作过于复杂、不好控制、落地性差。口碑传播手段虽然一直在利群品牌的传播中有所应用，但始终都是传统营销方式的辅助。这一方面是因为口碑传播的速度较慢，无法与大型的销售活动相配合；另一方面过分依仗口碑会导致品牌话语权的丧失，利群不再是品牌信息的制造者，能做的只是引导口碑传播，但这方面利群显然缺乏经验。

他们认为，目前最好的方式依然是传统的“擦边球”品牌策略。例如，赞助当地电视台的相关节目，获得冠名权；效仿其他品牌的做法，在西安设立“利群购物中心”，将利群的品牌形象植入当地消费者的日常消费活动中；赞助以男性观众为主体的体育赛事，增加在潜在消费者中的品牌曝光等。无论是赞助节目还是设立购物中心，都是目前比较成熟的品牌传播方式，操作较为简单。另外，这些做法本身就是处于法律的灰色地带，就之前的状况来看，即使国家明令禁止烟草广告，也很难约束上述这些间接的品牌传播行为。目前利群品牌最主要的任务是稳中求胜，在尽量控制风险的情况下完成总部所定下的销售目标，而不是去应对一个还不知道会不会发生的所谓政策环境变化。

对于实施口碑营销的重要性，也有不少同事持肯定态度。他们认为"打擦边球"的方法并不是长久之计，虽然该做法在行业内存在已久，但目前大众反对这些形式烟草广告的呼声很高，也给相关的监管部门施加了非常大的压力。如果政府真的下定决心全面禁止烟草广告，这些"间接"的形式必定也难逃监管。更重要的是，刚才提到的方式会将品牌直接展现在潜在的烟草消费者面前，对于一些不吸烟的人群，烟草品牌的形象本身就比较负面，而随着禁烟意识的普及，必定会有越来越多不吸烟的人认为这些烟草品牌广告是一种骚扰，从而产生对品牌的敌对情绪。之所以要把口碑传播作为未来利群品牌传播的主要手段：一方面是因为其更加精准，再通过意见领袖在特定的消费群体中进行扩散，不会对不吸烟的人群造成负面影响；另一方面，随着网络口碑的发展，口碑的传播速度与传统口碑相比已经有了质的飞跃，其影响范围在某种意义上比传统媒体有过之而无不及。的确，目前利群品牌在口碑营销上是没有经验，但西安市场有如此广大的浙商群体，他们对利群品牌有着极高的认同感，这个群体完全可以成为口碑传播过程中的第一批意见领袖。同时市局公司推出的"一店一特色、一品一方法"活动又恰好为利群营销方式转型提供了良好的外部条件，所以，通过经销商渠道进行以口碑营销为主题的品牌传播战略非常有可能获得巨大成功。任何改革都有风险，但从长远来看，这是一次有益的尝试。

于是从会议的开始阶段，双方就在"实施口碑营销是否必要"这一问题上展开了激烈的讨论。对于反对口碑营销的同事而言，虽然对口碑营销具体的实施效果还有诸多担心，但有一点他们却不能否认：目前中国烟草行业正处于一个急剧的变化之中，国家对于烟草广告的控制将会越来越严格，甚至禁绝。如果利群品牌不能拿出一个有效的对策来应对这一变化，那么未来的品牌推广之路将会变得异常艰难，而这也终将影响销售业绩。此外，钟经理也在会上跟同事们坦诚，其实在此之前利群品牌不是没有尝试过去使用一些新的"打擦边球"的方式来应对这一危机，但效果并不理想。同时一些相关政府部门的朋友也劝他尽早做好最坏的打算，一旦相关政策出台，这些处于灰色地带的宣传手段都将被坚决取缔。

随着讨论的深入，不少开始持反对意见的同事也慢慢认同口碑营销的必要性了。讨论的重点则渐渐也转变成为"口碑营销战略具体应该如何实施"这一关键问题。的确，即使所有人都同意实施口碑营销计划，如果没有一个详尽的推广方案，针对之前讨论中所提出的“口碑推广速度慢”“利群品牌丧失话语权”等可预见到的困难也没有一个可执行的解决方法的话，这个所谓的新营销战略也终将沦为空谈。

诚然，虽然从理论角度上来讲，口碑营销策略的确能够为利群品牌在未来的严厉监管环境下突出重围，开启品牌传播新窗口创造有利条件，然而到实际操作层面，且不说怎样形成一套完整的口碑传播战略，运用到利群品牌的全国推广中去，单就眼下西安这个“试点”的口碑营销关键节点在哪里，实际操作又分为哪些步骤，如何利用好市局公司的“一店一特色、一品一方法”活动推进口碑营销策略这一系列问题，也着实需要费一番脑筋。

四、钟经理该何去何从

整场会议持续了整整五个小时，对于实施口碑营销战略仍有部分同事持反对态度，而口碑营销应该如何实施、遇到的困难应该如何解决这些问题也始终萦绕在钟经理心头。他很清楚，不管反对意见如何，他作为整个利群品牌的经理，如果保持坚定的立场，口碑营销的提案肯定是可以通过的。但这也意味着如果这一策略不成功，自己将要担起大部分的责任，甚至有可能会影响到自己在中烟公司的职业发展。此时此刻，自己到底要不要顶着压力，迎难而上，心中的这些困惑又该如何解决？钟经理陷入了沉思……

附录

附录1　部分品牌单箱销售额与商业销量一览表(1)

排位	品牌名	单箱销售额(万元)	排位	品牌名	商业销量(万箱)
1	中华	10.75	1	利群	142.59
2	苏烟	7.02	2	芙蓉王	110.94
3	芙蓉王	5.71	3	黄鹤楼	99.19
4	玉溪	4.93	4	玉溪	95.94
5	黄鹤楼	4.75	5	中华	94.10
6	利群	3.94	6	苏烟	40.35

注：数据来源于浙江省中烟公司

附录 2　部分品牌单箱销售额与商业销量一览表(2)

排位	品牌名	单箱销售额(万元)	排位	品牌名	商业销量(万箱)
1	利群	3.94	1	红塔山	311.25
2	云烟	2.82	2	白沙	304.60
3	双喜	2.06	3	双喜	304.41
4	七匹狼	1.93	4	云烟	230.21
5	红塔山	1.76	5	红河	210.66
6	黄山	1.76	6	黄山	199.81
7	白沙	1.61	7	七匹狼	165.45
8	红河	1.36	8	利群	142.59

注:数据来源于浙江省中烟公司

附录 3　利群品牌 2005 年至 2012 年批发市值(亿元)

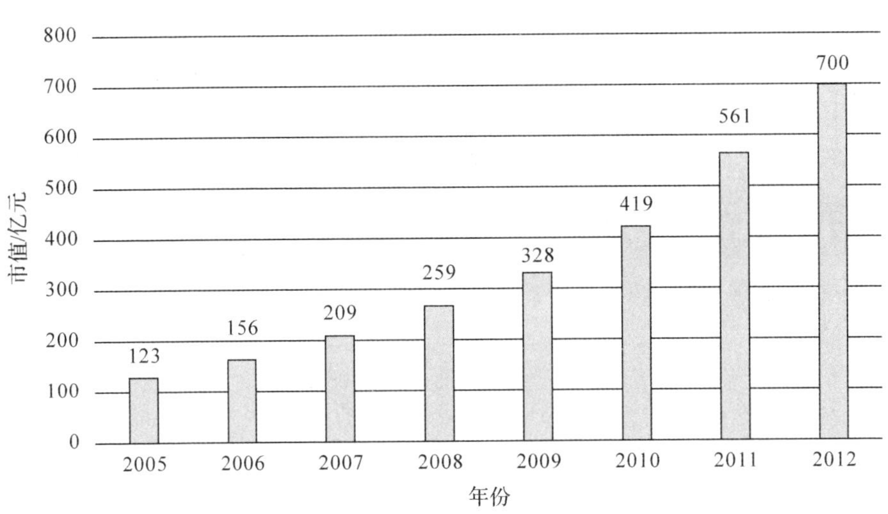

注:数据来源于浙江省中烟公司

附录4　2011年各品牌累计销量、销售额一览表

序号	品牌	销量（万箱）	序号	品牌	销售额（万元）
1	红塔山	311.25	1	中华	1011.17
2	双喜	304.41	2	云烟	649.46
3	云烟	230.21	3	芙蓉王	633.07
4	白沙	151.34	4	双喜	627.27
5	利群	142.59	5	利群	561.44
6	娇子	116.44	6	红塔山	548.04
7	泰山	112.61	7	玉溪	472.80
8	南京	111.31	8	黄鹤楼	471.42
9	芙蓉王	110.94	9	白沙	328.32
10	七匹狼	109.07	10	南京	311.47
11	黄鹤楼	99.19	11	苏烟	283.38
12	玉溪	95.94	12	娇子	279.70
13	黄山	94.58	13	七匹狼	256.45
14	中华	94.1	14	黄山	232.87
15	黄金叶	92.98	15	黄金叶	211.23

注：数据来源于浙江省中烟公司。

案例后续进展

利群品牌最终选择了口碑营销作为品牌推广的新战略，在后期调研和形成数据及分析成果的基础上，形成了以西安市场浙商群体为核心的口碑营销战略。

一、策略形成

1. 口碑驱动词（口碑信息）的设计

利群品牌通过早期的广告宣传，在市场上逐步确立了其“平和”的核心价值。这一“平和”的概念通过视觉形象较适合大众传播，但并不直接适用于口头

沟通。作为口碑信息设计的一个要求，该信息内容必须是人们喜欢传播的东西，对口碑营销者来说也就是要提供一个传播的理由。浙江中烟工业公司以前的利群加长烟嘴香烟，凭借着“烟嘴长一点、危害小一点”的传播卖点迅速在人群中扩散，就是一个很好的例子。

2. 传播使者（意见领袖）的挖掘

调查结果表明，目前在西安的浙江人已达30万左右，兴办各类企业5000多家，他们活跃在西安工商各界，为当地的经济发展做出了贡献。如何利用好这个群体，是利群品牌口碑传播的另一个关键的策略考量。

浙商群体可分为两类：实业圈和商业圈。在西安实业圈的推广路径可通过浙商会等各种渠道切入，而商业圈则可通过各类市场上的零售终端来切入。

3. 传播工具（口碑传播驱动渠道）策划

把乡情营销与口碑传播结合起来，把资源整合到西安市局公司“一店一特色、一品一方法”的推广平台上来是整个西安市场口碑传播工具策划的指导思想。

· 基本策略思想：乡情营销＋口碑传播

· 乡情销售：通过浙江籍的卷烟经销户（包括浙商经营场所内的持证卷烟经销户、旅游景区内及周边持证卷烟经销户）展开乡情销售。浙江籍经销户对利群品牌有较高的认可度，对浙江中烟公司有较高的合作度及较强的主动推荐能力。透过乡情可以找到市场进入的突破口。

· 乡情消费：让浙江老乡先用起来，通过他们的示范和消费体验，实现利群口碑的人际间传播。西安市浙江人聚集区域主要在建材市场、服装批发市场、大型建筑项目附近。这种聚集性容易使口碑推广方式产生更好的效果。

· 乡情推广：通过陕西浙江商会及各类浙商协会，接触当地浙商企业，建立有效的沟通路径，建立和发展客户关系。实业界和商界等各类浙商企业高管，具有对利群品牌认可度高、消费高、人脉关系强、推荐力度大的诸多优点，其消费与口碑行为能有效提升利群在西安市场上的地位和影响力。

策略要点：

(1)建立前凸性利群核心终端

在市场前沿，建设前凸性利群核心零售户和外联点（如商会）并把其打造成为“据点”。所谓的“前凸性”指的就是零售户或商会前向嵌入消费群体（跨门店销售）的程度和状态。优质的零售终端和商会，是利群品牌与消费者最重要的接触点，据此不仅可以发现消费者、挖掘消费者，同时还可以把利群品牌信息发布给消费者,并实现对重大客户的关系管理。

(2)拓展人际传播与推荐的顾客链

依托核心终端的店主和商会领导的人脉关系,拓展人际传播与推荐的顾客链。每一核心终端都有其服务对象,透过它可挖掘出第二层级的意见领袖,从而实现利群口碑传播和销量提升。

(3)传播渠道的关系质量建设

从核心终端到顾客链(客户链)强调的是营销和传播的渠道,但要把乡情营销真正落地,就必须要在"情"字上做足文章。这就是渠道的关系质量建设。

二、策略推进

1. 网点信息采集与旗舰店确认

2013年7月15日前,西安团队依托当地商业公司的一线客户经理团队和公司西安终端团队,已着手进行了零售网点的信息采集和梳理工作,完成了全部目标网点的基础信息汇编,梳理出浙籍零售户91户、浙江人聚集地零售户30余户、浙商经营场所6家和驻西安各浙商会机构5家。

2. 业务与终端团队培训

2013年8月21日,西安团队举办了第一次业务培训,参加培训的人员有西安业务团队与终端团队。公司品牌部负责人讲授了乡情营销和口碑传播的策略思想和方案,以及面向消费者的销售技巧,并通过互动方式进行了终端团队的实战模拟训练。本次培训有效地提升了终端团队展开口碑营销的知识储备和业务技能。

3. 零售户培训

2013年9月2日,西安团队走遍了西安城区四分之三的面积,考察了不同类型的零售户,并重点与5家零售户进行了面对面的深度交流。3日上午针对浙籍零售户以及浙江籍商人聚集区商圈零售户共计30户进行了培训。

4."核心终端"建设与营销推进

2013年10月10日至11月10日,西安业务与终端团队在前期信息采集、终端分类和零售户培训的基础上,对36家核心户进行重点建设。

5. 基于"核心终端"的重要顾客座谈会

2013年11月19日,品牌部人员与西安业务团队一起,在质尚烟酒店组织召开了第一次浙籍消费者代表座谈会,品牌部培训师向消费者代表进行了利群品牌的主题宣讲，并听取了消费者对利群品牌的意见和建议。

6. 企业圈的乡情营销推进

通过对西安浙商会的排摸和走访，西安业务团队落实了乡情营销的企业圈推进路径。

三、效果评估

西安市场乡情营销从酝酿、策划到执行经过了近一年的时间，落地执行约半年多。从市场反馈上来的情况看，效果是明显的。策略的执行成效可以从两个层面上得到体现。

1. 销售业绩评估

(1)样本户分月销售情况比较

表 1 是 36 户样本户 2013 年 1 月至 2014 年 2 月利群一类烟的销售统计数据。从中可以看出，整体的销售量呈现出了持续上升的态势，特别是从 2013 年下半年开始，通过本项目应用的正式启动，销量呈现出较大的增长。需要指出的是，2014 年 2 月销量的大幅度的下降，是节后市场的正常现象，同比 2013 年 2 月还是实现了较大的增长。

表 1　样本户利群一类烟各规格分月销售累计(2013.1—2014.2)　(单位:箱)

月份	利群(软长嘴)	利群(硬)	利群(长嘴)	利群(休闲)	合计
1	0	422	0	0	422
2	0	248	0	0	248
3	34	138	0	0	172
4	40	130	0	0	170
5	59	272	0	0	331
6	47	493	0	0	540
7	25	404	28	0	457
8	22	395	110	0	527
9	89	376	105	0	570
10	32	562	96	0	690
11	58	438	260	0	756
12	60	656	184	0	900

续表

月份	利群(软长嘴)	利群(硬)	利群(长嘴)	利群(休闲)	合计
1	95	858	273	62	1288
2	32	192	83	2	309
合计	593	5584	1139	64	7380

(2)样本户与全市总体情况比较

表2所示是36户样本户2013年1月至2014年2月利群一类烟分月户均条数与全市总体情况的比较。统计数据表明，统计期样本户的户均订货条数远大于全市总体水平，且在2013年下半年项目启动后户均条数增量更为明显。

表2 36户样本户分月户均条数与全市总体情况对比(2013.1—2014.2)

月份	全市总体月均条数	样本户月均条数	样本户与总体差
1	3.80	11.72	7.92
2	2.73	6.89	4.16
3	2.96	4.78	1.82
4	3.17	4.72	1.55
5	3.40	9.19	5.79
6	3.37	15.00	11.63
7	3.50	12.69	9.19
8	3.86	14.64	10.78
9	4.31	15.83	11.52
10	4.18	19.17	14.99
11	5.39	21.00	15.61
12	4.94	25.00	20.06
1	6.40	35.78	29.38
2	3.59	8.58	4.99

(3)样本户、总体同比销售情况比较

表3所示是样本户、总体2014年1—2月与2013年1—2月一类烟同比销售情况。统计数据表明，36户样本户一类利群烟销售同比增幅138.36%，全市

一类利群烟销售同比增幅120.84%，样本户同比增幅高于全市总体增幅17.52个百分点。

表3　样本户总体2014年1—2月与2013年1—2月同比销售情况　（单位：箱）

	本期（2014.1－2）	同期（2013.1－2）	同比增幅
总体	96560	43724	120.84%
样本户	1597	670	138.36%
同比差值			17.52%

2.应用效果的品牌认知评估

（1）利群品牌的认知度及与相关品牌的比较

品牌认知度由品牌回想和品牌再认两个指标来体现。从图2可以看出，利群的品牌再认是100%，回想是77.45%。再认率是4个品牌中最高的，回想率排第二位，低于当地强势品牌好猫，但高于其他两个外地品牌。

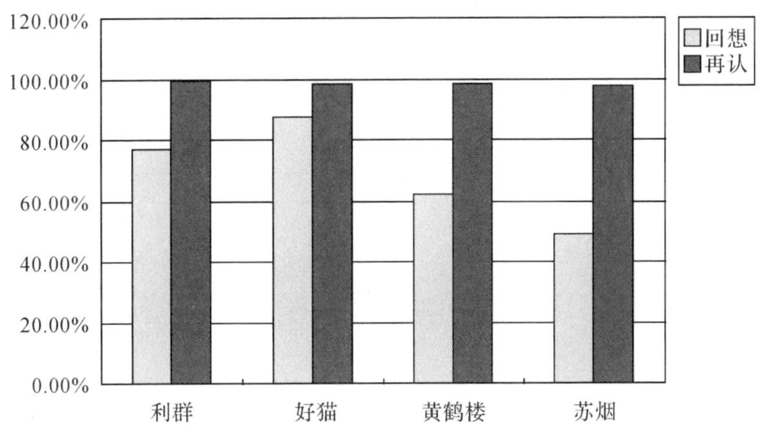

图2　利群与竞争品牌的品牌认知度比较

注：品牌回想是指消费者在没有提示的情况下回忆起某个品牌的能力；

品牌再认是指看到产品或包装后消费者再忆品牌的能力

（2）利群与竞争品牌的品牌回想排位比较

表4数据反映了消费者在回想品牌名称时某一品牌所在的排名次序，可以反映该品牌对消费者的影响力程度。利群在第一个提及的品牌名称中占有优势，占比32.28%。

表4 利群与竞争品牌的品牌回想排位比较 (单位:%)

品牌	第一	第二	第三	第四	第五	第六
利群	32.28	19.62	24.68	20.25	3.16	0.00
好猫	24.44	28.33	21.67	10.00	1.67	0.00
黄鹤楼	9.38	21.09	25.78	22.66	14.06	7.03
苏烟	28.00	32.00	16.00	14.00	8.00	2.00

(3)利群与竞争品牌的品质认同度比较

对利群香烟的品质认同度,82.84%的消费者持有品质可接受和较好的印象(见表5)。评价区间较集中。这与产品在新市场的受众品味习惯有一定的关系。

表5 利群与竞争品牌的品质认同度比较 (单位:%)

品牌	很差	较差	可接受	较好	很好	未抽过
利群	0	5.88	48.04	34.80	1.29	0.98
好猫	1.47	8.33	59.80	23.53	5.88	0.98
黄鹤楼	1.47	12.25	57.35	18.63	3.92	6.37
苏烟	0.49	6.37	32.84	33.82	17.16	9.31

TEACHING NOTE

案例使用说明

一、教学目的与用途

本案例主要适用于"营销管理"课程的教学,包括全日制在校本科生、MBA学生、企业管理人员的教学与培训。

本案例的教学目的是通过对浙江中烟工业公司利群品牌在烟草广告全面管控大背景下新营销方式的探索与分析,提高学生对于外部环境分析、传播策略有效性、口碑营销等问题的认识以及掌握传播策略制定的关键因素分析方法。更重要的是透过烟草这个特殊的行业,在比较纯粹的传播环境下(非大众传播),探讨口碑传播的作用和方法,从而为大多数企业在目前大众传播方式逐渐失去效果、新传播方式迅速崛起的背景下如何有效进行品牌传播提供方向和思路。通过对这一案例的分析与讨论,帮助学生进一步理解口碑传播模型与规律、掌握口碑传播关键变量以及探讨和制定相应的口碑传播策略和方案。

二、启发思考题

(1)对于利群品牌而言,未来品牌推广之路究竟在哪里?当前品牌所处环境中的机会和威胁表现在哪里?(要求学生进行环境扫描并用SWOT矩阵进行分析)

(2)与传统品牌推广方式相比,口碑营销的优点和弱点是什么?在本案例中哪种传播方式更加适合利群品牌目前和将来的需要?(要求学生掌握口碑营销的原理和方法)

(3)你认为口碑营销的关键管理节点有哪些?有哪些因素会影响口碑营销的实施效果?在本案例中,它们分别是什么?

(4)如果你是钟经理,你是否会坚持选择口碑营销?如果是,在本案例中的口碑营销策略应该是怎样的?请提供初步策略设想与方案。

三、分析思路

教师可以根据自己的教学目标来灵活使用本案例。这里提出的本案例分析思路仅供参考。

1. SWOT 分析

通过对烟草行业营销环境的分析,得出利群品牌口碑营销的基本思路。

中国烟草行业正处在一个外部管控越来越严、内部竞争日益激烈的营销环境之中,在此情境下,利群品牌未来传播的突破口就是口碑传播。

利群品牌SWOT矩阵分析如表6所示。

表6 利群品牌SWOT矩阵分析

	外部环境分析(O、T_q)	
	机会(O)	威胁(T)
内部环境分析(S、W)	1. 传播环境向有利于口碑营销的方向发展 2. 消费体验的市场基础 3. 浙商群体的带动力	1. 严控大环境的现实和趋势 2. 口碑传播方式的限制,存在蝴蝶效应

续表

		优势机会策略(S、O)	优势威胁策略(S、T)
优势S	1. 区域性强势品牌 2. 规模和结构兼顾 3. 高性价比 4. 核心价值的前期传播基础	1. 实施以口碑传播为主导的品牌推广战略 2. 以高性价比为切入点，契合平和人生理念 3. 以浙商为口碑载体，寻求市场突破	1. 实施以口碑传播为主导的品牌推广战略 2. 坚持平和的传播风格 3. 强化传播语境和心境的传播接触点设计
		劣势机会策略(W、O)	劣势威胁策略(W、T)
劣势W	1. 全国性高端市场偏弱 2. 品牌溢价力、变现率不如中华等高端品牌	1. 近期强调利群品牌的内敛性，适合自我消费 2. 契合平和的人生理念的口碑传播	1. 步步为营，平和的传播方式 2. 不断以不经意的方式提供谈资，推动口碑传播

2. 口碑传播的优劣势分析

口碑传播的优势：(1)真实感，非商业性传播，可信度大；(2)熟人圈内的推荐和传播，各种人脉圈的交集，产生传播的扩散效应；(3)烟草的社会文化特性，在社交过程中便于传播。

口碑传播的劣势：(1)传播速度相对较慢，需要一个时间过程；(2)操作过程复杂，并难以控制，绝大多数传播过程企业难以介入；(3)会存在负面口碑，消费者由于性格、背景、文化等造成的个人主张可能使口碑带有很强的个人色彩，产生非预期的甚至相反的传播结果。

在本案例中，由于利群品牌处在一个行业内部竞争十分激烈、外部管控日益严格的环境之下，口碑传播是其目前与未来品牌传播的最佳选择。

3. 口碑传播的管理节点分析

(1)建立口碑传播模型

拉扎斯菲尔德两级传播理论口碑传播有两个重要的阶段：信息传达过程和人际传播过程。而其中的中介因素就是意见领袖。由此可提出基于拉扎斯菲尔德两级传播理论的利群口碑传播概念模型，如图3所示。

从两级传播理论来看，口碑传播是基于顾客满意、传播和接收动机的自发行为和过程来实现的。如果企业不具备正向口碑传播的要素和条件，再大的营销努力都不会形成正向的口碑效应。口碑营销所要做的事情，就是信息源如何有效地驱动口碑，促使消费者快速谈论并形成传播氛围。因此，上述模型说明了CtoC(第二阶段)是一个结果，BtoB、BtoC(第一阶段)是一个前因。第一阶段

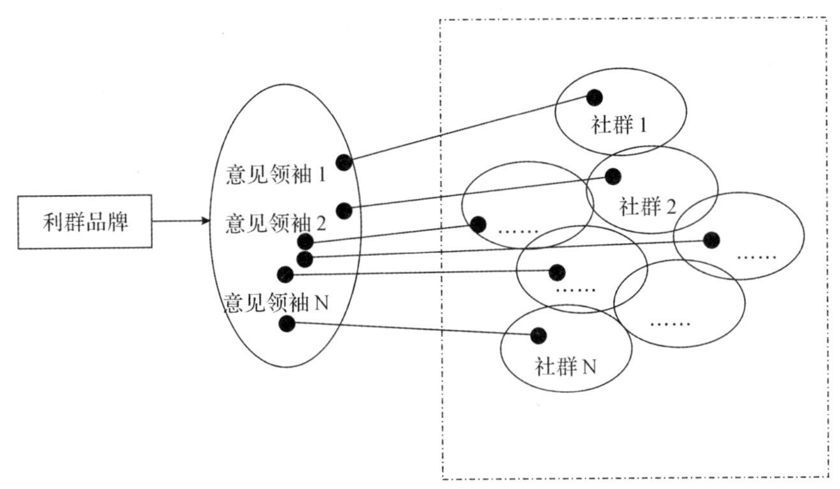

图 3　口碑传播概念模型

是关键的口碑传播驱动阶段。

(2)管理节点分析

隐含在口碑传播模型中的基本管理节点有三个，即意见领袖、口碑信息和口碑驱动工具。

1)寻找并赢得意见领袖

通过市场细分，找出能够影响口碑在人际间传播的意见领袖。意见领袖的标准至少有以下三条：第一，意见领袖是特定社群中被人们熟悉和信赖的人；第二，意见领袖是热心肠的人，乐意与他人分享消费体验；第三，意见领袖具有消费体验或是这一产品方面的专家，这意味着他们能够向社群提供有价值的信息。

2)策划和提供口碑信息

口碑信息在人际传播过程中就是被称之为“谈资”的东西。提供一个让人谈论的理由，是口碑策划的灵魂。

3)组织和管理口碑驱动工具

口碑驱动工具主要分为两类：赠品体验(自觉过程)和品牌植入(影响过程)。管理的重点是企业如何创建长尾集合器，使批量和规模化的口碑驱动成为可能。长尾集合器在这里是指把一些分散的意见领袖集合起来进行口碑传导，以产生规模化效应的方式。

(3)策略与方案制定

1)策略制定的关键点与难点把握

这由口碑传播的管理节点决定,本案例的分析与讨论的关键问题是:

· 依产品核心价值策划和创意口碑信息。

· 通过细分市场,挖掘目标人际圈的意见领袖。

· 创建长尾集合器,使批量和规模化的口碑驱动成为可能。

分析与讨论中的难点:

· 如何从茫茫人海中依人际圈的分类找出意见领袖。

· 通过什么方法把人们召集起来(创建长尾集合器),以能让人接受的方式驱动口碑传播(软宣传)。

· 如何把基于营销驱动的口碑传播与传统的基于消费体验的口碑传播区分开来。

2)策略的形成

· 所有策略的形成是开放性的,但各种策略的背后应该是有逻辑关系的。

· 口碑信息的形成须与品牌的核心价值相一致,体现利群品牌“平和”的核心价值。

· 意见领袖的选择要求达到三条标准:在圈内有影响力、热心肠的人,具有消费体验或是这一产品方面的专家。本案例主要的细分群体是浙商,应从浙商人群中去寻找,其中零售终端和浙商会是一个很好的传播接触入口。

· 口碑驱动策略必须考虑可操作性,要具有长尾集合器的特点,符合规模化和可复制的要求。本案例要求通过“乡情营销”的切入点,契合西安市局公司的“一店一特色、一品一活动”来展开。

(4)本案例中口碑营销策略建议

针对本案例中利群品牌所处的外部环境,口碑营销策略将会是钟经理最好的选择。建议从以下几点进行口碑营销战略的策划:

1)设计口碑驱动词,即口碑营销中所要传达的关键信息。需结合利群品牌的核心价值观,以及口碑接受者的特征进行口碑驱动词的设计。使其易于被人们接受,同时乐于将其进行二次传播。

2)挖掘意见领袖。在口碑信息的传播过程中,意见领袖的地位至关重要。如何准确地挖掘出利群品牌的意见领袖,并且利用好这些意见领袖进行口碑信息的初期传播将成为利群口碑营销战略中的另一个关键战略节点。

3)传播工具(口碑传播驱动机制)策划。除了设计口碑传播的核心信息,以及发掘意见领袖之外,口碑传播战略中另一个关键点在于口碑传播驱动机制的设计。口碑接收者除了自发地进行口碑传播以外，外界的激励因素也会对其口碑传播行为起正向作用，故一个设计合理的口碑传播驱动机制将大大提升口碑营销的效果。

四、理论依据及分析

1. SWOT 矩阵分析

SWOT 是英文 strengths、weaknesses、opportunities 和 threats 的缩写，即企业本身的竞争优势、竞争劣势、机会和威胁。SWOT 矩阵分析有其形成的基础。按照企业竞争战略的完整概念，战略应是一个企业“能够做的”（即组织的强项和弱项）和“可能做的”（即环境的机会和威胁）之间的有机组合。在运用 SWOT 矩阵分析时，可遵循以下步骤：

（1）罗列企业的优势和劣势、可能的机会与威胁。

（2）优势、劣势与机会、威胁相组合，形成 SO、ST、WO、WT 策略。

（3）对 SO、ST、WO、WT 策略进行甄别和选择，确定企业目前应该采取的具体战略与策略。

2. 两级传播理论

两级传播理论（two-step flow theory）由美国传播学者拉扎斯菲尔德在其《人民的选择》（*The People's Choice*）（1944 年）一书中最早提出，并经其《个人的影响》（*Personal Influence*）（1955 年）一书得到完善。拉扎斯菲尔德认为，大众信息的传播可分为两个重要的阶段：一是信息从信息源通过大众传播渠道到达意见领袖（信息传达过程）；二是意见领袖通过人际传播渠道再把信息传达给其他民众（人际传播过程）。这个完整的传播过程如图 4 所示。

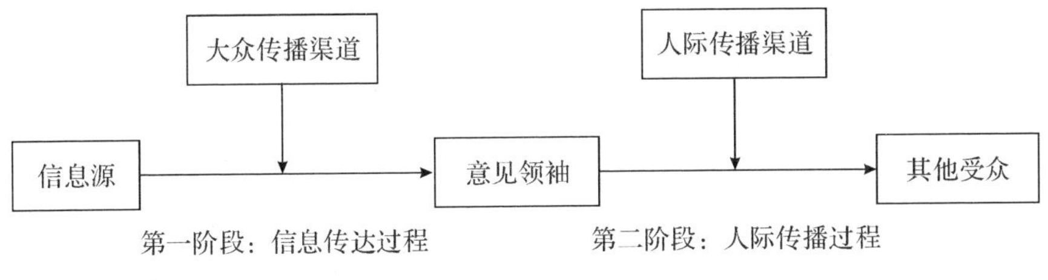

图 4　拉扎斯菲尔德两级传播理论模型

拉扎斯菲尔德认为，大众传播并不总是对受众产生直接的作用。受众越来越受到来自人际关系、意见领袖、中介因素等的影响。在拉扎斯菲尔德那里受众被划分成活跃和不活跃两个部分。主动、活跃的受众较易受大众传播手段的影响,被动、不活跃的受众不易被大众传播手段影响,但他们较易受到意见领袖的影响和说服。一个有效的传播模型就是企业首先通过大众媒介向大众进行传播(如广告宣传),从而影响小部分活跃受众对产品的购买、消费和体验。当这部分使用者获得满意的产品时,就会向身边的亲朋好友传播正向的评价或推荐购买。这部分活跃的、对品牌进行宣传的早期使用者即被称为意见领袖(opinion leader)。

3. 口碑传播影响因素理论

理论研究显示,影响口碑传播成效的因素主要被划分为三大类:信息来源者(source)的因素、信息本身(message)的因素以及信息接收者(receiver)的因素。其变量不同,口碑的传播效果也就不同。另外,口碑传播者与接收者的关系也会对传播效果产生影响。

(1)传播者的因素

传播者的因素主要包括口碑传播者的传播动机、口碑传播者的传播意愿和口碑传播者的特性。

(2)接收者的因素

接收者的因素主要有:接收者的专门知识、感知风险、参与度和人格特征。

(3)口碑信息

口碑信息包括口碑内容、口碑数量、口碑效价和口碑的离散程度。

(4)口碑传播者与接收者的关系

当信息传播者与接收者之间具有不同的强弱关系时,口碑传播效果不同。

五、关键要点

(1)让学生学会运用SWOT矩阵分析方法进行品牌环境分析,理解口碑营销的特点、口碑营销的关键管理节点以及口碑效果影响因素。通过对利群品牌在西安市场实施口碑营销战略的实例,让学生掌握口碑营销的基本框架是本案例教学的重点。

(2) 虽然本案例是基于烟草这一特殊行业而写的,但在教学过程中需要引导学生认识到口碑营销的方式并不仅仅适用于烟草这样一个特殊的行业。随着网络口碑的发展,口碑营销在许多行业都可以成为企业品牌推广的有力武器。

(3)在分析利群品牌西安市场的口碑营销战略之后,可以引导学生探讨如何将这一口碑营销战略形成体系,并且向全国推广。这旨在加深学生对口碑营销框架的认识,便于将其运用于不同品牌环境之下。

六、建议课堂计划

1. 课前计划

提前一周发放案例,提出启发思考题,请学生在课前完成阅读和初步思考。如果有可能,尽量让学生在课前进行小组交流和讨论。

2. 课中计划

教师进行简要的课堂前言,明确主题。(10 分钟左右)

分组讨论:60 分钟,告知学生发言要求 。

小组发言:每组 15 分钟左右,控制在 45 分钟之内。如果小组较多,可选取 3 个小组,在每个小组发言后其他小组参与讨论或提出不同观点,以引导全班进一步讨论。

最后老师进行归纳总结。(15～20 分钟)

3. 课后计划

若有必要,请学生采用报告形式给出更加具体的解决方案。

七、参考文献

[1] 安迪・赛诺维兹. 口碑的力量[M]. 北京:台海出版社,2014.

[2] 迈克尔・波特. 竞争优势[M]. 北京:华夏出版社,1997.

[3] 菲利普・科特勒. 营销管理(第 14 版)[M]. 北京:中国人民大学出版社,2012.

[4] 杰克・特劳特. 定位[M]. 北京:机械工业出版社,2011.

[5] Wilson E J, Sherrell D L. Source effects in communication and persuasion research: A meta-analysis of effect size [J] . Journal of the Academy of Marketing Science, 1993, 21(2):101—112.

[6] Yang K S. Social orientation and individual modernity among Chinese students in Taiwan [J]. Journal of Social Psychology, 1981, 113(2): 159—170.

KR化妆品的新品上市计划[①]

摘　要:2012年年底,KR推出了品牌的美白系列化妆品。KR希望新品的上市能够帮助自身挽回市场的颓势,可是新品的表现却并不尽如人意。新项目的推广人员,尤其是品牌总经理Jason、营销总监Wendy,还有产品经理Amy尝试了很多种营销方案,可惜都收效不佳。面对来自公司内部和外部的共同压力,Jason等人对下一阶段应如何开展新品的营销困惑不已。

关键词:市场现状;目标市场分析;顾客定位;营销计划

透过窗明几净的落地窗,可以看到总经理办公室里有三个人正在进行激烈的讨论。KR品牌总经理Jason、营销总监Wendy,还有产品经理Amy正在讨论新上市的PB化妆品为什么没有达到预期的销量。PB化妆品是KR在2012年年底正式推出的美白产品。PB也是KR 2013年最为重要的一组产品,用来弥补KR在美白市场上占有率不理想的情况。但从销售部反馈的数据来看,上市5个月以来,PB的销售状况并不理想。Jason、Wendy和Amy三人总结了前一阶段的营销和销售活动,都觉得PB应该有更好的市场表现。想到KR的所有人都把希望寄托在PB的表现上,想到各自身上承受的压力,三人均陷入了沉思……

---

①本案例由浙江大学管理学院张小林、周盛琳撰写,作者拥有著作权中的署名权、修改权、改编权。未经允许,本案例的所有部分都不能以任何方式与手段擅自复制或传播。

本案例授权浙江大学管理学院案例中心使用,浙江大学管理学院案例中心享有复制权、修改权、发表权、发行权、信息网络传播权、改编权、汇编权和翻译权。

由于企业保密的要求,案例对部分人物姓名、相关数据进行了必要的掩饰性处理。

本案例于2013年9月收录,文中叙述保留收录时的时间点。

本案例只供课堂讨论之用,并无意暗示或说明某种管理行为是否有效。

一、现状描述

KR 隶属于一家大型跨国化妆品公司，是公司大众化妆品事业部的重要组成部分。该化妆品公司旗下共有 20 多个品牌，主要包括洗发、沐浴、护发、护肤、彩妆、香氛、奢侈品、美容食品、婴幼儿用品等产品系列。其中在中国上市的共有 10 多个品牌。公司共包括大众化妆品事业部、药妆事业部、中档化妆品事业部、奢侈品事业部、美发事业部等部门。根据不同定位，各品牌共同搭建了公司金字塔状的品牌发展结构。金字塔尖是公司的一线品牌，位于中间的是公司的二线品牌，位于最下层的是公司的三线品牌。需要指出的是，金字塔式的结构是为了应对公司战略和发展业务的需要，并非按照重要性排序。公司试图通过不同事业部和品牌之间的竞争与合作，吸引不同消费水平的消费者；通过不同品牌类型和产品价位，满足不同消费者的需求，扩大在中国市场的业务范围和市场份额，提高和改善公司的业绩。

KR 位于公司品牌发展金字塔结构的最基层。连同 KR 在内，公司大众化妆品事业部总共有三个品牌，各自在基础护肤、护发、彩妆等细分市场中拥有一定市场份额。其中，KR 是三个品牌中最晚进入中国市场，也是业绩起伏最大的品牌。2000 年后通过收购国内本土同类品牌的方式，KR 进入中国市场。公司高层希望通过借助被收购品牌的分销渠道和经销商网络，打通 KR 品牌在中国大陆市场的销售网络，促进 KR 品牌的发展，提高市场份额。但事与愿违，收购本土品牌并未给 KR 带来充足的分销资源，反而造成了本土品牌分销资源的丧失。分销渠道不足、经销商网络缺乏、对国内市场不了解，是影响 KR 进入中国市场的重要因素。而在 KR 进入中国市场之前，大众化妆品事业部的其他两个品牌都已经取得了十分不错的市场份额，在同类产品中，也拥有良好的口碑和较好的声誉。因此，KR 不仅需要和本土品牌以及其他公司的品牌进行竞争，也需要面对来自事业部内部的压力。

从人员构成上说，由于前两年业绩不佳，KR 出现了大多数员工跳槽的情况，人员变动剧烈。目前在 KR 的营销团队中，总经理 Jason 来自德国，于去年 11 月底刚进入公司，对 KR 的情况不甚了解；营销总监 Wendy 来自法国，于去年 9 月从法国公司调至中国，接触 PB 项目的时间不足半年；产品经理 Amy 来自中国台湾，去年 10 月从台湾公司调至大陆，主要负责 PB 系列的上市计划。由于文化差异，Jason 和 Amy 在营销活动上比较谨小慎微，无论是德国人，还是中国台湾人，都十分注重细节。尤其是 Amy，作为方案的执行者，她过度关注细节，而忽视了整体；Wendy 受到法国文化的影响较多，经常会有一些创新的想法,但是创意过多会带来执行上的问题,而且容易出现概念多而杂的情况。Jason 接触项目的时间不长,以听取 Amy 和 Wendy 的报告、审核方案为主。其他和营销部门联系较多的部门,如销售部、采购部等,也有很多人不久之前刚从其他事业部或者其他公司来到 KR。一个新的营销团队,尤其是一个跨国的多元化营销团队,会面临很多问题。无论是三人各自不同的文化背景,还是对中国大陆市场的不熟悉、不了解,都会给项目的上市和推进带来问题。

从 KR 产品自身来看,KR 目前共包括美白、保湿、男士、面膜、防晒、护发六条产品线。其中,保湿和男士是 KR 最为重要的两条产品线,从 2009—2012 年的数据来看,保湿和男士分别占据了 10%和 6.5%的市场份额(平均)[①]。美白市场一直都是同类品牌竞争的重要市场,但却是 KR 的短板。KR 的美白产品仅占约 3%的市场份额(平均)[②],且在相关品牌竞争中排名靠后。

二、化妆品市场的特点

1. 化妆品市场的特点

化妆品行业是我国国民经济中发展得最快的行业之一。它经历了从无到有、从小到大的巨大变化。1987 年,我国化妆品行业的产值仅为 18 亿元,生产企业只有 100 家左右;2000 年,全行业的销售收入已达 138 亿元,拥有 3000 多家生产企业。从 1987 年到 2000 年,化妆品行业产值的年均增长率达到 18%左右[③]。化妆品作为快速消费品的重要组成部分,具有单品价值低、消耗周期短、消耗后需要及时补充、便利、消费者可以就近购买、视觉化、易受卖场氛围影响、品牌忠诚度不高等特点。此外,随着经济的发展和人们生活水平的提高,以及审美意识的不断加强,人们对化妆品的需求越来越大。

化妆品市场从属性上可以分为男性化妆品市场和女性化妆品市场。男性化妆品市场的品牌和产品都较为单一,以保湿和控油产品为主。而女性化妆品市场不仅包括基础护肤类的产品,还包括彩妆等产品。按照产品功能分,化妆品可分为保湿、美白、抗老化、特殊功效等类型。其中,关注度最高、竞争最为激烈的是保湿和美白的产品市场,几乎所有的化妆品品牌,都包含这两类产品。就大众化妆品市场而言,KR 主要的竞争者有相宜本草、百雀羚、卡尼尔、丹姿、玉兰油、妮维雅、旁氏、巴黎欧莱雅、丁家宜、里美等品牌。在大众化妆品市场的主要竞争者中,本土品牌和国外品

---

① 数据来源:AC Nielsen, L'Oreal CN Top 100 SKU Monthly Data。

② 数据来源:AC Nielsen, L'Oreal CN Top 100 SKU Monthly Data。

③ 数据来源于网络。

牌各占 5 席左右。本土品牌在经历了被国外品牌大幅度超越后，近两年又开始出现快速发展和反超的现象。其中，尤其以主打草本护肤的相宜本草和主打保湿的百雀羚、丹姿发展得最快。自 2009 年以来，相宜本草的销售额每年都以超过 100%的速度增长，每月的同期增速更是达到了 30%以上(平均)①。丹姿的销售额虽然没有相宜本草增长得那么快，但也保持了每年 70%左右的增速②。至于百雀羚，虽然目前仍未进入大众护肤品销售额和销售量前 20 名的排行，但销售业绩以每个月 80%～90%(平均)的增速增长，发展前景不可小觑③。

另外，天然化妆品越来越受到广大消费者的喜爱。消费者希望自己能够使用更天然、更有机的产品，这一消费需求也推动了天然/活性化妆品市场的发展。百度数据研究中心 2009 年的数据显示，2009 年度天然/活性化妆品的搜索指数走势良好(见图 1)，购买此类化妆品的人数在不断增多。日均搜索指数达到了 7.9 万，并在 10 月 1 日达到峰值 10.3 万④。

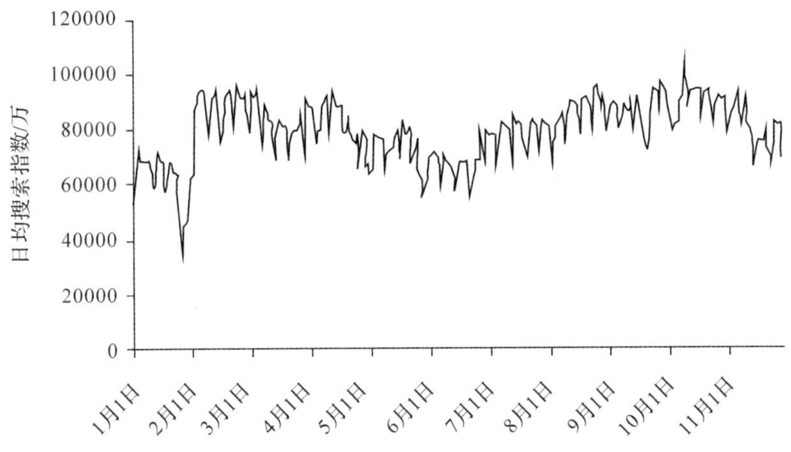

图 1　2009 年天然/活性化妆品搜索指数

虽然国内化妆品行业发展较快，但也存在一定问题。比如，行业中仍存在很多假冒伪劣产品，尤其是国外的品牌，被假冒的情况更为严重。这极大地打击了消费者的信心，也不利于维护品牌的信誉和形象。另外，消费者在购买化妆品的时候仍不能够理性消费，易受到广告、软文等的影响。

---

① 数据来源：AC Nielsen，L'Oreal CN Top 100 SKU Monthly Data。

② 数据来源：AC Nielsen，L'Oreal CN Top 100 SKU Monthly Data。

③ 数据来源：AC Nielsen，L'Oreal CN Top 100 SKU Monthly Data。

④ 数据来源：百度数据研究，2009 年 12 月。

2. 美白市场竞争状况的描述

美白市场是女性化妆品市场中最重要的组成部分。自2009年以来，美白化妆品市场占女性化妆品市场的30%以上，每年环比增速达12%(平均)[①]。美白市场主要是指面部护理产品，包括洗面奶、爽肤水、乳液、霜，以及面膜等。从销售状况来看，销售旺季是每年的3月到5月，以及10月到12月，主要集中在夏季前后。

相关市场调查数据表明，美白市场主要包括美白祛斑市场、美白保湿市场以及美白粉润市场。其中美白保湿市场所占比重最大，为51%。但已出现下降趋势。美白粉润市场为第二大市场，所占比重为33%，且仍保持20%左右的增长速度。第三是美白祛斑市场，它是传统美白市场中最重要的部分，但目前已出现了明显的下降趋势，市场份额已下降26%[②]。

从品牌来看，同类产品美白市场的主要竞争者包括旁氏、玉兰油健康嫩白系列、相宜本草、玉兰油水感透白系列、妮维雅、里美、丹姿以及卡尼尔。2009—2011年，销售增长最快的本土品牌相宜本草，美白市场主要依靠四倍蚕丝以及红景天系列产品。这两组产品在国内市场都取得了不错的成绩。在销售量和销售额的监测中，都能保持前20名的位置。此外，另一国货品牌丹姿也保持一定的速度增长。虽然增长幅度小于相宜本草，但增势稳定。2009年以来，表现最差的品牌是卡尼尔，市场份额同比下降55%左右。玉兰油健康嫩白和水感透白系列，以及旁氏的表现也都不尽如人意，市场份额出现了不同程度的下降。图2及表1所示为2009—2012年美白市场主要竞争者市场份额及其占比。

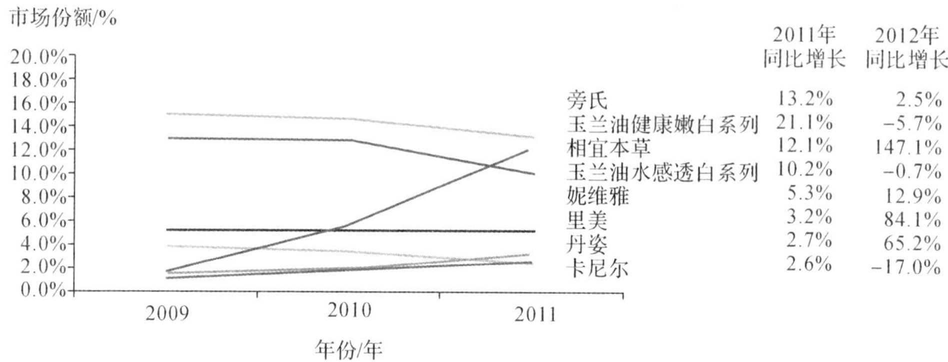

图2　2009—2012年美白市场主要竞争者市场份额及其占比[③]

① AC Nielsen, National till Dec. 2011.

② KR品牌内部市场调查报告。

③ KR品牌内部市场调查报告。

表1　2009—2012年美白市场主要竞争者市场份额及其占比①

美白市场主要品牌	2009全年	2010全年	2011全年	2012年同比增长
整个市场/百万美元	1324	1408	1521	8.1%
旁氏	17.3%	9.5%	9.6%	9.9%
玉兰油健康嫩白系列	9.4%	13.7%	6.0%	52.4%
相宜本草	1.6%	3.4%	6.2%	96.4%
玉兰油水感透白系列	9.3%	6.7%	5.7%	−8.5%
妮维雅	9.7%	7.9%	3.8%	−48.1%
里美	0.0%	0.0%	0.0%	—
丹姿	0.0%	0.0%	0.0%	—
卡尼尔	5.2%	2.7%	1.1%	−55.2%

从竞争方式来看，主要包括线上和线下两个方面。线上的竞争形式包括电视广告、网络广告、广播等的投入，线下的竞争形式包括杂志广告、户外广告牌投放、路演活动、门店促销、推销等。在所有竞争形式中，最为常见的是电视广告和杂志广告的投入，以及户外广告牌的投放等。

3. KR在美白市场中的表现

此前，KR在美白细分市场中只有一组针对35岁以上中年女性的美白淡斑类产品。该产品虽然在2010年之前取得了不错的市场表现，但是在2010年后出现了明显的衰退趋势。究其原因，一方面是缺乏对现有产品的改进，没能准确把握消费者的需求；另一方面是没能及时研发新产品，缺少对其他消费群体的吸引。回顾美白细分市场中的各个品牌，不难发现，凡是表现不错的品牌，都有效区分了自己的客户群体，根据不同客户的年龄层和需求，研发并推出了不同类型和具有不同功效的产品系列。

KR曾经是美白市场的主要竞争者之一，但前几年由于对市场把握不准，未及时把握消费者的需求，加之本土品牌的崛起，导致KR市场份额下降。

三、最终消费者及其偏好

首先，从产品本身的特性来看，PB系列共包含四款产品，分别是洗面奶、精华乳、粉润面霜以及精华面膜。从成分上说，四款产品的美白元素都是从植物

① KR品牌内部市场调查报告。

中萃取的。KR的研究人员发现,在某种植物中存在一种特殊物质,可以使人的肌肤更加白皙、粉嫩。而且,由于是从植物中提取的,也降低了化妆品可能存在的副作用。研究人员将植物中发现的这种物质应用到PB的产品中,同时添加了有利于改善肌肤的维生素C和维生素B,通过该种物质和维生素的共同作用,达到改善肌肤的作用。研发的成果表明,PB的主要功效是美白肌肤、改善肤色的粉润程度。其产品的最主要功能并不是为了减少肌肤瑕疵,而是为了由内而外地提亮肤色。产品的功效决定了产品的目标客户群体是那些18~30岁不存在很多肌肤问题的年轻女性消费者。在产品上市前期,研发部门邀请了1000位消费者对PB的四款产品进行测试。部分消费者反映,产品的香味过于浓郁、产品的保湿效果欠佳。

就KR来说,要挽回自身目前在市场上的颓势,首先要明确PB的最终消费者是谁。根据产品的功效及市场调查结果,KR将产品的细分市场瞄准为美白粉润市场。一方面美白粉润市场的发展态势良好,市场份额的增长速度较快;另一方面,瞄准美白粉润市场,能避免KR和自身现有的美白祛斑产品正面竞争,出现争抢顾客群的情况。因此,Jason、Wendy和Amy等人将目标消费群体确定为18~30岁的年轻女性。在产品经理Amy看来,处于这一年龄段的女性,不存在明显的肌肤问题(如雀斑、暗黄等),也不需要特殊功效的化妆品。对她们来说,使用化妆品主要是为了修饰和改善肌肤,以提亮肤色为主要目的。

同时,产品经理Amy也指出,由于目标消费群体是年轻女性,而这一群体主要是在校大学生以及毕业不久刚参加工作的年轻女性。年龄和知识结构,使这个群体具有活力、开放、善于接纳新事物等特点。而且,由于她们既可能是在校学生,也可能是刚刚工作的年轻女性,经济条件都相对有限,这在一定程度上决定了她们不会成为高端化妆品(如兰蔻、雅诗兰黛等)的消费者。

就消费者来源上说,Jason等人希望目标消费者可以从以下三种人中产生:一是其他品牌美白产品的使用者;二是KR其他产品的用户;三是KR现有的美白产品用户(见图3)。其中,Jason最希望吸引到的消费者是其他品牌美白产品的使用者,以此达到扩大产品使用群体的目的。

四、PB的营销计划

在进行具体的营销计划之前,首先要决定的是产品的定价。结合KR其他产品的定价,以及市场上其他同类产品的定价和销售情况,PB将本次推出的四款产品(洗面奶、精华乳、面霜、面膜)的价格定位在20~70元,平均每款产品比

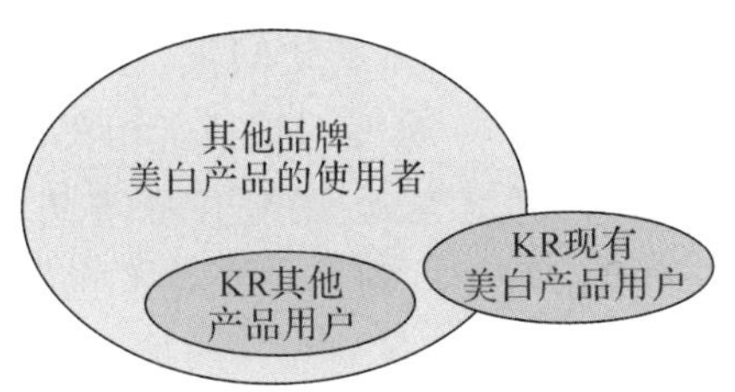

图 3　PB 目标消费者来源①

市场上的同类产品高出 5 元。Jason、Wendy 和 Amy 希望，首先可以从价格上将 PB 和同类产品区分开来。

1. 线上营销策略

在明确了目标消费群体以及产品定位之后，Amy、Wendy 和 Jason 制定了一系列的产品推广方案，主要包括线上和线下两个部分。由于 PB 对 KR 而言十分重要，品牌几乎启动了一切可以操作的线上线下营销方式，如电视广告、杂志推介、迷你网站（mini-site）、微博以及天猫商城等。无论是资金、精力，还是具体营销形式，都比之前的产品营销方式丰富很多。受资金等因素制约，KR 以往产品的营销以电视广告和杂志为主，很少涉及其他形式，无论从内容上，还是形式上，都缺少新意，也未能很好利用微博、迷你网站等平台提高品牌和产品的知名度。考虑到 PB 的重要性，KR 试图采用一切形式进行宣传和推广。甚至，在 PB 上市前期，Jason 等和广告供应商一起，仔细协调了迷你网站包含的内容、设计的样式等。虽然三人的出发点都是为了更好地塑造品牌形象，以及推广 PB 产品，但是三人之间的文化差异却经常带来看法和观念上的分歧。Jason 秉承了德国人一贯的严谨和认真，对所有的内容都要求一改再改，延缓了迷你网站的开放进程。Wendy 受法国文化影响较深，充满了奇思妙想和浪漫主义情怀，总是在方案的设计过程中提出很多新创意。但是想要表达的内容过多，并不利于供应商以及消费者准确把握 PB 的核心卖点。Amy 是台湾人，做事认真细致，但是过度关注细节，经常容易忽视整体，缺少对全局的把握。由于职位层级等原因，三人之间存在的文化差异并未得到很好的沟通和解决。因此，最终的迷你网站虽然包括了产品介绍、代言人介绍、产品购买信息、线下活动同步、产品试用装申领等内容，却是多而杂，难以突出重点。所以，网站运营至今已经三个多月了，反响一直不好。消费者很难了解到迷你网站的相关内容，除非可以搜索，否则多数消费者都不知道 PB 迷你网站的存在。为此，Jason 三人想了

① 来源：本资料研究整理。

很多的办法,可惜都没能有效提高网站的访问量。另外,在电视广告的投入方面,KR为PB产品启用了新代言人,也专门拍摄了相关的电视广告片和花絮短片,并同步在全国数家卫视(如湖南卫视、江苏卫视、东方卫视等)进行投放。但是由于缺乏对电视广告效果的监测机制,Jason等人也无法判断电视广告究竟是否给PB带来了良好的效益。

此外,微博作为目前国内社交网络的重要平台和场所,Jason等人也未能最大化微博等社交网络可以发挥的作用。首先,虽然KR请了第三方的官方微博协助运营品牌,但运营的效果并不佳。究其原因,一方面KR官方微博拥有的粉丝数量,即关注人数较少;另一方面,在现有的粉丝基础上,KR微博的活跃程度依然不够,平均每条微博都只有不足10条的转发和评论量,和粉丝的互动依然缺乏。而且从微博发布的时间和内容上来看,也没能对PB起到的一个很好的宣传作用。这极大地削弱了PB在网络上的影响力。同步开展的天猫和官网的促销活动,由于没能及时将信息传递给消费者,也未能取得良好的效果。

2.线下营销策略

针对PB上市,Jason等三人主要开展了以下几个方面的线下活动:在各个商圈的派样活动①、校园路演活动等。派样和路演是PB区分于以往产品的重要营销方式,Jason等人希望通过更多的互动活动,获得消费者的认可。

在Amy、Wendy以及销售部同事的帮助下,Jason最终选定了60个商圈进行派样活动。这些商圈分别位于KR产品销售业绩较好的城市,且多为目标城市中客流较多、人员较密集的商圈。派样主要通过在上述城市的商圈由指定的派样人员向过往行人发放的方式进行。在销售部的支持下,累计在60个商圈派发产品精华乳小样+PB便签贴28万份。希望通过派样吸引更多消费者,也希望通过派样让更多的消费者了解PB,了解KR。另一方面,KR还在上述城市的部分高校中针对在校女大学生进行派样。由于在校学生是PB目标消费群体的一个重要来源,所以Jason三人决定在高校也开展派样的活动。和在商圈的派样类似,高校的派样同样由专门的派样人员执行,总计派发25万份。截至6月,派样活动已结束了一个多月。可惜销售部的同事并未看到销售数据的明显改善。同样,由于缺乏监测机制,Jason很难准确把握

① 派样活动是指通过特定的派样人员,在一定的区域内,向来往符合目标消费群体的个人派发产品小样以及其他赠品的过程。派样的目的一般有两个:一是通过试用招募新消费者;二是使更多的人知道产品上市。

派样的实际作用。

此外，Jason 等三人还在国内的诸多高校开展了校园内部的小型路演活动。试图通过各种色彩鲜亮的装饰以及丰富的活动，吸引更多女生的注意力。比如，结合 PB 的定位，KR 在数个高校内悬挂了各种条幅、展画、报板。还作为活动的赞助商，出现在各类活动的横幅海报上。Jason 等人还特定为参加路演游戏的女生准备了诸如香薰、杯子，甚至自拍神器等礼物，吸引了很多人的注意力。可是，后来随机询问了一些参与活动的女生，却很少有人表达出了购买意愿。好像大家都是为了礼物而来。这让 Jason、Wendy 和 Amy 伤心不已。

五、回顾

回首过去的大半年，Jason 自认带领 PB 项目成员 Wendy 和 Amy，以及其他同事做了大量的工作，但是收效却并不尽如人意。不管是线上还是线下活动，三人都花费了很多心思。可是不知道为什么，活动的效果总是不好。Jason 在想，他已经做了他能做的一切，为什么总是没有办法吸引到人群购买呢？一边是自身担负的巨大压力，想要靠 PB 上市挽回 KR 的颓势以及来自公司内部和外部品牌之间激烈的竞争；另一边是大量的预算和精力投入，以及各种营销手段活动的收效不佳。KR 下一阶段究竟应如何自处，Jason 陷入了沉思……

TEACHING NOTE
案例使用说明

一、教学目的与用途

(1)本案例适用于全日制管理专业本科生、研究生、MBA、EMBA 的“营销管理”课程。

(2)本案例是综合性案例。案例详细描述了新产品在上市过程中采用的营销手段和策略。通过对品牌内部和外部环境的分析，以及对消费者需求的分析等，准确定位适当的营销策划手段和方法。通过对真实情境的描述，学生能更好地把握案例内容，其中涉及的营销手段和营销思想，也使方案更具有操作性和合理性。

(3)在本案例使用过程中，教师可以根据学生身份的不同，从不同角度进行教学。如,对全日制管理专业研究生而言,可以侧重于已采用的营销手段分析,以及与相关理论思想的匹配;对 MBA、EMBA 等有工作经验的学生而言,可以更侧重于营销手段的选择,以及根据现实情况要求学生重新设计合适的营销手段,以更好地达到营销目的。

二、启发思考题

(1)KR 面临的主要问题是什么?

(2)美白市场的竞争状况与特点是什么?

(3)结合案例,KR 的目标消费群体是谁?为什么?这一定位是否合理?如不合理,还应包括哪些群体?

(4)结合案例,KR 总共采用了哪些营销策略?是否存在问题?请分别说明原因。

(5)结合案例描述,你认为 KR 还可以采取哪些营销策略?请从理论和实践任选一个角度进行阐述。

三、分析思路

教师可以根据自己的教学目标来灵活使用本案例。这里提出的本案例分析思路,仅供参考。

这是一个营销方案的分析和计划。根据 KR 的具体情况和 PB 的上市计划,可以从以下两个阶段进行分析。

首先,从 KR 面临的内外部条件入手,进行 SWOT 分析或者九力分析。通过分析工具,帮助梳理清楚 KR 目前所处的地位和状况。尤其需要明确 KR 的现状以及面临的困境。从材料中我们可以看出,KR 面临的问题主要来自内部和外部两个方面。内部问题包括以下四个方面:

(1)KR 的分销渠道和经销商网络存在问题。由于进入中国市场较晚,KR 缺少自己的分销渠道和经销商网络,其是通过收购本土品牌获得分销渠道和经销商网络,但由于经销商对 KR 的认可度不够,出现了经销商流失的情况,从而未能达到预期的目的。

(2)KR 人员构成不稳定、流动率很大。新一任的项目负责人对项目本身和中国大陆市场都缺乏足够的了解。而且不同成员之间存在较大的文化差异,在想法和沟通上需要不断地磨合。

(3)公司内部同类品牌之间的竞争,给 KR 带来了巨大的竞争压力。由于事业部中其他同类品牌都早于 KR 进入中国市场，拥有较好的分销和销售渠道，也积累了大量的客户群。公司内部资源的有限性，使事业部中不同品牌竞争激烈，也给 KR 带了巨大的压力。

(4)KR 本身产品架构不合理，对细分市场的把握不够准确。这导致品牌在过去的发展过程中没能第一时间及时把握美白市场这一重要的细分市场。另外，近两年 KR 现有产品的表现不尽如人意，销售量直线下降、市场份额不断丧失也是 KR 和 Jason 压力的重要来源。

从外部来看，近两年，本土品牌的不断崛起，使市场竞争更加激烈，也给 KR 带来了巨大的压力。

其次，在明确企业生存环境的基础上，可采用 STP 理论，或者里斯和特劳特的定位理论对 PB 产品的定位以及目标消费者的选择进行分析。具体可以包括以下四个方面：

第一，基于产品的自身属性和功效以及市场需求进行产品定位。从 PB 产品本身的功效来看，它主要具有提亮肤色、使肤色更红润的效果；而从市场需求来看，可以将美白市场进一步进行细分，分成美白粉润、美白保湿以及美白祛斑市场。显然 PB 可以归属美白粉润市场。这一细分和定位，恰好可以和产品自身的属性保持一致。

第二，Jason 等三人根据产品的定位，将目标消费者确定为 18～25 岁、没有太多肌肤问题的年轻女性，并且认为这一部分人主要为在校大学生以及刚参加工作不久的白领女性。这一消费群体的定位过于狭隘。Jason 等人只将目光聚焦在一、二线城市的刚步入社会的白领女性和在校大学生身上，忽略了那些三、四线城市的，或者很早就进入社会的年轻女性。对大众护肤品而言，这一部分市场有着巨大的潜力。如相宜本草、妮维雅等品牌，就很好地掌握了三、四线城市的消费市场，拥有大量用户。

第三，结合目标市场以及目标消费者，明确现阶段采用的主要营销策略。在这一阶段的分析中，学生可以通过科特勒的整合营销传播思想、凯勒的战略品牌管理等进行分析，也可以通过陈刚的创意传播流程进行分析。

第四，可以引导学生思考 KR 品牌未来应怎么做。既可以从大的理论视角进行分析(如安索夫产品/市场矩阵)，也可以从细节上着手，提出一个具体的可操作化的执行方案。理论视角可以从接触点管理、整合营销等进行阐述；细节上可以从线上线下的具体营销操作上入手，如增加户外广告牌以及硬广告的投入等。

四、理论依据与分析

1.市场环境分析的方法

针对KR面临的内外部环境,可以运用SWOT分析方法、九力分析模型等进行分析。SWOT分析是指从KR的优势(strength)、劣势(weakness)、机会(opportunity)、威胁(threats)四个方面进行分析。其中优势、劣势分析的是KR的自身条件,机会、威胁分析的是KR面临的外部环境。九力分析模型包括竞争力的外在力分析和内在力分析。外部属性竞争力包括品牌力(power of brand)、研发力(power of researching)、营销力(power of marketing)、制造力(power of producing)、产品力(power of product);内部属性竞争力包括资源力(power of resource)、决策力(power of deciding)、执行力(power of executing)以及整合力(power of integrating)。在分析中运用方法与理论就市场竞争结构、竞争对手等方面做出明确描述时,要注重方法运用的科学性和分析内容的关联性。

2.定价方法

本案例中采用的是竞争导向定价法中的产品差别定价法。竞争导向定价法总共包括随行就市定价法、产品差别定价法、密封投标定价法等三种。其中,产品差别定价法是指企业通过不同营销努力,使同种同质的产品在消费者心目中树立起不同的产品形象,进而根据自身特点,选取低于或高于竞争者的价格作为本企业的产品价格。产品差别定价法是一种具有进攻性的定价方法。

3.目标市场选择与定位理论

这里主要涉及STP理论,即市场细分、目标市场选择、定位,着重于定位理念,可利用里斯和特劳特的定位理念等。定位是指在顾客群的心智或者细分市场中找到合适的"位置",从而使顾客能以"合适的"、理想的方式联想起某种产品或服务。在定位的过程中,品牌需要明确:(1)目标顾客;(2)主要竞争对手;(3)本品牌和竞争品牌的相似性;(4)本品牌和竞争品牌的差异性。结合案例,KR在PB的上市过程中,尤其需要在明确市场细分的基础上,选择合适的目标市场以及定位。

4.营销方案的执行计划

这点可以以科特勒的整合营销传播思想、凯勒的战略品牌管理等进行分析。从流程上说,也可采用陈刚的创意传播流程进行流程化管理。科特勒的整合营销传播包括广告、人员销售、促销、公共关系以及直接营销等五个方面(见图 4)。案例的主要关注点在直接营销上,结合整合营销传播的思想,可增加对其他几个方面的关注。

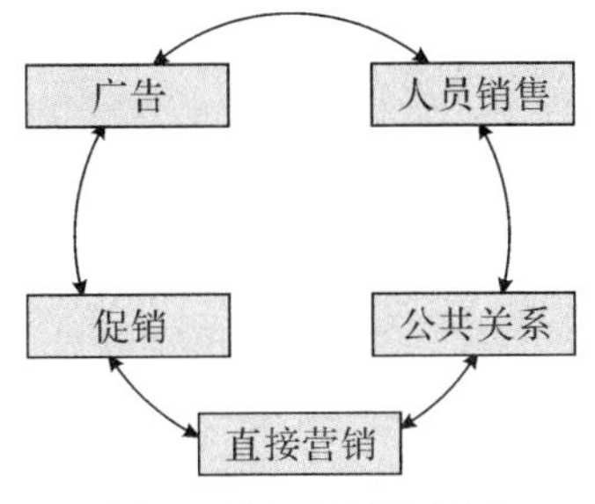

图 4　整合营销传播①

而直接营销的效果,可以用陈刚的创意传播流程进行衡量。流程图如图 5 所示,主要是从传播学的角度对营销的效果进行衡量。

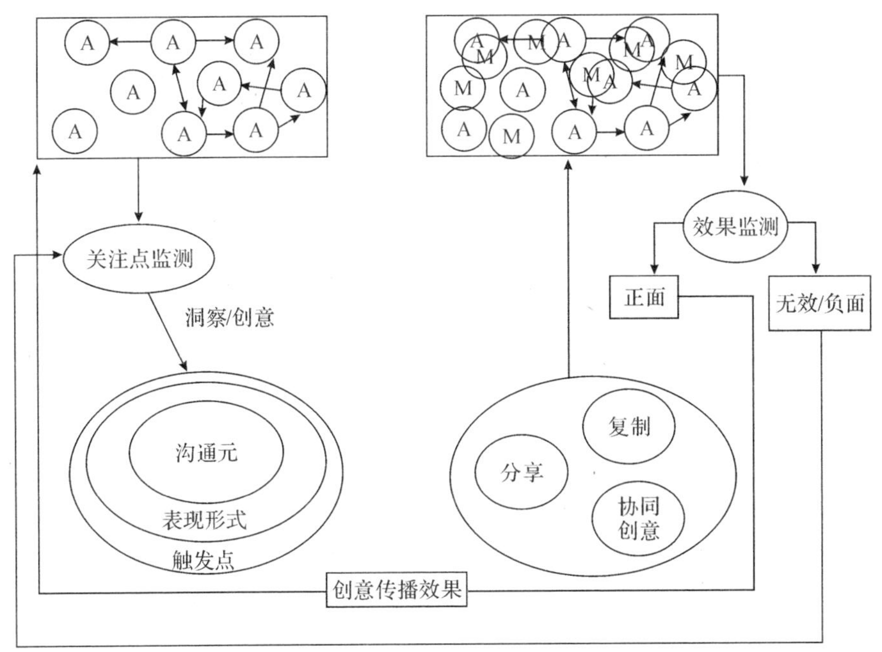

图 5　创意传播流程②

① 加里·阿姆斯特朗,菲利普·科特勒. 市场营销学(第 7 版)[M]. 北京:中国人民大学出版社,2007.

② 陈刚等. 创意传播管理:数字时代的营销革命[M]. 北京:机械工业出版社,2012.

5. 对未来发展的建议

关于KR未来的发展，同样可以以科特勒整合营销传播的观点进行分析。而对新产品的上市，也可以从安索夫产品/市场扩展矩阵入手（见图6）。通过分析PB和现有其他产品的关系，更好地制订下一阶段的营销推广计划。

图6　安索夫矩阵

五、关键要点

（1）KR内部以及市场环境的分析是了解案例背景的关键所在。由于目前表现不佳，PB在KR内部显得更为重要。要求学生能够识别环境要素中的利与弊。这也是了解案例的基础。

（2）从数据以及其他背景信息中掌握KR的目标客户群以及市场定位是另一要点。

（3）从案例中抽象概括出PB项目团队成员采用的营销策略，并将具体的、分散化的营销策略进行抽象和整合，是第三个要注意和考虑的点。这一部分考查学生对营销知识的整体掌握情况。

（4）对于未来的发展建议，可以从理论也可以从实践的角度进行分析。这一部分考查的是学生对营销知识的实际应用情况。

六、建议课堂计划

本案例可以作为“营销管理”课程中专门的案例讨论课进行。以下是按照时间进度提供的课堂计划建议，仅供参考。

整个案例课的课堂时间控制在 45～90 分钟(不含案例的了解和学习时间)。

1.课前计划

提前一周发放案例,提出启发思考题,请学生在课前完成阅读和初步思考。让学生在课前分小组进行预先讨论,了解熟悉案例内容,分析启发思考题,并做好课堂分享准备。

2.课中计划

由各小组主动发言,教师针对启发性思考题,要求各小组派代表对每一题进行回答。具体可采用抢答的形式,先回答的小组先将答案要点写在黑板上,接下来第二个回答的小组进行补充,依次类推。要求所有写出要点的小组用相关理论进行分析,并在案例现有营销方式的基础上,进一步从实践角度思考,采用发散式思维方式,寻求新的营销手段。最后由老师对学生的回答进行小结,总结不同的小组成员的分析思路是否合理。首先,抢答的形式有利于调动学生参与课程讨论的积极性。其次,课前的案例学习与讨论,有利于激发学生对案例的了解和认识。再次,运用相关理论分析案例,有利于学生更好地从整体上对案例进行把握,激发学生的整体性与思辨性思维;而从实践的角度进行思考,有利于提高学生实际思考和解决问题的能力。最后,老师的总结有利于强化案例在学生心中的印象,达到预期课程效果(45～90 分钟)。

3.课后计划

若有必要,可请学生课后进一步给出 PB 上市的详细方案,包括营销组合策略,为后续章节内容作铺垫。

七、参考文献

[1] 陈刚等.创意传播管理:数字时代的营销革命[M].北京:机械工业出版社,2012.

[2] 凯文·莱恩·凯勒.战略品牌管理[M].北京:中国人民大学出版社,2009.

[3] 阿尔·里斯,杰克·特劳特.定位:有史以来对美国营销影响最大的观念[M].北京:机械工业出版社,2011.

[4] 加里·阿姆斯特朗,菲利普·科特勒.市场营销学[M].第 7 版.北京:中国人民大学出版社,2007.

突破中式快餐发展瓶颈
——老娘舅的商业模式创新[①]

摘要：本案例描述了浙江老娘舅餐饮有限公司商业模式创新的过程和内容。在中式餐饮企业扩张频频折戟、"洋快餐"几乎占领中国快餐行业的背景下，老娘舅提出"中央厨房、统一配送"的理念，摸索出了中式快餐连锁发展的有效路径。通过不断地采取设备研发、产品创新、流程优化、系统扩建等措施，老娘舅的中式快餐连锁模式逐渐成熟。通过服务上海世博会这一世界级盛会，老娘舅不仅验证了其商业模式的强大生命力，还因此走上了发展的快车道，并迅速在江浙沪市场占领了一席之地。为了寻求进一步扩张，老娘舅实施了"内部合作创业体系"。在新的条件下，其创新模式能否可以帮助老娘舅实现"快餐王国梦"，我们将拭目以待。

关键词：商业模式；创新；老娘舅；中式快餐

2012年，80家！2013年，110家！从一个名不见经传的餐饮企业到中国餐饮百强，成立于1998年的湖州老娘舅餐饮管理有限公司（以下简称老娘舅）已

---

①本案例由浙江大学管理学院的王梦斌、吕佳颖撰写，作者拥有著作权中的署名权、修改权、改编权。未经允许，本案例的所有部分都不能以任何方式与手段擅自复制或传播。

本案例于2014年12月收录，文中叙述保留收录时的时间点。

由于企业保密的要求，在本案例中对有关名称、数据等做了必要的掩饰性处理。

本案例只供课堂讨论之用，并无意暗示或说明某种管理行为是否有效。

经成为长三角地区餐饮行业的一颗新星。快速地供餐、上乘的口味、整洁的店面和标准的服务使老娘舅获得了良好的市场口碑;强大的配送能力、优异的盈利水平和严密的风险控制体系使老娘舅得以快速扩张;经营模式的成功复制使老娘舅具备了与肯德基、麦当劳等餐饮巨头同台竞争的能力。到2013年,老娘舅共吸纳就业4000余人,营业额超5亿元。

然而,在老娘舅初创的2000年前后,中式餐饮市场正大规模地遭遇滑铁卢:“红高粱”开出许多店想要挑战麦当劳、“荣华鸡”想要挑战肯德基,最终都以失败告终;“大昌烧味”4年亏损1.3亿元、“一江两岸”2年亏损3700万元,中不敌洋的例子比比皆是。如果老娘舅的脱颖而出让人费解,那么更让人想不到的是,在这波诡云谲的餐饮市场中,老娘舅的创立者竟然是一个经营纺织、绣花机器且毫无餐饮经营背景的门外汉!

为何中式餐饮连锁遭遇西方快餐品牌会频频折戟?老娘舅又何以在竞争激烈的餐饮市场中脱颖而出?这位“门外汉”是得到了什么“秘籍”让他如此自信地踏进这个陌生的领域,并且还取得了如此大的成功?

一、冷清的开张

在成立老娘舅之前,创立者杨国民关掉了自己所有的公司,与创业团队一起考察了长三角、深圳和香港等地区和城市的餐饮行业。经过八个多月的考察,他们发现,西式快餐在选料、配料和烹饪等方面可以做到完全统一,其产品无论何时何地由何人来做都拥有相同的口味;而中餐拥有几十种烹饪方法,菜品的口味很大程度上依赖于厨师的经验和心情。对于同一道菜,不同的厨师做出的口味可能完全不一样;即使是同一个厨师,在不同的时间和情绪下,菜品的口味也会有所不同。无法在口味和操作方式上做到统一就是所有中式餐饮企业持续发展的瓶颈。因此,中餐连锁若要发展壮大,就不能由厨师的心情决定餐品的好坏,必须要像麦当劳一样,在选料、配料、烹饪等各个方面做到统一,创造一种任何时候口味都一样、“傻瓜”也能操作的模式。

在这种理念的指导下,老娘舅的第一家餐厅于2000年开张,占地90平方米。与传统的餐厅不一样的是,这家以经营馄饨为主的餐厅,厨房没有馄饨皮和馄饨馅儿。馄饨每天由冷链物流分两次运送到店里,再通过无明火的电力能源设备进行蒸煮。真正的厨房则在20公里外,占地1000平方米,并且还有冷库、流水线,被称为“中央厨房”。厨房的旁边就是占地250平方米的公司总部。总公司负责食品采购——蔬菜选择太湖边上的绿色无公害蔬菜供应商,肉类产品则选择行业知名企业。在中央厨房,几名员工拿着预先制定好的配比表来调制馄饨馅，包馄饨。包好的馄饨再经由全程冷链物流系统运送到门店。这就是杨国民一开始就想好的“中央厨房、统一配送”的经营模式。

然而，理想很美好，现实却很残酷。老娘舅看似无懈可击的经营模式在实际操作中却处处受到挑战。首先，门店第一天营业额仅248元。后来的经营状况虽有好转，但对于这么大的场面来说，结果仍旧太过冷清。其次，维持中央厨房的运转成本很高，特别是人力成本和物流成本。若门店太少，则单一门店的物流成本相对较高；而门店若扩张，则中央厨房所需的人力成本就较大。在惨淡经营一年零一个月后，杨国民关闭了这家餐厅，留下了那个占地1000平方米的中央厨房。一年前还豪气冲天的老娘舅难道就这么认输了？

事实上，这家餐厅是杨国民主动关闭的。这家小店让杨国民搞清了中央厨房的基本流程和配送半径。同时也让他明白，中央厨房是实现餐饮标准化的基地，但同时也要实现机械化和定量化，否则中央厨房的供应能力将大打折扣。于是，他们请来了9家国内知名的设备生产企业，力图打造大型标准化食品生产设备。但分析了很久之后，专家表示无能为力！设备生产商无法满足要求，老娘舅就找来机械工程师，开始了自主研发中餐自动化生产设备的道路。

在轻纺出身的杨国民眼中，中餐是可以被解剖的，也是可以用数据说话的，比如爆炒时的爆香点是什么时候，水蒸蛋在多少温度下凝固……老娘舅就是要把这些工序流程化，用电子控制取代人的随机性。在研究蒸蛋机时，杨国民把蒸制过程分为打蛋、配料、温度、水的比例、时间节点等方面，再用这些变量来描述嫩、滑、不老、不结块等最终指标。多次实验后，老娘舅给不同产品列出了配比表和作业指导书。在中央厨房的大锅旁，包括温度、用油量、时刻等都会有显性提示，连加水都要精确到克。员工在显示屏提示下完成一系列工序的操作。

功夫不负有心人！老娘舅不仅自主开发了电子控制厨房生产流水线，而且自主开发了快餐服务POS系统和后台管理系统。在中央厨房，产品加工生产能力大大增强；在门店，员工哪怕是第一次进厨房，5分钟就能学会操作。2002年4月，老娘舅第一家标准化门店在原旧店店址开业，占地面积扩大至400平方米。

二、持续完善

老娘舅的新模式门店取得了成功。仅过半年，老娘舅就开出了第二家占地400平方米的店面。2003年7月，老娘舅走出湖州，在杭州延安路开设第一家外埠店面，其经营模式得以成功复制。就在公司很多人认为老娘舅即将步入发展快车道的时候，杨国民却并没有迫切地寻求扩张。他采用直营的方式，待一个店获得足够的盈利才开设另外一家店。考察过那些曾经辉煌一时的中餐品牌，杨国民明白稳扎稳打对于企业发展的重要意义。在稳步发展的过程中，老娘舅对创新模式的关键部分——总公司、中央厨房和门店等进行了卓有成效的完善，创新模式日臻成熟。

首先，总公司在原材料采购、人才培养和企业文化建设等方面进行了有效的完善与提升。在原材料的采购方面，老娘舅保证食品原材料的天然、绿色、无公害，蔬菜、肉类都经过严格的农药指标测定，在选择优质供应商的同时设立严密的监测流程。公司内部成立了以采购部、品研部、财务部为主体的供应商考评组，对供应商进行严格的考评和监督管理。为了强化产品的原料品质，已经通过考评的供应商应当依照老娘舅对食品原料安全的规定，提供每批次检验报告，每半年要提供第三方专业的检测报告；食材入库前，必须经检验人员抽检，不合格的无条件整车退回。老娘舅也因此成为国内首家规范原材料的进货商。在员工培养方面，为实现员工的快速成长与公司未来发展的需求，老娘舅建立了专门的培训基地，并每年投入大量资金进行员工专业技能和企业文化的培训，把训练、培养人作为企业的重大战略目标。从普通员工开始，老娘舅针对不同岗位和员工发展的不同阶段设置了相应的培训内容。在企业文化建设方面，老娘舅导入黏合力文化，实现魅力共同体。公司定期举行合作商年度研讨会，打造与供应商间的黏合力文化；每年举行两届集体婚礼（超七星的婚礼套房、巴厘岛蜜月游），举行全员春游活动，设置各项奖励政策使员工可获得免费携亲旅游等活动，打造有深度的员工黏合力文化；员工的幸福体验在经营上以产品、服务呈现给顾客，让顾客也同样感受到企业魅力，打造顾客黏合力文化！

其次，中央厨房在供应能力、物流平台建设、产品研发、营养均衡等方面进行了有效的完善与提升。老娘舅原来1000平方米的中央厨房仅能不间断供应最多10家门店，大大掣肘着门店的扩张。于是，老娘舅一期工程投入近4000万元，在原中央厨房的基础上进行改造，将其扩建至可以为100家连锁门店提供食品加工及物流配送的食品基地。2007年，新的中央厨房投入使用。新的中央厨房在食品加工的基础上强化产品库存及物流平台建设，引进大型机械进行智能化管理，成为国内最领先、最专业的餐饮企业物流平台。为了保证产品达到口味与营养的完美结合，老娘舅设立了专门的产品研发部。产品研发人员采用内部培养和外部引进的机制，其中外部引进的人才多为星级酒店主厨。每研制出一道新的菜品，老娘舅都会从技术上设定最佳尝味期和最佳食用温度，并使用微电子设备完成烹制。在菜品的选取上，采用末位淘汰制，用新品替换销量不佳的旧产品。这让老娘舅全系列产品始终保持在将近40种，也同时保证了配送的方便和稳定性。为了达到中餐餐饮营养的均衡,老娘舅在做产品规划时与江南大学、浙江大学食品营养系合作,请营养专家帮助设计和评估,在不断尝试的基础上,老娘舅开发出了现有的“营养平衡套餐”。为了更系统掌握营养知识,公司专派研发人员进校学习营养搭配,并鼓励他们考取营养师资格证。

最后,门店在内出设备、点餐设备、管理办公系统等方面做出了有效的完善和提升。为了提高接待能力,老娘舅的门店采用自主研发的设备,无明火、无油烟内厨,并且所有设备均实现“傻瓜化”简单操作。通过对加工设备的不断改进,门店的“厨房”相比于最初的标准店面积减小了一半,这为门店进驻租金较高的黄金商圈夯实了基础。新的设备也保证了前台60秒不间断供餐的能力。这一速度不仅使单店日接待量达6000至8000人,还为企业赢得了无数回头客。此外,老娘舅还投入近百万在国内快餐行业第一家实施了同步视频系统、信息管理ERP系统、管理办公OA系统,使得门店和经营的运转效率得到极大的提升。

放弃快速开店赚钱的机会而选择继续投入大量资金进行各流程的优化,老娘舅这种步步为营的经营方式也曾险将走到“山穷水尽”的地步。2004年,设备设施更新和研发又需要大量的资金投入,杨国民几乎花光了前15年在轻纺行业所赚的全部积蓄。资金不够,杨国民还卖掉了自己家的两间店面房,将所有家当全部投入研发。杨国民至今清楚地记得,那年的5月和6月两个月他个人仅消费了170元。

各种流程的完善使企业顺利通过ISO 9001质量管理体系和ISO 14001环境管理体系认证。中央厨房的强大供应能力、原材料的品质保证、口味营养的完美搭配、门店成本的合理控制和员工积极性的有效提升,种种条件的逐步完善标志着老娘舅运营模式的日渐成熟。

三、快速扩张

直至2005年年底,限于资金条件,老娘舅总共只拥有6家门店。随着经营模式和外部条件的成熟,老娘舅开始改变韬光养晦的姿态,积极寻求扩张。2007年11月,老娘舅接受深圳达鑫投资公司的注资。2008年12月,上海复星医药注资老娘舅5600万元,成为老娘舅公司第二大股东。此外,老娘舅还与欧尚(中国)投资有限公司、大连万达集团股份有限公司等合作,在其华东区域建立合作网络。扎实的管理基础和充足的资金让“老娘舅”走得更加坚实和稳健。2010年,“老娘舅”一鼓作气扩张30家店面。

为了主动迎合市场需求,总公司在2009年年初组建“创变”项目团。项目团根据市场需求积极进行“创新变革”，创造出更适合现代潮流的新中式餐饮。比如，老娘舅注意到新生白领及年轻人更注重对生活品质的追求，创变后的门店风格也依照顾客需求，以简约为主线并开创互动空间。为了快速有效地服务顾客，创变店引入了定位系统，顾客点餐、取号后只需在座位等待，定位系统可以引导服务人员快速找到顾客位置，为顾客提供周到快速的服务。为了满足不同顾客的需要，老娘舅引入休闲时段产品、饮品、甜品等，实现从各式烹饪到多元化产品的改变。同时，老娘舅开通网络订餐渠道，进入商务送餐新模式。紧跟市场需求的举措和良好的服务模式，使得老娘舅在各类网络评论的评价中，在同行中排名第一，被评为“公众最喜爱的快餐品牌”。

与此同时，为了保障门店的供餐能力，老娘舅于 2010 年投入 2500 万进行中央厨房二期工程建设。二期工程增加了新品类的生产流水线，占地 1 万平方米，可为 500～1000 家门店提供服务。新的中央厨房是老娘舅最核心技术的集合体，这里包括了产品生产操作流水线、产品配方配料表、产品检测检验体系等。根据产品多样性需求，加工厂自发对机器进行改造，并创造了最符合中餐生产方式的工业化、标准化流水线，对原材料进行统一的加工和制作，确保产品标准化、规范化、科学化。中央厨房内分粗加工、配料、烹饪、分装、杀菌等车间，每个车间环环相扣但又独立运作，使得产品流水线既能够顺畅运作又可以保障产品秘方的安全。加工的中式快餐半成品中，有盖浇汤类包、花式饭、果蔬汁等多种产品。中央厨房年使用农产品近 2000 吨，全年总加工能力约 4000 万份，年加工产值 1500 万元。同时，中央厨房在物流配送上与高信誉度的物流单位签订战略合作，配置近 30 辆低温冷链车辆，并在车辆内安装红外监控，保障车内的正常温度。

凭借着顺畅的运作体系、规范的管理体系、良好的品牌形象、独特的企业文化，老娘舅先后获得“中国餐饮十大知名品牌”“中国快餐品牌企业”“中国快餐 50 强”“最具影响力餐饮品牌”“最具创新品牌大奖”“中国餐饮十佳企业”等餐饮行业专业评定奖项，而公司总裁杨国民更是以卓越的领导力获得了餐饮界的“最具影响力人物”“优秀企业家”等称号。

四、世博会的辉煌

然而，“酒香也怕巷子深。”杨国民深知，虽然老娘舅在市场上已经取得了可喜的成绩，但仍缺乏一个“亮点”来帮助企业树立一个市场上广为人知的品牌形象。2010 年将在上海举办的“世博会”进入了杨国民的视线。老娘舅以“低热量、无公害、合理营养”为经营理念，与世博会“让生活更美好”的主题遥相呼应。

作为一家拥有自主创新能力且突破了中式餐饮瓶颈的本土企业，老娘舅无论是从品质保证还是文化传播方面，都拥有与世博会完美的切入点。世博会开幕之前，主办方预测园区的参观总人次将超过7000万，其中65%的参观者将至少在园区内用餐一顿，餐饮服务设施将是世博会最重要的配套服务设施之一。在餐饮服务方面，老娘舅又拥有充足的供应能力和服务能力。就这样，2009年7月，经过上海世博局专家评审小组长达4个月的严格评审和规定的工作程序，老娘舅凭借良好的管理运营和食品安全掌控能力，成功入选上海世博会园区第二批餐饮供应商并“独中两元”：成为唯一一家为欧美馆提供餐饮服务，同时又独家服务民营联合馆的餐饮供应商。

老娘舅很珍惜这次来之不易的机会，并为服务世博会做了精心的准备。在场馆装修上，老娘舅的欧洲馆餐厅采用简洁明亮的装修风格，符合西方人的性格；用中国如意雕琢体现中国传统文化，运用现代线条软装展示中餐时尚休闲。民企馆餐厅采用场馆的细胞元素，配以柔和的光线及多彩的花卉，营造出温馨休闲的就餐氛围。在世博店员工招募上，老娘舅对约1500名优秀员工进行了三轮激烈选拔，最终确定了世博服务团队。在产品供应上，为了保障食品安全，从原材料采购到食品加工再到物流配送，每个环节都经过严格的把关，不仅采用专人专车制配送食品，而且在配送车内安装了GPS导航及红外线温度测试器，全方位控制食品温度，一旦车内出现温度变化就整车报废。

由于世博会举办期间正值7、8、9月的高温天，对餐饮企业原料采购、加工制作和食品配送是极大的考验。在世博会期间，老娘舅克服高客流压力的困难，不断创新，单店单日顾客接待能力最高超20000万人次，营业额高达36万元。同时，老娘舅世博餐厅积极参与各类世博活动，受到上海世博局的大力赞赏，被上海市委评为“工人先锋号”“青年文明号”“文明示范窗口”等，并囊括了世博会针对餐饮评选的所有奖项。与此同时，超过一半的老娘舅世博员工获得了个人奖项。在世博会三次阶段性表彰会议上，老娘舅都作为唯一的民营餐饮企业、服务业优秀代表在会议上展示并发言。

老娘舅在世博上的精彩绝非偶然，而是厚积薄发的蜕变！它在世博会上所获得的荣誉不仅代表着其优质的服务，同时也是老娘舅整个运营能力和商业模式的见证。世博会上所取得的辉煌让更多人认识了老娘舅，也助推了老娘舅新的发展高潮：到2012年，老娘舅的门店数量迅速增加至80家，覆盖了长三角主要城市。2013年，老娘舅在长三角区域重点城市再开30家门店，使得总门店数达到110家，年营业额超5亿元，吸纳就业4000余人。

五、合作店的开设

老娘舅所有的门店均为直营门店。这种方式在公司的创立和发展期极大方便了老娘舅探索有效的经营模式、保证产品质量以及顺利开展模式复制。但到一定阶段，这种模式开始掣肘公司的快速持续发展。一方面，公司需要开设更多连锁店来扩大规模，但完全的直营模式带来了资金和管理成本的压力；但另一个方面，允许社会资本加盟虽然可以帮助企业迅速扩张，但加盟者的素质和经营能力会直接影响到加盟店的效益和公司的品牌形象。为了解决这一矛盾，老娘舅实施"以店长为主体的快餐连锁店内部创业合作体系"（老娘舅内部称为"新模式"）。在这种体系下，老娘舅将自身定位为"品牌运营商—食品公司—渠道经营商"，着重打造业务系统、盈利模式、现金流、关键资源能力和利益相关者五大核心内容[①]，保证在快速扩张的过程中新开业门店的经营效益和服务质量，同时也有效激发了员工潜力。

与传统的"出资即可加盟"的方式不同，老娘舅在内部通过店长排名挑选最优秀的店长担任合作店的个体经营者，享有门店20%～25%的投资权；其余资金由战略合作商、公司后勤等各方依据相应的配比率出资完成门店近200万的投资。在合作店中除店长外其他投资者只做投资不参与经营管理。公司提供产品、原材料和相关辅料，支持优秀店长独立经营门店，成为"老板"，与此同时设立各项政策措施，有效引导合作店顺利运营。每年，在完成投资者利润分红及成本费用支出后，"老板"享有全部经营净利润（约100万/年）（见表1）。在这个体系中，总公司通过品牌运营商、食品公司、渠道经营等收取加盟费、特许品牌使用费、产品支持、营销宣传费、培训等支持性费用，作为总公司的重要收入来源。

表1　老娘舅投资人及投资金额比例分配

	店长	餐厅管理	餐厅员工	开发团队	合作商（或投资基金）	公司支持系统成员	合计
占比	25%	10%	15%	15%	10%	25%	100%
投资额（万元）	47.13	18.85	28.27	28.27	18.85	47.13	188.50

数据来源：公司内部数据

① 由于"现金流""盈利模式"等内容涉及企业隐私，不在文中详述。

在公司对"合作店"一系列支持的背后,同时有一套严密的风险控制体系(见图1)。首先,设立经营风险资金。考虑到加盟投资者的投资风险,按照每50家关掉1家的预算,每家店上交1.5万元经营风险金,用于支付给予经营亏损餐厅的关店、迁店损失的补助,每家50万元(按平均关店损失75万元预算,一般发生在前6个月)。其次,建立食品安全控制体系。在公司整体品控体系下,建立以督导为责任主体的餐厅食品安全及品质管理与监管体系。最后,设立合作店风险控制体系,包括签订《加盟法律合同》约束条款,签订《合作守信经营》协议,建立完善的运营督导体系及监管体系、总部QSC检查与神秘顾客检查监管体系、餐厅财务由公司集中及指定财务公司托管核算与管理体系、不符合或不胜任店长的退出和撤换机制等内容。

总的来说,老娘舅的内部合作体系中三大核心要素支持,即单店盈利能力、平台支持能力和风险控制能力。单店盈利能力来源于自主创新技术支持的"傻瓜式"的操作和设备设施的集成化;平台支持能力来源于总部与后勤系统的支持,包括模式创新、产品研发、生产、采购、品牌、培训等;风险控制能力则来源于严密有效的风险控制系统。

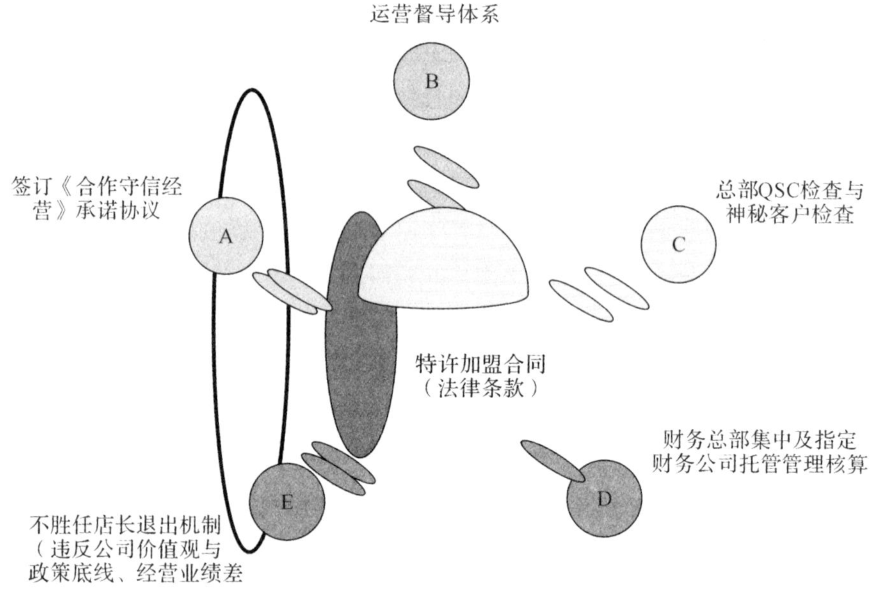

图1 老娘舅合作店风险控制体系

老娘舅的新模式从2010年在湖州爱山进行尝试,到后来在杭州黄龙店大胆推进,再到湖州时代店的顺利运作以及杭州三家新模式餐厅成功投入运营,其强大的优势与发展潜力得到了充分的验证。2013年，老娘舅计划开设40家新店，其中包括20家内部合作店。也就是说，依据老娘舅门店的营业状况，2014年老娘舅或成就20个“百万”老板。这将大大触动并激发老娘舅内部员工的潜力，也将吸引大批优秀人才进入，使得资源全面整合，推动老娘舅快速扩张的步伐。

六、结　语

从破釜沉舟创业到合作店体系的推广，老娘舅的商业模式创新主要经历了技术创新和业务创新两个阶段。在这两个阶段，老娘舅在技术创新、产品研发、流程优化、服务提升等多个方面开展创新。独树一帜的技术创新和稳扎稳打的发展策略让老娘舅在激烈的餐饮市场上得以立足；互利共赢的业务创新模式也将老娘舅推至发展的快车道。老娘舅的“快餐王国梦”能否顺利实现，我们将拭目以待。

TEACHING NOTE 案例使用说明

一、教学目的与用途

（1）本案例主要适用于管理学专业下的科学硕士研究生、MBA、EMBA的“战略管理”“创新管理”“管理学”等课程，也适用于其他层次学生的管理教学。

（2）本案例是一篇描述餐饮企业老娘舅公司商业模式创新的教学案例，其教学目的在于使学生从商业模式创新的机理、影响因素、未来发展等角度，对商业模式及其创新等管理问题进行深入和系统的思考，提升对创新理论的理解和掌握能力，达到增强学习者战略性分析和思维能力的目的。

二、启发思考题

（1）建立在充分调研概念上的餐厅刚开业即遇冷，对此老娘舅做出了什么改进？你如何看待？

（2）改进之后的经营模式得以成功复制，为什么杨国民不急于快速扩张？

（3）老娘舅的运作模式经过优化和世博会的考验已趋于成熟，其未来扩张所依靠的“内部创业合作体系”可能面临的重要挑战有哪些？

（4）作为一个对中式餐饮进行创新的领航者，如果你是老娘舅的管理者，如何应对目前市场上众多繁杂的中式快餐连锁品牌，如黄焖鸡米饭、骨头饭等？

三、分析思路

教师可以根据自己的教学目标来灵活使用本案例。这里提出本案例的分析思路,仅供参考。

思考题(1)中,针对新模式遇冷的情况,老娘舅在门店的服务质量、产品内容、操作系统等上面进行了创新,在中央厨房的自动化、规模化等方面进行了自主研发。但是,从创新的角度来说,商业模式创新是一项复杂的系统工程,其路径和成功需要从多个角度进行分析,以培养学生分析问题和解决问题的能力。本思考题可以从创新价值导向模型、基于价值网络和商业模式创新理论等视角分析商业模式创新的要素和路径,分析示例见表2和表3。

表2 基于创新价值导向模型的分析

价值导向	具体内容	案例分析
顾客价值	顾客需求	· 快:快餐行业中,顾客首先追求"快";老娘舅"傻瓜式"操作,60秒即可上餐,保证了餐饮供应 · 好:顾客其次追求快餐的味道与营养;老娘舅在原材料选取、营养搭配、物流运送和门店设备等方面层层设计,进行保障 · 便:引入饮品、甜品等多元化产品;开通商务送餐模式;建立门店顾客定位系统等
	解决方案	· 老娘舅不仅提供高质量的产品,还通过企业参观、原材料供应地参观等方式培养顾客忠诚度
核心价值	核心专长	· 中央厨房:能够保证产品质量的采集、加工、运输等集中在中央厨房的功能上 · 门店提升:通过自主研发的中央厨房设备、门店后厨设备,保证了门店60秒不间断的供应,保证了产品口味的统一,突破中餐连锁瓶颈 · 系统优势:引入同步视频系统、信息管理ERP系统、管理办公OA系统,提升不同部门之间链接的效率
	做强战略	· 活动造势:通过服务上海世博会,取得了巨大的声誉和拓展潜力 · 内部创业:通过"内部合作创业体系",探索公司的快速发展之路;同时,总公司的盈利模式得以优化和提升 · 愿景提升:老娘舅的理想是打造一流的民族快餐品牌
深耕价值	价值曲线和产品深耕	· 老娘舅的商业模式创新基本遵循从"微笑曲线"(价值曲线)图的底端向两端延伸的规律

表 3　基于价值网络的商业模式分析框架

价值主张:做什么?	围绕"中央厨房,统一配送"的理念,创立可复制的"傻瓜操作模式",打造中式快餐第一品牌
价值创造:为谁做?	为目标客户提供快捷、统一的产品和服务,并开通商务送餐和网络订餐模式。内部合作体系激发员工价值和热情
价值获取:如何做?	通过技术研发和流程优化,实现连锁店经营模式的复制。同时提供及时的物流配送和完善的后勤保障 对于供应商,选择国内优质产品供应商,设立严密的监管制度。对于物流商,选择有信誉的冷链供应商,统一配送至各个门店。对于合作商,不允许单纯的出资加盟,选择全国各家门店的优秀店长,采用集体出资、店长经营的方式进行管理。总公司收取品牌费、加盟费等
价值实现:如何赚钱?	直营店:量力而行,当一家店面获得足够盈利或公司资金充裕的时候再开设另外一家门店。门店收入是公司的重要来源 合作店:向合作店收取加盟费、特许品牌使用费、产品支持和营销宣传费、培训等支持性费用,作为公司的收入来源

通过以上分析可以看出,对于餐饮企业来说,商业模式的成功否与取决于企业是否能够顺利实现其价值。企业首先要有自己的价值主张,然后在价值主张完善的基础上,基于价值网络进行价值创造,并完成价值获取,最终实现价值。

对于思考题(2),从文章中看,老娘舅改进之后的经营模式得以成功复制,杨国民不急于快速扩张的原因主要是基于其他餐饮企业急于求成所带来的后果,也考虑到现有模式还存在诸多薄弱环节,需要不断强化。但从企业价值和创新的角度来讲,也需要从多个方面综合考虑。

首先,随着企业的不断发展,初创餐饮企业必须及时将自身的产业定位从产业链的"下游"提升至"上游",追求更大的附加价值,保证企业的盈利增长(见图 2)。从这个方面来说,老娘舅不急于快速扩张,而是对模式中的主要方面进行优化,正是微笑曲线中强化"专利技术"地位的表现。

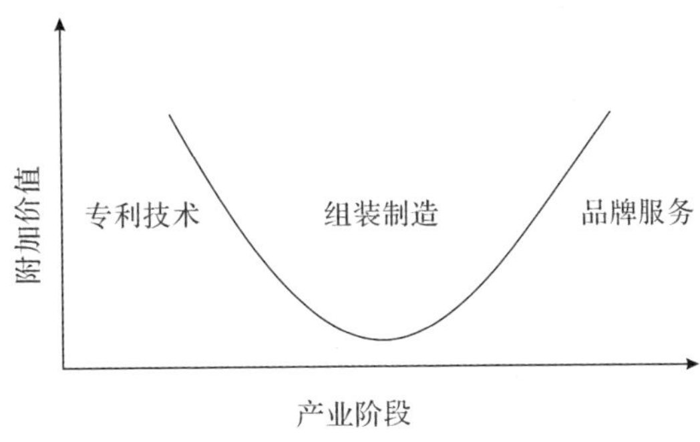

图 2　产业链微笑曲线

其次,凡是能使现有资源的财富生产潜力发生改变的事物都足以构成创新(彼得·德鲁克)。表4结合整篇案例内容,在老娘舅的创新来源方面给予示例分析。

表4 老娘舅的创新来源

不协调的事件	已有中式餐饮连锁企业在扩张中的失利。快餐门店必须位于人流密集的商圈或居住区,以接近客源,快餐门店面积必须要大,而人流密集的商圈意味着门店的高租金,门店越大则租金和经营成本越高
意料之外的事件	意外的成功:2010年上海世博会强大的供应能力 意外的外部事件:市场上的中式快餐连锁品牌虽然多有发展,但却无法解决口味与营养的一致、供应能力和门店设备专业精简化等难题
程序需要	老娘舅若要保证快速稳定的服务能力,必须在门店的服务速度、服务流程,中央厨房的供应能力、成本控制等方面做出努力
产业结构或市场结构变化	随着公司规模的扩大,老娘舅不仅要改进经营中的某一个流程,而且要从原料采购到门店服务进行综合提升。成熟稳定的物流体系和市场对有机产品、健康餐饮的需求是老娘舅等创新的外部动力

同时,必须认识到,所有的创新都有其来源,所有的创新也必须遵守一定的原则。企业创新有几件必须要做的事(要做)和几件尽量避免做的事(不要做),以及几个条件(见表5)。

表5 老娘舅的创新原则

	对创新机遇来源的彻底思考	杨国民对中餐餐饮现状的思考
要做的事	走出去多看、多问、多听	杨国民在成立公司之前在国内多地对西式快餐连锁和其他中式快餐连锁店发展状况的精准分析
	简单明了,目标明确	杨国民关闭自己的其他公司,立志打造中式快餐连锁第一品牌
	细微处着手	老娘舅将配料甚至加水等精确到克,在定位服务、顾客需求等方面进行细节把握
	以获得领导地位为目标	老娘舅的理想就是打造一流的中式快餐品牌,打造“快餐王国”

续表

	对创新机遇来源的彻底思考	杨国民对中餐餐饮现状的思考
避免做的事	过于聪明	“傻瓜式”操作，让流程更为简单、易学
	过于多样化	老娘舅两代商业模式分阶段开展
	过于超前	老娘舅在自己已有模式没有成熟运作的情况下，不急于迅速占领市场
条件	创新是工作	创业者对餐饮业的专注
	创新者需要借助自己的长处	老娘舅创业者擅长餐饮技术开发
	符合经济规律	市场经济环境带动了餐饮业的巨大提升

针对思考题(3)，首先必须认识到，在微笑曲线中，老娘舅的内部合作体系是从“专利技术”向“品牌服务”过渡的过程，也是老娘舅进行商业价值深耕的体现。此问题属于深化型商业模式创新，将企业的“中央厨房，统一配送”模式进一步深化至企业的开拓经营中。企业深化创新可以从商业模式创新的技术模型入手，分析“内部创业合作体系”可能面临的问题与挑战。表 6 为示例分析。

表 6　基于创新技术模型的老娘舅“新模式”分析

(1)企业的竞争对手
挑战：相比于直接出资加盟，合作店的模式虽然可以激发部分员工的积极性，但是否会影响企业的扩张速度从而失去市场？该体系的运作模式是否容易为竞争对手所复制？资金雄厚的企业可以短时间内开出非常多的直营店，更容易管理和占领市场，老娘舅的合作店未来是否会变成“散兵游勇”？
(2)产业链中的位置
挑战：“内部创业合作体系”实施之后，总公司之于合作店并非直接经营者，而是“品牌运营商、食品公司和渠道经营商”。这就意味着公司对于门店控制能力的减弱。在这种情况下，公司政策能否得到所有门店有效的执行、门店的服务质量是否可以得到保证以及未来创新措施可否得到有效的实施值得思考。
(3)供应链的薄弱环节
挑战：对于餐饮企业来说，高员工流失率是一个普遍现象。餐饮服务业工作时间长、强度大，工资相对较低。对于很多人来说，从事餐饮行业只是一个谋生的手段，而非一份事业。一个人从普通员工成长为店长，往往需要数年的时间，这期间企业的人才培养为高员工流失率而掣肘。 随着商圈店铺租金的节节攀高、员工工资的不断上涨，企业的经营利润被大大压缩。为“内部合作店”利润指标的顺利完成造成了阻碍。
(4)顾客需求的方式

挑战:市场需求在不断变化,拥有独立经营权的合作店可能会造成创新的滞后,也可能因一味迎合而造成创新失败。
(5)价值链的高利润点
挑战:总公司通过品牌运营商、食品公司、渠道经营等收取加盟费、特许品牌使用费、产品支持、营销宣传费、培训等支持性费用。一方面,随着宣传手段、原材料等成本的提升,公司的收入可否维持在一个高利润点上?另一方面,费用的增加会不会影响到合作店的利润?两者若缺其一,就会对该体系造成严重的冲击。

思考题(4)是发散型问题,可由学生通过头脑风暴进行思考。不过从创新理论角度来说,不断涌现的中式餐饮连锁属于模仿式的经营行为,对于这种情形,老娘舅需要有以下认识:

首先,从自身来说,需要明白自己是否从思想意识和运行机制上做好了准备,可以迎接来自这些企业的挑战;需要了解自己的优势,是否做好了创新深化和扩展的准备;需要明确自己的目标市场和顾客需求,以期通过不断满足顾客需求增进市场份额。

其次,需要明白,这些模仿企业也面临许多新的问题,如果没有持续的创新机制,也必将在后续的经营中遇到种种问题,不能持久。

最后,需要认识到,任何企业在创新过程中都会不断面临机遇和挑战,迎接挑战是企业进一步创新的前提。此问题可以采用SWOT法进行分析,通过对思考题(1)的分析,在充分了解企业的优势、劣势、机会、威胁之后,才会更清晰地认识到企业未来发展所要面临的挑战。在此列出两个条目,仅供讨论。

(1)"傻瓜"模式的可复制性

虽然在中式快餐中,限于技术条件,完整复制老娘舅的"傻瓜"模式几乎不可能,但是却可以在小范围进行复制,如专注于鸡肉类、瓦罐类等的小型餐饮连锁机构"黄焖鸡米饭""瓦罐汤""骨头饭"等。这些小型餐饮连锁由于成本低、店面小,加上上餐速度和餐品质量的优化,占领了相当一部分餐饮市场。

(2)来自互联网的挑战

当今互联网不仅仅是宣传的载体,还是企业占领市场的重要途径之一。据了解,肯德基、必胜客等国际快餐连锁公司不仅拥有自己的宣传网站和订餐网站,还有微信公众平台订阅号、移动端App等方面订阅和订餐的网络宣传方式,而老娘舅却没有在移动端的应用软件相支持。此外,由"淘点点""饿了么"等专门的外卖网站形成的外卖餐饮市场,也给老娘舅的白领上班族市场造成一定的冲击。

四、理论依据及分析

1. 价值网络

价值网络概念最早出现于 Brandenburger 和 Nalebuff(1997)的著作 *Co-opetition* 一书,书中强调共生网络的本质就是价值网络。Slywotzk(2002)指出,价值网络的本质是围绕客户价值重构价值链以实现客户整体价值最优。吴朝晖等(2013)对企业价值创造过程进行总结,提出商业模式构成体系的四个构成要素,即价值主张、价值创造、价值获取和价值实现。

2. 创新导向

企业在进行创新之前,需要问自己三个问题:为什么要创新?创新的价值是什么?创新如何进行正确的目标导向?在回答最后一个问题的时候,需要从三个方面来概括,即顾客价值、核心价值和深耕价值。其中顾客价值包括顾客需求、潜在需求、消费感知、解决方案和新兴领域五个部分;核心价值包括核心专长与做强战略两个部分;深耕价值通过价值曲线和产品深耕两个维度帮助深入分析。

3. 创新原则

在创新过程中,必须要了解什么是要做的、什么是避免做的、需要哪些条件。其中要做的事情包括:对创新机遇来源进行彻底思考;走出去多看、多问、多听;创新必须简单明了、目标明确;创新最好从小规模开始;创新的最终目标必须是取得领导地位。创新的过程中还有几个禁忌:不要太聪明,因为创新必须清楚明白,普通人也可以操作;不要太多样化,不要一次想要做太多事情,要专注;不要尝试遥不可及的创新,创新要符合当下的条件和状况。创新需要的条件包括知识积累、立足于自身长处并且符合社会经济规律。

4. 创新来源

彼得·德鲁克(Peter Drucker)在《创新与企业家精神》一书中,强调创新源于变化,并提出七个具体来源:来自企业内部的出乎意料的情况、不协调的事件、程序需要、产业与市场结构变化不一致以及来自企业外部的人口统计数据变化、认知的变化和新知识。这里隐含了企业领导和创新环境对创新的重要性。

5. 商业模式

商业模式(business model,也称业务模式、商务模式、盈利模式等),指企业价值创造的核心逻辑。换言之,是一个商业系统的逻辑,其目的在于创造顾客价值,是存在于真实商业活动背后的对企业战略在抽象层面的一个概念化描述。实际上,商业模式回答的就是彼得·德鲁克所提出的一些企业基本问题:谁是你的顾客?顾客看重什么?我们在这项业务中如何赚钱?潜在的经济逻辑是什么?

6.商业模式创新

商业模式创新指对企业原有的商业模式进行重组、创新、重新设计的过程。换言之,就是对自身价值模型进行解构和重构的过程。因此,从客户价值角度看,商业模式创新是指对现有业务价值链的改变;从商业模式构成要素的角度理解,是指商业模式要素中的一项或多项要素的改变。

7.商业模式构成要素

一般认为商业模式由四个核心要素组成:价值主张,用来确认企业对消费者的实用意义,指企业通过其产品和服务提供给顾客什么样的价值;目标客户,明确企业所要选择的消费者群体,实际上就是目标市场选择,开展客户关系管理,以使企业能够创造价值;合作伙伴,指企业与其他公司或组织之间为了有效提供价值而形成的合作关系网络,明确了企业的商业联盟范围,以保证提供企业执行其商业模式所需要的能力,并强化企业的核心竞争力;盈利模式,指企业如何通过各种收入流来创造财富的方式或者途径。

五、关键要点

(1)企业商业模式创新包含的内容非常广泛,因此,一方面要引导学生从不同的角度运用相关理论进行系统和全面的分析,但另一方面要有所侧重,突出重点。关键知识点包括:创新来源、创新原则、创新的动力和源泉;商业模式及其构成要素;价值网络、价值链等。

(2)分析时除对案例中所描述的当前状况进行分析,还应当运用科学分析方法对企业今后可能面临的问题进行预估。对当前状况的分析可以提升理论应用能力,增强对理论的理解,而对未来状况的预测则可以进一步拓展学生的分析思路,从更高的角度进行分析和学习。

六、建议课堂计划

本案例可以作为专门的案例讨论课来进行。以下是按照时间进度提供的课堂计划建议,仅供参考。

整个案例课的课堂时间控制在2节课(90分钟)。

1.课前计划

提前2周发放案例,提出启发思考题,请学生在课前完成阅读和初步思考。若条件允许,建议学生到老娘舅的餐饮门店参观、用餐。

2.课中计划

(1)在已经体验过老娘舅快餐的同学中指定3位学生进行分享(每人3分钟,控制在10分钟以内),活跃课堂氛围并以此引出老娘舅的门店特征,如食品口味、等待时间、员工服务、店面装修等。

(2)在此基础上,通过启发思考题,进一步引导学生思考"最初为什么冷清?""后来做了什么改进?""为什么能快速扩张?""合作店的商业模式是怎样的?""未来的商业模式应作怎样的创新和完善?"等问题,让学生总结出不同时期的商业模式及其商业模式的演变,发现其成功的原因。(30分钟)

(3)指定或随机抽3个小组报告交流。(30分钟)

(4)引导全班进一步讨论,并根据相应的理论框架进行归纳总结。(20分钟)

3.课后计划

请学生在本小组报告的基础上,结合课堂讨论修改完善,形成最终的小组分析报告文本。要求学生课后进一步深入学习商业模式、价值链、价值网络等经典理论,并撰写读书报告。若条件允许,小组可以自行组织在老娘舅的快餐店用餐体验;或由班委(老师)组织与浙江老娘舅餐饮有限公司的负责人接洽,实地参观。

六、参考文献

[1] 吴朝晖,吴晓波,姚明明.现代服务业商业模式创新:价值网络视角[M].北京:科学出版社,2013.

[2] 张文松,郝宏兰.商业模式再造——中国企业转型的路径选择[M].北京:清华大学出版社、北京交通大学出版社,2012.

[3] 彼得·德鲁克.创新与企业家精神[M].北京:机械工业出版社,2009.

[4] 邢以群.管理学(第三版)[M].杭州:浙江大学出版社,2013.

[5] Slywotzky A J, Morrison D J, Andelman B. The Profit Zone: How Strategic Business Design Will Lead You to Tomorrow's Profits [M]. New York: Crown Business,2002.